Das Buch

»Wenn man vorhat, auf die Welt zu kommen, muß man sich vergewissern, daß man weiß und männlich geboren wird. Es sind gar nicht so sehr die großen dramatischen Dinge, die uns zu Boden drücken, es genügt schon die Tatsache, daß man Indianerin ist und versucht, an unserer Lebensart und Sprache festzuhalten, während man von einer fremden, stärkeren Kultur umgeben ist.« Geboren 1955 in einem Indianerreservat, in äußerst desolate und ärmliche Verhältnisse, gehört Mary Crow Dog heute zu der Generation indianischer Amerikaner, die sich in der American Indian Movement (AIM) organisiert haben und ihre Rechte einfordern. Ihre außergewöhnliche Lebensgeschichte, die sie in lakonischem Ton, mitunter voll Zorn, voll Leidenschaft erzählt, aber auch mit Poesie und Humor, liest sich wie eine Skandalchronik jüngster amerikanischer Geschichte: Was sie vom Leben in South Dakota berichtet, von Polizeiwillkür und Behördenschikanen gegen Indianer, von offenem Rassismus, ist erschrekkend. Sie zeigt aber auch eine junge Frau, die sich als Rebellin von Kind auf behauptet hat und schließlich in der AIM zu eigener Identität findet.

Die Autoren

Mary Crow Dog, geboren 1955 in South Dakota, gehört mit ihrem Mann Leonard Crow Dog zu den führenden Mitgliedern der American Indian Movement.
Richard Erdoes, dessen Familie dem österreichisch-ungarischen Kaiserreich entstammt, studierte in Berlin bei Käthe Kollwitz und floh vor den Nazis nach New York. Dort verschrieb er sich der amerikanischen Bürgerrechtsbewegung und ist Autor zahlreicher Publikationen über heutige Indianer.

Mary Crow Dog:
Lakota Woman
Die Geschichte einer Sioux-Frau
Aufgezeichnet von Richard Erdoes

Mit 22 Abbildungen
Aus dem Amerikanischen von
Gunter Riedel

Deutscher
Taschenbuch
Verlag

dtv

Die Abbildungen stammen, wenn nicht anders vermerkt, von Richard Erdoes.

Um 22 Abbildungen erweiterte Ausgabe
März 1994
Deutscher Taschenbuch Verlag GmbH & Co. KG, München

Titel der amerikanischen Originalausgabe:
Lakota Woman
Grove Weidenfeld, New York 1990
ISBN 0-8021-1101-7

ISBN 3-378-00501-7
Umschlagfoto: Richard Erdoes
Umschlaggestaltung: Dieter Brumshagen
Satz: IBV Satz- und Datentechnik, Berlin
Druck und Bindung: C. H. Beck'sche Buchdruckerei, Nördlingen
Printed in Germany · ISBN 3-423-30399-9

Inhalt

1. Kapitel
Eine Frau aus He-Dog

Ein Volk ist unbesiegt,
solange die Herzen seiner Frauen
nicht bezwungen sind.
Sind sie überwunden,
dann ist es am Ende,
wie tapfer seine Krieger
und wie gut deren Waffen
auch sein mögen.

Sprichwort der Cheyenne

Ich bin Mary Brave Bird. Weil ich mein Baby während der Belagerung von Wounded Knee zur Welt gebracht habe, gab man mir den Namen Ohitika Win, Tapfere Frau, steckte mir eine Adlerfeder ins Haar und sang Tapferkeitslieder für mich. Ich bin eine Indianerin, eine Sioux. Das ist nicht leicht.

Ich bekam mein erstes Baby mitten in einem Feuergefecht, als die Kugeln durch eine Wand eindrangen und durch die andere wieder hinausgingen. Als mein neugeborener Sohn gerade einen Tag alt war und die Marshals tatsächlich gegen uns vorrückten, wickelte ich ihn in eine Decke und rannte auf und davon. Ein paarmal mußten wir uns auf die Erde werfen, und während ich das Baby mit meinem Körper schützte, betete ich: »Es ist schon recht, wenn ich sterbe, aber laß ihn bitte am Leben.«

Ich war noch geschwächt, als ich aus Wounded Knee kam, aber man steckte mich ins Gefängnis in Pine Ridge und nahm mir das Baby weg. Ich konnte nicht stillen. Meine Brüste schwollen an, wurden hart wie Stein und taten fürchterlich weh. Später, im Jahre 1975, drückten mir die Bundespolizisten die Mündungen ihrer M-16-Gewehre an den Kopf und drohten, mich wegzuputzen. Es ist hart, eine Indianerin zu sein.

Meine beste Freundin war Annie Mae Aquash, eine junge beherzte Frau aus dem Stamm der Micmac, die wunderschöne Kinder hatte. Für eine Indianerin ist es nicht immer von Vorteil, allzu tüchtig zu sein. Annie Mae wurde im Pine-Ridge-Reservat auf dem Grund eines Hohlwegs tot im Schnee aufgefunden. Die Polizei sagte, sie sei erfroren, aber in ihrem Kopf steckte eine Kugel vom Kaliber 0.38. Das FBI schlug ihr die Hände ab und schickte sie zur Identifizierung der Fingerabdrücke nach Washington – die Hände, die meinem Baby auf die Welt geholfen hatten.

Auch meine Schwägerin Delphine, eine gute Frau, die ein schweres Leben gehabt hatte, wurde tot im Schnee gefunden, mit gefrorenen Tränen auf dem Gesicht. Ein Betrunkener hatte sie geschlagen, ihr dabei einen Arm und ein Bein gebrochen und sie hilflos im Schneesturm sterben lassen.

Meine Schwester Barbara ging in das staatliche Krankenhaus in Rosebud zur Entbindung, und als sie aus der Narkose aufwachte, entdeckte sie, daß sie gegen ihren Willen sterilisiert worden war. Das Baby lebte nur etwa zwei Stunden, und sie hatte sich so sehr gewünscht, Kinder zu haben. Nein, es ist nicht leicht.

Als ich als kleines Mädchen in der St.-Francis-Internatsschule war, pflegten uns die katholischen Nonnen für alles, was sie »Ungehorsam« nannten, mit einer Pferdepeitsche zu schlagen. Mit zehn Jahren konnte ich einen halben Liter Whiskey trinken und vertragen. Mit zwölf schlugen mich die Nonnen, weil ich »zu frei mit meinem Körper umgegangen« war. Alles, was ich getan hatte, war, mit einem Jungen Händchen zu halten. Mit fünfzehn Jahren wurde ich vergewaltigt. Wenn man vorhat, auf die Welt zu kommen, muß man sich vergewissern, daß man weiß und männlich geboren wird.

Es sind gar nicht so sehr die großen, dramatischen Dinge, die uns zu Boden drücken, es genügt schon die Tatsache, daß man Indianerin ist und versucht, an unserer Lebensart und Sprache, an unseren Werten festzuhalten, während man von einer fremden, stärkeren Kultur umgeben ist. Es genügt, daß man eine Iyeska ist, ein Halbblut, auf das die Weißen ebenso herabsehen wie die reinblütigen Indianer. Es genügt, daß man als Hinterwäldlerin in einer Stadt lebt und Ladendiebstähle begehen muß, um sich über Wasser zu halten. Vor allem aber genügt es, daß man eine Frau ist. Bei den Stämmen der Prärieindianer glauben gewisse Männer, daß eine Frau nur dazu gut ist, mit ihnen ins Bett zu kriechen und sich um die Kinder zu kümmern. Das entschädigt sie für alles, was ihnen die weiße Gesellschaft angetan hat. Einst waren sie berühmte Krieger und Jäger, aber der Büffel ist verschwunden, und man erntet nicht gerade viel Ruhm, wenn man eine Büchse Fleisch oder ab und zu ein Kaninchen auf den Tisch bringt.

Und was ihr Leben als Krieger angeht, so können einige Männer heutzutage nur noch auf eine Art Siege davontragen, indem sie nämlich einem anderen bei einer Kneipenprügelei die Vorderzähne ausschlagen. In alten Zeiten machte sich ein Mann dadurch einen Namen, daß er großzügig und klug war, heute aber hat er nichts, womit er großzügig umgehen könnte – keine Arbeit, kein Geld; und was unsere überlieferten Kenntnisse und Erfahrungen betrifft, wird unseren Männern von den weißen Missionaren, Lehrern und Arbeitgebern gesagt, das sei barbarischer Aberglaube, von dem sie sich trennen müßten, wenn sie in dieser Welt weiterkommen wollten. Die Männer sind gezwungen, getrennt von ihren Kindern zu leben, damit die Familie Kinderbeihilfe beziehen kann. Und so kommen diese Krieger betrunken nach Hause und verprügeln ihre Frauen, um ihre Frustration loszuwerden. Ich weiß, woher sie kommen. Sie tun mir leid, aber ihre Frauen bedaure ich noch mehr.

Aber fangen wir von vorn an: Ich bin eine Sioux aus dem Rosebud-Reservat in South Dakota. Ich gehöre zu den »Verbrannten Lenden«, dem Stamm der Brule oder Sicangu, wie wir sagen. Vor langer Zeit, so erzählt die Legende, wurde ein kleiner Trupp Sioux von Feinden umzingelt, die die Tipis und das Gras ringsum in Brand setzten. Die Sioux kämpften sich aus der Falle, verbrannten sich aber die Beine, und deshalb erhielten sie diesen Namen. Die Brule gehören zu den Sieben Heiligen Lagerfeuern, den sieben Stämmen der westlichen Sioux, die zusammengefaßt als Lakota bekannt sind. Die östlichen Sioux werden Dakota genannt. Sie unterscheiden sich durch ihre Sprache. Es ist die gleiche, nur daß da, wo wir Lakota ein L sagen, die Dakota ein D sprechen. In unserem Stamm gibt es folgenden Scherz: »Wie nennt man auf Dakota einen Reifen ohne Luft?« Antwort: »Einen Pdatten.«

Die Brule waren, wie alle Sioux, ein Pferde-Volk, wilde Reiter und Räuber, große Krieger. Zwischen 1870 und 1880 wurden alle Sioux in Reservate getrieben, eingezäunt und gezwungen, auf alles zu verzichten, was ihrem Leben Sinn gegeben hatte – auf ihre Pferde, ihre Jagd, ihre Waffen. Auf alles. Aber unter den Schneemassen der Verzweiflung glomm der kleine Funke unserer alten Überzeugungen und unseres Stolzes weiter, manchmal ganz offen, und wartete auf einen warmen Wind, der den Funken wieder zur Flamme entfacht.

Meine Familie wurde in dem Reservat an einem kleinen Flekken angesiedelt, der nach einem berühmten Häuptling He-Dog genannt wurde. Ein paar He-Dogs leben noch immer dort. Eine alte Frau, die ich gekannt habe, wurde über hundert Jahre alt. Niemand wußte, wann sie geboren worden war. Auch sie selbst hatte keine Ahnung, sie wußte nur, daß es noch keine Volkszählung gegeben hatte, als sie auf die Welt kam, und daß man Indianern noch keine christlichen Vornamen gab. Ihr Name war einfach He-Dog, weiter nichts. Sie sagte immer zu mir: »Du hättest mich vor achtzig Jahren sehen sollen, als ich noch hübsch war.« Ich habe niemals ihr Gesicht vergessen – nur tiefe Falten und Furchen, aber auf seine Art schön. Auf jeden Fall sehr beeindruckend.

Von indianischer Seite her war meine Familie mit den Brave Birds und den Fool Bulls verwandt. Großvater Fool Bull war der letzte Mann, der Flöten herstellen und spielen konnte, die alten Flöten in Gestalt eines Vogelkopfes, die die Macht des Elchs besaßen, die Macht, ein junges Mädchen zu einem Mann unter die Decke zu locken. Fool Bull lebte ein ganzes langes Jahrhundert und starb 1976, fast bis zum letzten Tag an seinen Flöten schnitzend. Als ich noch ein Kind war, nahm er mich zu meinem ersten Peyote-Meeting mit.

Er konnte sich noch an das erste Wounded Knee erinnern, an das Massaker. Damals war er ein Junge, der mit seinem Vater, einem bekannten Medizinmann, umherzog. Sie waren zu einem Platz in der Nähe von Wounded Knee gegangen, um an einem Geistertanz teilzunehmen. Sie trugen ihre bemalten Geisterhemden, die kugelfest machen sollten. Als sie sich Pine Ridge näherten, wurden sie von weißen Soldaten angehalten, unter denen ein paar von der Siebenten Kavallerie waren, dem alten Regiment von George Custer, die nun hofften, auch ein paar Indianer umbringen zu können. Der Trupp von Fool Bull mußte seine wenigen alten Vorderlader abgeben, die Bogen und Pfeile und selbst die Messer. Ihre Tipis mußten sie zu einem engen Kreis zusammengedrängt aufstellen, um den herum die Wagen aufgefahren wurden, und dann schlossen die Soldaten das ganze Lager ein und beobachteten sie genau. Es war kalt, so kalt, daß die Bäume laut krachten, wenn der Frost ihre Stämme spaltete. Am nächsten Morgen machten die Leute ein Feuer, um sich aufzuwärmen und etwas Kaffee zu kochen, und dann hörten sie hinter dem Krachen der Bäume Gewehrfeuer, Salven, die ein Geräusch verursachten, als würde eine riesige Decke zerrissen, sie hörten Kanonendonner und das Rattern von Hotchkiss-Schnellfeuergewehren. Fool Bull erinnerte sich, daß die Erwachsenen in Tränen ausgebrochen waren und die Frauen jammerten: »Sie bringen unsere Leute um, sie schlachten sie ab!« Nur etwa zwei Meilen von dem Ort entfernt, an dem Großvater Fool Bull stand, wurden fast dreihundert Sioux – Männer, Frauen und Kinder – hingemetzelt. Später sah Großvater die Toten, alle in gespenstischen Verrenkungen steifgefroren, wie Hunde in einen Graben geworfen. Und er sah ein kleines Baby, das an der Brust seiner toten Mutter saugte.

Ich wünschte, ich könnte etwas über große Taten meiner Vorfahren berichten, wie sie am Little Big Horn kämpften oder bei Rosebud oder wie sie in der Grattan- oder Fetterman-Schlacht einen Handstreich ausführten, aber von der Geschichte meiner Familie vor 1880 ist wenig bekannt. Ich hoffe, daß einige meiner Urgroßväter gegen Custers Leute den einen oder anderen Sieg errangen, ich stelle mir das jedenfalls gern vor, aber ich weiß es nicht genau. Unsere Leute aus Rosebud spielten in den Schlachten gegen die Generäle Crook und Custer keine große Rolle. Und das war der Politik von Spotted Tail zuzuschreiben, dem allmächtigen Häuptling dieser Zeit. Spotted Tail hatte sich seine Adlerfedern als Krieger verdient, war aber als Gefangener nach dem Osten gebracht und ins Gefängnis geworfen worden. Als er Jahre später zurückkam, erzählte er, daß er die Städte der Weißen gesehen habe und daß es in einer einzigen von ihnen mehr Menschen gebe als bei allen Stämmen der Prärie zusammen und daß jede Fabrik der Wasičuns an einem einzigen Tag mehr Gewehre und Kugeln liefern könnte, als alle Indianer im ganzen Land besaßen. Es wäre zwecklos, meinte er, den Wasičuns Widerstand leisten zu wollen. Im kritischen Jahr 1876 ließ er durch seine indianische Polizei die meisten jungen Männer im Reservat bewachen und hinderte sie so daran, sich Sitting Bull, Gall oder Crazy Horse anzuschließen. Einigen Heißspornen, darunter ein paar Brave Birds, gelang es, sich davonzuschleichen, um nach

Montana zu gehen, aber viel mehr ist nicht bekannt. Als man uns in die Reservate gezwungen hatte, war es nicht mehr ratsam, sich an solche Dinge zu erinnern. Es hätte den Entzug unserer Rationen oder Schlimmeres bedeuten können. Aus dem gleichen Grund wurden viele Mitglieder meiner Familie Christen und paßten sich den Weißen an. Es brauchte viele Jahre, um diesen Prozeß wieder umzukehren.

Meine Schwester Barbara, die vier Jahre älter ist als ich, sagt, daß sie sich an meine Geburt erinnern kann. Es sei spät in der Nacht gewesen und es habe geblitzt und gedonnert und in Strömen geregnet. Damals hatten wir noch kein elektrisches Licht, nur die alten Kerosinlampen mit den großen Reflektoren, wir hatten kein Bad, keine Wasserleitung, kein Auto. Nur ein paar weiße Lehrer besaßen Autos. Ein Telefon gab es in He-Dog, im Handelsposten. Das ist noch gar nicht so lange her, wie man glaubt. Wie die meisten Sioux damals sollte auch meine Mutter zu Hause entbinden, glaube ich, aber irgend etwas war nicht in Ordnung – ich lag falsch, mit den Füßen nach vorn oder quer. Meine Mutter litt sehr und quälte sich stundenlang, bis schließlich jemand zum Handelsposten rannte und die Ambulanz anrief. Man brachte sie – uns – nach Rosebud, aber das Krankenhaus dort war noch nicht auf eine komplizierte Entbindung eingerichtet, man hatte damals, glaube ich, noch keine Chirurgie, und so mußte man Mutter den langen Weg nach Pine Ridge fahren, ungefähr neunzig Meilen weit, weil das dortige Stammeskrankenhaus größer war. So kam es, daß ich bei den Leuten von Crazy Horse zur Welt kam. Als meine Schwester Sandra geboren wurde, nahmen die Ärzte dort bei meiner Mutter eine Hysterektomie vor, das heißt, man sterilisierte sie ohne ihre Einwilligung. Das war zu jener Zeit und noch bis vor ein paar Jahren üblich und ist eigentlich kaum erwähnenswert. Nach Ansicht einiger Leute ist es ja um so besser, je weniger Indianer es gibt. Wie Oberst Chivington zu seinen Soldaten sagte: »Tötet sie alle, groß oder klein. Aus Nissen werden Läuse!«

Ich weiß nicht, ob ich eine Laus im Pelz des weißen Mannes bin. Ich hoffe es. Jedenfalls habe ich die stundenlangen Wehen meiner Mutter, die stürmische Fahrt nach Pine Ridge und die Nachlässigkeit der Ärzte überlebt. Ich bin eine Iyeska, ein Mischling, wie mich die weißen Kinder immer nannten. Als ich größer wurde, hörten sie damit auf, weil es ihnen eine blutige Nase eingebracht hätte. Ich bin eine kleine Frau, nicht viel größer als einen Meter fünfzig, aber in einem Kampf kann ich mich behaupten, und bei einer Massenschlägerei mit Weißen kann ich ziemlich gemein werden und richtigen Schaden anrichten. Ich habe weißes Blut in mir. Wie oft wünschte ich mir, ich könnte mich davon reinigen. Als junges Mädchen habe ich mich oft im Spiegel betrachtet, um herauszufinden, wer und was ich bin. Mein Gesicht ist sehr indianisch, auch meine Augen und mein Haar, meine Haut aber ist sehr hell. Immer habe ich den Sommer herbeigesehnt, die Präriesonne, die Sonne der Badlands, daß sie mich bräunt und zu einer richtigen Rothaut macht.

Die Crow Dogs, die Angehörigen meines Mannes, haben solche Identitätsprobleme nicht. Sie brauchen keine Sonne, die sie dunkel brennt, sie sind reinblütig – die Sioux der Sioux. Ein paar Crow Dog-Männer haben Gesichter, die das Indianerporträt auf dem Fünf-Cent-Stück wie einen ausgeblichenen weißen Mann erscheinen lassen. Bei ihnen gibt es auch keinen Mangel an Legenden. Jeder Crow Dog, die Frauen eingeschlossen, scheint selbst eine Legende zu sein. An ihrem Stammsitz in Grass Mountain wurden sie lieber zu Ausgestoßenen, als daß sie sich dem weißen Mann angepaßt hätten. Sie konnten nicht gezähmt, nicht dazu gebracht werden, eine Krawatte zu tragen oder in eine christliche Kirche zu gehen. In all den langen Jahren, als indianische Kulthandlungen verboten waren und mit Gefängnis bestraft wurden, hielten sie unbeirrt an ihren Zeremonien fest, an ihren Dampfbädern und ihren heiligen Tänzen. Wann immer ein Crow Dog mit Verwandten zusammenkam, etwa den gleichfalls unbezwungenen, unverdorbenen Iron Shells, den Good Lances, Two Strikes, Picket Pins oder den Hollow Horn Bears, konnte man den Klang der Can Gleska, der Trommel, hören, die aller Welt verkündete, daß eine Sioux-Zeremonie abgehalten wurde. Es brauchte Mut und brachte Leid, die Flamme, den kleinen Funken unterm Schnee, am Leben zu erhalten.

Der erste Crow Dog war ein bekannter Häuptling. Auf seinem Schild waren zwei Kreise und zwei Pfeilspitzen abgebildet, um die Wunden zu bezeichnen, die er im Kampf davongetragen hatte – zwei Kugeln der Weißen und zwei Pfeilverletzungen durch Pawnees. Als dieser erste Crow Dog einst verwundet im Schnee gelegen hatte, war ein Kojote gekommen und hatte ihn gewärmt, und eine Krähe war vor ihm hergeflogen und hatte ihm den Weg nach Haus gezeigt. Sein Name sollte eigentlich Crow Coyote sein, aber der weiße Dolmetscher verstand das falsch, und so wurden sie die Crow Dogs. Dieser Crow Dog wurde berühmt, weil er nach einem Streit über Stammespolitik einen rivalisierenden Häuptling tötete und dann freiwillig, die Frau neben sich im Buggy, über hundert Meilen weit nach Deadwood fuhr, um dort gehängt zu werden; berühmt auch deshalb, weil er bei seiner Ankunft erfuhr, daß das Oberste Gericht verfügt hatte, ihn freizulassen, da die Bundesregierung innerhalb der Indianerreservate keine Gerichtsbarkeit ausüben durfte und es für einen Indianer kein Verbrechen war, einen anderen Indianer zu töten. Später wurde Crow Dog Führer der Geistertänzer und konnte sich monatelang in den gefrorenen Höhlen und Hohlwegen der Badlands behaupten. Wenn also meine eigene Familie keine Geschichte hat, so gleicht die Familie meines Mannes diesen Mangel wieder aus.

Unser Land selbst ist eine Legende, vor allem das Gebiet um Grass Mountain, wo ich jetzt lebe. Der Kampf um unser Land steht im Mittelpunkt unseres Daseins, so wie er es in den letzten zweihundert Jahren gewesen ist. Ist erst einmal das Land verloren, dann sind wir es auch.

Die Sioux pflegten Berichte aufzubewahren, Bilderschriften auf Büffelhaut, die die Geschichte unseres Volkes von Jahr zu Jahr festhalten. Nun, das ganze Land ist eine einzige riesige Bilderschrift. Man kann nicht eine Meile gehen, ohne auf den heiligen Visionshügel irgendeiner Familie zu stoßen, auf einen alten Sonnentanz-Kreis, ein altes Schlachtfeld, einen Platz, an dem irgend etwas Erinnernswertes geschehen ist. Meist ist es die Erinnerung an einen Tod, an einen stolzen Tod oder an einen im Suff. Unser Volk ist groß im Sterben. »Es ist ein guter Tag zum Sterben!« lautet unser alter Schlachtruf. Aber das Land mit seinen Hütten aus Teerpappe und den Außenklosetts, von denen nicht eines gerade steht, sondern sich hierhin oder dorthin neigt, ist auch ein Land, auf dem man leben kann, ein Land für gute Zeiten und Späße und Berichte von großen Taten der Vergangenheit.

Aber man kann nicht für immer abseits von den Taten der Sitting Bull und Crazy Horse leben. Man kann nicht ihre Adlerfedern tragen und ihre Legenden abschütteln. Man muß jetzt seine eigenen Legenden schaffen. Es ist nicht leicht.

2. Kapitel
Unsichtbare Väter

Der Vater sagt es – E'yayo!
Der Vater sagt es – E'yayo!
Du sollst deinen Großvater sehen!
Du sollst deine Verwandten sehen – E'yayo!
Der Vater sagt es.
A'te he'ye lo.

Kind, ich nehm dich bei der Hand,
Kind, ich nehm dich bei der Hand,
Du sollst leben,
Du sollst leben!
A'te he'ye lo.

Geistertanzlied

Die Indianer sind von jeher für ihren festen Familienzusammenhalt bekannt, die Mitglieder einer Familie kümmern sich umeinander, sorgen für die »Hilflosen«, für die Alten und besonders für die Kinder, die Generation von morgen. Selbst jetzt ist es bei denen, die an den Traditionen festhalten, üblich, daß, solange einer ißt, alle Verwandten mitessen. Niemand spart sein Geld auf, denn es gibt immer einen armen Verwandten, der sagt: »Kanji, ich brauche fünf Dollar für Essen und Benzin«, und solange noch ein einziger Dollar da ist, wird er nicht abgewiesen. Noch immer ist es heilige Pflicht, jeden Ankömmling zu beköstigen, und Sioux-Frauen scheinen vom frühen Morgen bis zum späten Abend ständig zu kochen. Cousins vierten und fünften Grades berufen sich auf die Verwandtschaft und nehmen die Vorrechte, die damit verbunden sind, in Anspruch. Freier Unternehmergeist hat im Reservat keine Chance.

Im Mittelpunkt der alten Sioux-Gesellschaft stand die Tiyospaye, die erweiterte Familiengruppe, die elementare Jagdgemeinschaft, die die Großeltern, Onkel, Tanten, Schwäger und Schwägerinnen, Cousins und Cousinen einschloß. Die Tiyospaye war wie ein warmer Mutterleib, der alle umgab. Kinder waren nie allein, wurden ständig umsorgt, nicht nur von einer, sondern von mehreren Müttern, und mehrere Väter beobachteten sie und brachten ihnen etwas bei. Der leibliche Vater wählte einen zweiten Vater, einen angesehenen Verwandten mit besonderen Fähigkeiten als Jäger oder Medizinmann, der ihm helfen sollte, seinen Jungen großzuziehen; dieser Verwandte wurde auch »Vater« genannt. Für die Mädchen galt das gleiche. Eine besondere Stellung bei der Fürsorge für die Kleinen nahmen in unserem Stamm immer die Großeltern ein, weil sie ihnen mehr Zeit widmen konnten, wenn der Vater zur Jagd war und die Mutter als Hilfe beim Abhäuten und Ausweiden mitgenommen hatte.

Die Weißen zerstörten die Tiyospaye – nicht zufällig, sondern aus politischen Gründen. Der eng verbundene Clan, unerschütterlich in seiner althergebrachten Lebensweise, war ein Stolperstein auf dem Weg der Missionare und Regierungsagenten, seine Traditionen und Bräuche waren für das, was der weiße Mann »Fortschritt« und »Zivilisation« nannte, eine Barriere. Und deshalb riß die Regierung die Tiyospaye auseinander und zwang die Sioux in jene Familienform, die jetzt »Kernfamilie« genannt wird. Man nötigte jedem Paar seinen eigenen Landanteil auf und versuchte, ihm »die Vorteile eines gesunden Egoismus« beizubringen, »ohne den eine höhere Zivilisation unmöglich ist«. So wenigstens formulierte es ein Innenminister. Nun also begann die große Gehirnwäsche, und diejenigen, die ihr Gehirn nicht waschen lassen wollten, wurden weiter und weiter ins Hinterland abgedrängt, in Einsamkeit und Hungertod. Die Zivilisatoren leisteten ganze Arbeit, vor allem unter den Mischlingen, und setzten so lange die Methode Zuckerbrot und Peitsche ein, bis es weder die Tiyospaye noch die von den Weißen angestrebte »Kernfamilie« gab, sondern nur noch indianische Kinder ohne Eltern. Das einzige, was an die alte Sioux-Familiengruppe erinnerte, war, daß die Großeltern nun eine wichtigere Rolle als je zuvor spielten. Da es oft weder Vater noch Mutter gab, waren es die Alten, die die Kinder aufzogen – was ja nicht immer das schlechteste ist.

Mein Vater, Bill Moore, war zum Teil Indianer, zum größeren Teil aber Weißer, Franzose mit etwas spanischem Blut – spanischem, nicht mexikanischem. Er war bei der Marine und wurde später Trucker. Er lebt jetzt in Omaha, glaube ich. Alles, was von ihm blieb, ist sein Bild auf dem Kaminsims, das ihn in Marineuniform zeigt, ein hagerer Mann mit stechendem Blick. Er blieb nur so lange da, bis Mutter mit mir schwanger war. Dann erklärte er, daß er von dieser ganzen Babykacke genug habe, und trennte sich von ihr. Er ging einfach weg. Er war weder an uns interessiert noch an den Kindern, die er mit einer anderen Frau hatte, die er auch nicht wollte und der Fürsorge überließ. Ich weiß nicht, was aus ihnen geworden ist. Geblieben ist also nur dieses eine Bild, um mich daran zu erinnern, daß auch ich – wie jeder andere – einen Vater habe. Meine Mutter sprach nie von ihm, mein Großvater – sein Vater – auch nicht. Ich weiß also nur, daß er von mir nichts wissen wollte und daß er trank. Das ist alles, was mir je über ihn erzählt wurde.

Ich habe ihn zweimal persönlich gesehen. Als ich elf war, kam er, um seinen Vater um Geld anzugehen. Das zweite Mal habe ich ihn gesehen, als er zur Beerdigung seines Bruders da war. Er sah durch mich hindurch, als ob es mich nicht gäbe. Seine Augen waren tot. Er fragte nicht einmal, wer ich bin. Eigentlich sagte er überhaupt nichts, sondern grinste nur, als ein paar Witze erzählt wurden, und sah aus, als ob er sich in seinen neuen engen Cowboystiefeln nicht wohl fühle. Nach der Beerdigung schüttelte er wortlos allen reihum die Hand und beeilte sich, wieder wegzukommen. Meine Mutter hatte sich 1954 von ihm scheiden lassen, als ich ein Jahr alt war.

Als ich neun oder zehn war, heiratete meine Mutter wieder. Der Stiefvater war noch schlimmer als mein leiblicher Vater, der wenigstens nicht da war. Mein Stiefvater war es. Er war ein Säufer und brachte uns Kinder zum Trinken, als ich ganze zehn Jahre alt war. Nachdem meine Mutter diesen Mann geheiratet hatte, wollte ich nicht mehr zu Hause bleiben. Mir gefiel die Art nicht, wie er mich anstarrte. Es war mir unangenehm. So hielt ich mich eben von Mutters Wohnung fern. Ich war lieber für mich allein, sorgte selbst für mich und haßte mich, weil ich ihm erlaubt hatte, mir das Trinken beizubringen. Bei den wenigen Gelegenheiten, wenn ich mal zu Hause war, geriet ich mit meiner Mutter stets in Streit und fragte sie: »Warum hast du diesen Mann geheiratet? Er ist kein Vater. Er liebt uns nicht. Er tut nichts für uns.«

Deshalb kamen meine Mutter und ich damals nicht miteinander aus. Ich war der geborene Rebell. Sie waren verheiratet, und ich konnte nichts dagegen tun. Also trank ich, und als ich älter wurde, riß ich aus, lebte wie ein Landstreicher und bestrafte meine Mutter auf diese Weise. Ich mußte erst reifer werden, meine Mutter aber auch. Jetzt kommen wir miteinander aus, mögen uns wirklich und respektieren uns. Ich sehe ein, daß ich sehr intolerant war. Meine Mutter konnte sich nicht selbst helfen. Die kleinen Siedlungen, in denen wir lebten – He-Dog, Upper Cut Meat, Parmelee, St. Francis, Belvidere – waren Orte ohne jede Hoffnung, wo Körper und Seele Stück für Stück zerstört wurden. Aus der Schule gingen viele von uns fast als Analphabeten ab. Es wurden uns keinerlei Fertigkeiten beigebracht. Das Land war an weiße Farmer verpachtet. Im Reservat gab es fast keine Jobs, und draußen stellten die Weißen keine Indianer ein, wenn sie es vermeiden konnten. Es gab in jenen Tagen für die Männer nichts zu tun, außer sich mit der Flasche zu beschäftigen. Sie waren psychisch verkrüppelt, und darum hatte meine Mutter auch keine große Auswahl, als es darum ging, sich einen Mann zu suchen. Die Männer hatten nichts, wofür sie lebten, also betranken sie sich und fuhren in Autos ohne Scheinwerfer und Bremsen mit neunzig Meilen in der Stunde ziellos herum, um einen Kriegertod zu sterben.

Wir waren sechs Kinder. Ein siebentes war als Baby gestorben. Zuerst kam meine älteste Schwester, Kathie, dann mein Bruder Robert, dann Barbara, die mir in ihrer Art zu leben am meisten ähnelt und fast die gleichen Erfahrungen gemacht hat wie ich. Dann kam ich und danach Sandra, die Jüngste. Nach ihr kam ein kleiner Junge, den wir adoptiert haben. Und das kam so: Meine Mutter besuchte aus irgendeinem Grund seine Eltern. Es war aber niemand zu Hause, außer diesem Baby, das schmutzig, vor Hunger schreiend und durchgeweicht in einer Schachtel unter dem Küchentisch lag. Ganz allein. Alle waren weg, höchstwahrscheinlich in der Kneipe. Das machte meine Mutter wütend, und irgendwie hat sie es fertiggebracht, daß wir das Baby adoptieren konnten. Es wurde sehr verwöhnt; was er wollte, bekam er auch. So wurde wenigstens ein Kind in der Familie verwöhnt.

Als Vater verschwand, wurde Mutter unsere einzige finanzielle Stütze. Um den Lebensunterhalt zu verdienen, ließ sie sich als Krankenschwester ausbilden. Nachdem sie die Ausbildung abgeschlossen hatte, fand sie nur in Pierre einen Job, etwa hundert Meilen weit entfernt. Und da es dort niemanden gab, der sich um uns gekümmert hätte, wenn Mutter auf Arbeit war, mußte sie uns bei den Großeltern zurücklassen. Manchmal fehlte sie uns sehr. Wir sahen sie nicht oft, denn sie konnte nur selten nach Hause kommen, weil es keine Beförderungsmittel gab. Ein Auto konnte sie sich nicht leisten, und ohne ein Auto war es unmöglich, zu uns zu kommen. Wenn wir sie brauchten, war sie also nicht da, weil sie sich um weiße Patienten kümmern mußte. Richtig lernte ich sie erst kennen, als ich fast erwachsen war.

Wie die meisten Reservatskinder wurden wir von unseren Großeltern aufgezogen. Wir hatten Glück. Viele indianische Kinder werden in Heimen untergebracht. Manchmal geschieht das sogar dann, wenn Eltern oder Großeltern durchaus willens und fähig sind, für sie zu sorgen, die Sozialarbeiter aber behaupten, daß das Zuhause unzulänglich ist, oder wenn es Plumpsklos statt einer Wasserspülung gibt oder wenn die Familie einfach »zu arm« ist. Ein WC ist für einen weißen Sozialarbeiter wichtiger als eine gute Großmutter. Und so werden die Kinder zu Wasičun-Fremden gegeben, um »in einer gesunden Umgebung aufgezogen zu werden«. Auf diese Weise verlieren wir die Generation von morgen, und das gefällt uns gar nicht.

Wir hatten das Glück, gute, warmherzige Großeltern zu haben – bis auch wir in eine Internatsschule gesteckt wurden. Meine Großmutter war eine geborene Louise Flood, und sie war eine Sioux. Ihr erster Mann hieß Brave Bird. Ich habe später versucht, etwas über diesen Vorfahren herauszubekommen. Ich habe alle Geschichtsbücher der Lakota durchgesehen. Da gab es Brave Bears und Brave Bulls und Brave Wolves, aber keine Brave Birds. Ich hätte mich erkundigen sollen, solange Großmutter noch am Leben war. Sie wohnten auf dem ihnen zugewiesenen Land, weit draußen in der Prärie. Als Großmutter jung war, lebte der ganze Stamm von den Zuteilungen. Jeder Haushaltsvorstand hatte eine Bezugskarte und bewahrte dieses kostbare Stück in einem kleinen, wunderschön bestickten Brustbeutel auf, Beutel der Art, für die Sammler heute dreihundert Dollar bezahlen müssen. Einmal im Monat hatte jeder seine Zuteilung abzuholen – Kaffee, Zuckerhüte, Säcke mit Mehl, Schinken, der meist trocken war, aber stopfte und lange vorhielt, falls wir nicht um unseren Teil betrogen wurden. Manchmal gab es auch ein Stück Rindfleisch von lebendem Vieh, von den zähesten und magersten Tieren, die man sich vorstellen kann. Dieses Fleisch auf Beinen wurde in einen großen Korral getrieben, und dann durften unsere Männer für ein paar Stunden Büffeljäger spielen und diese armen, der Leimfabrik entronnenen Tiere hetzen, abschießen und ausschlachten. Das war immer eine große Sache, ein Vergnügen, über das man sich noch lange unterhalten konnte. Eines Tages spannte Großvater Brave Bird seinen Wagen an, um sechs Stunden weit in die Stadt zu fahren und seine Zuteilung abzuholen. Er fuhr ganz allein. Auf dem Heimweg geriet er in ein Gewitter. Die Blitze erschreckten die Pferde, sie gingen durch und warfen den Wagen um. Der Kutschbock wurde mitsamt Brave Bird weggerissen und verfing sich im Geschirr. Die Pferde zerrten ihn über Stock und Stein und schließlich ein paar Meilen an einem Stacheldrahtzaun entlang. Als man Brave Bird fand, war er tot.

Damals hatte meine Großmutter zwei Mädchen und zwei Jungen. Diese beiden Onkel von mir bekamen, als sie größer wurden, Tuberkulose, sie wurden in eine Einrichtung gebracht und starben an dieser Krankheit. Die Tuberkulose ist bei uns noch immer ein Problem, das mehr die Männer als die Frauen trifft. Die beiden starben wenigstens als Erwachsene und nicht, wie es so oft vorkommt, als Kinder. Jedenfalls nimmt meine Großmutter an, daß sie dort und an dieser Krankheit gestorben sind. Sie hat nie eine Nachricht erhalten. Alles, was sie bekam, war eine Urne, um sie beizusetzen.

Es gab da einen Mann, der Noble Moore hieß. Er hatte Familie, und seine Frau starb, und Großmutter hatte Familie, und ihr Mann war gestorben. Also taten sich die Witwe und der Witwer zusammen und heirateten. Meine Mutter war zu dieser Zeit schon erwachsen. Nun hatte Moore einen gleichaltrigen Sohn, der Bill hieß. Eins kam zum anderen, und Mutter heiratete Bill, unser abwesendes Familienoberhaupt, den Ex-Marine-Trucker in Omaha. Großmutter hatte den Vater, meine Mutter den Sohn. In dieser Lotterie zog Großmutter das große Los, weil der alte Mann im Gegensatz zu seinem Sohn gut und anständig war und für uns sorgte.

Opa und Oma Moore waren gut zu uns und kümmerten sich um uns schon, als wir klein waren. Großvater Noble Moore war der einzige Vater, den ich kannte. Er fühlte sich an seines Sohnes Statt verantwortlich für uns und gab uns ein Zuhause, so gut er konnte. Er war Hausmeister in der Schule und hatte wenig Geld, um für eine so große Familie – seine eigene und die seines Sohnes – zu sorgen. Es waren neun Personen insgesamt, dazu immer ein paar arbeitslose Verwandte. Ich weiß nicht, wie er es fertiggebracht hat, aber irgendwie hat er es geschafft.

Das alte Paar zog uns weit draußen in der Prärie nahe He-Dog auf, in einer selbstgebauten Hütte. Wir hatten keinen Strom, keine Heizung, keine Wasserleitung. Unser Wasser holten wir vom Fluß. Von einigen Dingen, die selbst arme Weiße oder Schwarze im Ghetto für selbstverständlich ansehen, wußten wir nicht einmal, daß es sie gibt. Da wir kein Radio und keinen Fernseher hatten, wußten wir wenig über die Welt da draußen. Vielleicht war das ein Segen.

Unser größtes Fest war das Erntedankfest, weil es dann Hamburger gab. Sie schmeckten wunderbar, daran erinnere ich mich noch. Großvater ernährte uns mit Kaninchen, Hirsch, Erdhörnchen und sogar mit Stachelschweinen. Nie schienen sie Geld zu haben, um viel Essen zu kaufen. Großvater Moore und zwei seiner Brüder waren ständig auf der Jagd. Es war die einzige Möglichkeit, etwas Frischfleisch zu beschaffen, und wir Sioux sind wahre Tiger, wenn es Fleisch gibt. Ohne das geht es nicht. Ein paarmal kam Großvater mit einer riesigen Sumpfschildkröte vom Fischen und warf sie in den Topf. Das war ein Fest für ihn. Er sagte immer, geschmorte Schildkröte schmecke nach sieben verschiedenen Arten Fleisch: Huhn, Schwein, Rind, Kaninchen, Hirsch, Wildente, Antilope. Nachdem das OEO-Hilfsprogramm eingeführt worden war, bekamen auch wir die üblichen Zuteilungen.

Unsere Hütte war klein. Sie hatte nur einen Raum, der uns als Küche, Wohnzimmer, Eßzimmer, Empfangssalon und anderes mehr diente. Nachts schliefen wir dort auch. Das war unser Zuhause – ein Raum. Großmutter gehörte zu der Art Frauen, die sofort, wenn Besucher kommen, anfangen, sie zu füttern. Sie sagte immer zu mir: »Auch wenn nicht viel da ist, sie kriegen zu essen. Diese Leute kommen von weither, um uns zu besuchen, also kriegen sie zuerst zu essen. Es ist mir egal, ob sie bei Sonnenaufgang oder bei Sonnenuntergang kommen, zuerst kriegen sie zu essen. Und was dann noch da ist, wenn sie wieder fort sind, auch wenn es nur ein kleines vertrocknetes Stück Brot ist, das essen wir.« Das hat mir Großmutter beigebracht. Sie war Katholikin und versuchte, uns wie Weiße zu erziehen, weil sie das für die einzige Möglichkeit für uns hielt, vorwärtszukommen und ein zufriedenes Leben zu führen. Ging es aber um Grundsätzliches, dann war sie ganz Sioux, trotz Marienbildern und Herz Jesu an der Wand. Ob ihr bewußt war, wie sehr sie Indianerin geblieben war, kann ich nicht sagen. Sie sprach auch Sioux, das echte alte Lakota, nicht den modernen Slang von heute. Und sie kannte ihre Kräuter, zeigte uns, woran man die verschiedenen indianischen Pflanzen erkennt, und sagte uns, wofür jede einzelne gut war. Sie ließ uns Beeren und eine bestimmte Art Minze sammeln, aus der wir Tee kochten. Im Winter holten wir Wildkirsche, und zwar die Rinde und die Zweige. Die inneren Schichten kochten wir aus und verwendeten den Sud gegen verschiedene Krankheiten. Im Herbst ließ sie uns späte Kirschen und wilden Wein sammeln, das waren die einzigen Süßigkeiten, die wir bekamen. Bonbons lernte ich erst sehr viel später in der Schule kennen. Wir hatten dafür kein Geld und gingen auch nur sehr selten in die Stadt.

Da wir keine Schuhe besaßen, liefen wir die meiste Zeit barfuß. Nie bekam ich ein neues Kleid. Einmal im Jahr überredeten wir jemanden, uns zur Katholischen Mission zu einem Billigverkauf zu fahren. Manchmal fanden wir dort etwas an die Füße zu ziehen, bevor es kalt wurde, und manchmal auch eine getragene Bluse oder einen Rock. Das war alles, was wir uns leisten konnten. Weihnachten feierten wir nicht, jedenfalls nicht so, wie es die Weißen tun. Großmutter sparte ein bißchen Geld, und wenn es soweit war, kaufte sie etwas Kandiszucker – er sah aus wie kleine Glassteine auf einer Schnur –, ein paar Erdnüsse, Äpfel und Orangen. Und sie besorgte einen Baumwollstoff, aus dem sie kleine Beutel für uns nähte, und in jeden Beutel tat sie einen Apfel, eine Orange, eine Handvoll Erdnüsse und etwas von dem Kandiszucker, der immer ewig brauchte, um im Mund zu zergehen. Ich liebte das. So war Weihnachten, und so war es immer bei ihr.

Damals war ich zu klein, um etwas von Rassismus zu wissen. Als ich in der dritten Klasse war, nahm mich ein Verwandter nach Pine Ridge mit, und ich betrat einen Laden. Er war nicht sehr groß, ein kleiner Dorfladen eben. Drinnen stand eine meiner Lehrerinnen. Ich ging geradewegs auf die Obst- und Gemüsekisten zu, in denen ich Orangen gesehen hatte, genauso wie die eine, die ich immer zu Weihnachten bekam. Natürlich wollte ich eine haben. Ich nahm die größte. Ein Onkel hatte mir einen Nikkel spendiert, damit ich einen hemmungslosen Einkaufsbummel machen konnte, und damit wollte ich die Orange bezahlen. Der Ladenbesitzer sagte mir: »Ein Nickel reicht nicht für eine von diesen großen Sunkist-Navel-Orangen, ich habe nur solche. Leg sie wieder zurück.« Ich erinnere mich noch immer daran. Ich mußte diese verdammte Orange wieder hinlegen. Die Wasičun-Lehrerin neben mir sah das, zog ein Gesicht und sagte so laut, daß es jeder im Laden hören konnte: »Warum können diese schmutzigen Indianer nicht die Finger von den Lebensmitteln lassen? Ich wollte eben ein paar Orangen kaufen, aber die nehmen sie in ihre dreckigen Hände, und ich muß jetzt zusehen, daß ich woanders welche bekomme. Wie ekelhaft!« Das machte großen Eindruck auf mich, obwohl ich die volle Bedeutung dieses Zwischenfalls nicht begreifen konnte.

Großmutter sagte immer zu mir: »Was du auch tust, geh nicht in die Häuser von Weißen. Denn wenn sie zu uns kommen, machen sie sich über uns lustig, weil wir arm sind.« Als wir in He-Dog wohnten, gab es da ein paar Indianerhütten, die Busgarage und die Tankstelle – das war alles. Dann fing die Regierung an, uns nach Parmelee umzusiedeln, wo man neue OEO-Häuser baute, kleine Streichholzschachteln ohne Keller, die die Leute »Armenhäuser« nannten. Auch eine Schule wurde errichtet, und es zogen ein paar weiße Lehrer dorthin. Ich freundete mich mit einem kleinen weißen Mädchen an. »Komm mit zu mir nach Hause«, sagte sie. Ich antwortete: »Nein, ich soll zu niemandem ins Haus gehen.« Da sagte sie: »Meine Ma ist nicht da, sie ist bei Nachbarn zu Besuch. Komm nur!« Also schlich ich mich hinüber, ohne daß Großmutter davon wußte. Das weiße Mädchen hatte viele Spielsachen, Puppen und ein Puppenhaus. All die Dinge, die ich im Sears-Roebuck-Katalog bewunderte, den ich immer auf dem Klo studierte. Sie hatte das alles. Sie sagte: »Setz dich und spiel mit meinen Sachen.« Ich tat das, ich dachte ja, sie wäre meine Freundin. Plötzlich hörte ich, daß jemand an die Tür klopfte, es klopfte und klopfte. Es war die Mutter von dem kleinen Mädchen, sie schrie: »Öffne diese Tür! Du hast vielleicht Nerven, zu mir ins Haus zu kommen. Du hast mich ausgesperrt!« Sie kreischte, und mich schüttelte es. Ich wußte nicht, was ich tun sollte und sagte nur: »Ich habe Sie nicht ausgesperrt, ich wußte nicht einmal, daß die Tür verschlossen war.« – »Wo ist meine Peitsche?« schrie sie, kam in den Vorraum und griff nach einem großen, dicken Ledergurt. Dann sagte sie: »Komm hierher!« So schnell ich konnte, rannte ich zu meiner Großmutter nach Hause. Ich sagte zu ihr: »Diese weiße Frau will mich auspeitschen.« – »Was hast du getan?« – »Nichts, ich bin nur in ihr Haus gegangen, und sie will mich schlagen. Ihr kleines Mädchen hat mir das eingebrockt. Ich habe nichts getan. Versteck mich, Großmutter!« Ich war vollkommen verstört.

In dem Augenblick kam die Frau. Großmutter sagte: »Du bleibst hier drin!« Dann nahm sie ihr großes Fleischermesser, ging hinaus, blieb an der Tür stehen und sagte zu der Frau: »Du gottverdammtes weißes Miststück, komm einen Schritt näher, und ich hacke dir die Ohren ab!« Noch nie habe ich jemanden so schnell wegrennen sehen wie diese weiße Frau.

In South Dakota lernen weiße Kinder, Rassist zu sein, fast ehe sie noch laufen können. Als ich sieben oder acht Jahre alt war, prügelte ich mich mit der Tochter des Schuldirektors. Wir waren auf dem Spielplatz. Sie hing an der Kletterstange und sagte: »Komm, du Affe, das Ding hier ist für dich.« Sie sagte mir auch, ich würde stinken und wie ein Indianer aussehen. Ich packte sie bei den Haaren und zog sie von der Stange herunter. Ich hätte noch mehr getan, aber ich sah, daß der Direktor kam.

Wie ich schon sagte, sprach Großmutter fließend Sioux, meine Mutter ebenfalls. Wir aber durften es nicht sprechen, und es wurde uns auch nicht gelehrt. Wie oft habe ich Großmutter gefragt: »Warum bringst du mir die Sprache nicht bei?« Ihre Antwort war stets: »Weil wir wollen, daß du eine gute Ausbildung bekommst, mit der du ein gutes Leben führen kannst. Du sollst es nicht schwer haben, du sollst von niemandem abhängig sein. Die Zeiten werden sehr schwer. Du brauchst eine Ausbildung, wie sie die Weißen bekommen, damit du in dieser Welt leben kannst. Indianisch zu sprechen würde dich nur behindern und auf den falschen Weg bringen.«

Sie glaubte, mir zu helfen, wenn sie mir die indianische Lebensart nicht beibrachte. Daß sie fromme Katholikin war, hatte damit aber auch etwas zu tun. Die Missionare hatten wieder und wieder hergebetet: »Du mußt den Indianer in dir abtöten, um den Menschen zu erlösen!« Das gehörte zu dem Versuch, dem schweren Leben zu entrinnen. Die Missionsstation, der Kirchgang, sich wie die Weißen anziehen und benehmen – das war für sie der Schlüssel, der auf magische Weise die Tür zum guten Leben öffnen würde, zu einem weißen Leben, in einem weißgestrichenen Haus, mit einem Teppich auf dem Fußboden, einem blitzenden Auto in der Garage und einem fleißigen Mann, der eine Krawatte trug und nicht trank. Dabei wimmelte es um sie herum von Beispielen dafür, daß dies der falsche Schlüssel zur falschen Tür war, daß dies die Form meiner Backenknochen nicht ändern würde oder meine schrägen Augen, meine Haarfarbe, meine Gefühle. Sie brauchte nur die Augen zu öffnen und sich umzuschauen, aber sie konnte oder wollte es nicht. Ihr kleiner Traum wurde genährt und behütet durch die Abgeschiedenheit, in der sie lebte.

Großmutter war in der Missionsschule gewesen, und das hatte sie dazu gebracht, vieles von unseren Traditionen aufzugeben. Sie gab mir Liebe und ein gutes Zuhause, aber wenn ich eine Indianerin werden wollte, dann mußte ich woanders hingehen, um es zu lernen. Zum Beispiel zu Großmutters alter Schwester Mary, die mit Charlie Little Dog verheiratet ist. Nach Sioux-Brauch nenne ich auch sie Großvater und Großmutter. Er ist jetzt hundertundvier Jahre alt und Großmutter Little Dog etwa achtundneunzig. Sie sind sehr traditionsbewußt und glauben an die alten Rituale. Noch immer holen sie ihr Wasser vom Fluß, noch immer hacken sie Holz. Sie leben immer noch wie die Sioux vor hundert Jahren. Wenn Charlie Little Dog redet, dann benutzt er noch die alten Wörter. Man muß wenigstens sechzig oder siebzig Jahre sein, um zu verstehen, wovon er spricht – so sehr hat sich die Sprache verändert. Zu ihnen also ging ich, wenn ich die alten Geschichten von Kriegern und Geistern hören wollte, die mündlich überlieferte Geschichte unseres Volkes.

Auch zu Großonkel Dick Fool Bull ging ich, dem Flötenmacher, der mich zu meinem ersten Peyote-Meeting mitnahm, und ich ging zu Menschen wie den Bear Necklaces, den Brave Birds, den Iron Shells, Hollow Horn Bears und den Crow Dogs. Eine Frau, Elsie Flood, eine Nichte von Großmutter, hatte großen Einfluß auf mich. Sie war eine Schildkrötenfrau, eine starke, selbstbewußte Person, denn die Schildkröte ist das Sinnbild für

Stärke, Entschlossenheit und langes Leben. Ein Schildkrötenherz schlägt und schlägt noch tagelang, wenn die Schildkröte selbst schon längst tot ist. Es schlägt allein aus sich selbst. In traditionellen Familien wird an der Wiege eines Neugeborenen ein perlenbesticktes Amulett befestigt, das die Gestalt einer Schildkröte hat. In dieses Amulett wird die Nabelschnur des Kindes getan, weil man glaubt, daß sie das Baby vor Schaden und bösen Geistern schützt. Außerdem soll der Zauber bewirken, daß das Kind ein langes Leben hat. Die Schildkröte verkörpert die Macht des Verstandes und die Verbindung mit dem Donner.

Ich liebte es, Tante Elsie Flood zu besuchen und ihren Geschichten zu lauschen. Mit ihren hohen Backenknochen sah sie wie Großmutter aus. Wenn sie mit ihrer tiefen, kehligen Stimme redete, klang es wie blubberndes Wasser. Und sie sprach schnell und vermischte dabei Indianisch und Englisch. Ich mußte genau aufpassen, wenn ich verstehen wollte, was sie mir erzählte. Stets zahlte sie, was sie schuldig war, und verdiente sich ihren Lebensunterhalt durch kunstvolle Handarbeiten, wunderschöne Arbeiten mit Perlen und Stachelschweinborsten, die sie »Indianische Kleinigkeiten« nannte. Sie war auch eine Medizinfrau. Sie war eine altmodische Frau, die ihren Packen selber trug und nicht zuließ, daß ihr ein Mann oder eine jüngere Frau die Last abnahm. Sie trug sie selbst. Sie bat nicht um Hilfe und nahm auch von keinem Hilfe an – sie war stolz auf ihre Schildkrötenkraft. Schildkröten dienten ihr als Schutz. Wohin sie auch ging, sie hatte immer ein paar kleine, lebendige Schildkröten dabei und alle möglichen Dinge aus Schildpatt, kleine Amulette und Schachteln. In Martin, zwischen Rosebud und Pine Ridge, hatte sie eine kleine Unterkunft, und dort lebte sie allein. Sie war sehr selbständig, war aber immer froh, wenn ich sie besuchte. Einmal kam sie zu uns, wie üblich zu Fuß mit einem schweren Packen auf dem Rücken und mit zwei Einkaufsbeuteln voller Kräuter und anderer seltsamer Sachen. Auch für mich brachte sie ein Geschenk mit – zwei kleine, sehr lebhafte Schildkröten. Auf ihre Panzer hatte sie indianische Muster gemalt und hatte ihnen Namen gegeben. Die eine nannte sie »Komm« und die andere »Geh«. Wenn sie sie zum Füttern rief, watschelten sie auch immer zu ihr hin. Sie hatte ein spezielles Futter für sie, von dem sie mir ganze Beutel voll daließ. Diese kleinen Zwillingsschildkröten blieben klein, sie wurden nie größer. Eines Tages kam der Sohn des weißen Vorstehers zu uns herüber und zertrat sie. Er trampelte sie einfach zu Tode. Als meine Tante das hörte, sagte sie, daß das ein schlimmes Vorzeichen für sie wäre.

Die Schildkrötenfrau fürchtete sich vor nichts. Sie reiste immer per Anhalter und ebnete sich ihren Weg von einem Ort zum anderen mit dem erhobenen Daumen. Für einige Leute war sie ein Mysterium. Die Indianer hatten große Achtung vor ihr und sagten, daß sie »wakan« wäre, eine Art Heilige, der die Schildkröten ihre Kräfte verliehen hätten. Im Sommer 1976 wurde sie erschlagen in ihrem Haus gefunden. Man entdeckte sie unter dem Bett, nackt, mit dem Gesicht nach unten und mit Unkraut im Haar. Nie hatte sie jemanden verletzt oder war zu irgendwem unfreundlich gewesen, immer hatte sie den Menschen, die es brauchten, geholfen. Kein Indianer hätte ihr ein einziges Haar gekrümmt. Ja, so starb sie. Ich trauere immer noch um sie. Ihr Tod ist nie untersucht worden. Das Leben eines Indianers ist im Staate South Dakota nicht viel wert. Eine Frau wie sie gibt es nicht mehr.

So viele meiner Verwandten und Freunde, die mir lieb waren und mir oder anderen etwas bedeuteten, sind entweder getötet oder auf einer abgelegenen Straße tot aufgefunden worden. Gute Indianer sterben zuerst. Sie werden nicht alt. Meine Schildkrötentante war eine der Frauen ihrer Generation, die am festesten in der Tradition standen. Um ihr Wissen wiederzuerlangen, wird es Zeit brauchen. Eine oder zwei Generationen vielleicht.

Obwohl sich meine Großeltern nach besten Kräften mühten, gute Christen zu sein, hatten sich ein paar indianische Überzeugungen bei ihnen festgesetzt. Ich erinnere mich, daß in meiner Kindheit Großvater Moore, wenn jemand krank war, einen der Zuber, die zur Viehtränke dienten, mit Wasser zu füllen pflegte, lebende Enten hineinsetzte und sagte: »Wenn diese Vögel drinbleiben und ein Weilchen herumschwimmen, dann wird dieser Kranke gesund werden. Aber wenn die Enten gleich wieder heraushüpfen und weglaufen, wird er sich nicht mehr erholen.« Er hat das nie erklärt, sondern einfach erwartet, daß jeder daran glaubt. Viel später, als das Baby meiner Schwester Barbara gestorben war, hielten ein paar Verwandte und Freunde ein Peyote-Meeting für sie ab. Barb bat Mutter und Großmutter, auch hinzukommen, und sie kamen tatsächlich. Bei all diesen heidnischen Vorgängen muß es ihnen ein bißchen ungemütlich gewesen sein, aber sie hielten die ganze Nacht durch und benahmen sich, als ob sie so etwas ihr ganzes Leben lang getan hätten. Ich bin sicher, sie machten sich Sorgen, daß der Priester etwas davon erfahren könnte. Ich erinnere mich auch, gehört zu haben, daß Großvater einmal, als jemand krank geworden war, der in einem Zelt hinter unserer Hütte lebte, einen Medizinmann kommen ließ, der den Kranken kurieren und die bösen Gifte aus seinem Körper saugen sollte.

Dieses einfache Leben in He-Dog führte ich, bis ich auf die Internatsschule mußte. Wir Kinder litten nicht unter unserer Armut, denn sie war uns nicht bewußt. Die paar Indianer nebenan lebten in dem gleichen Mangel, in den gleichen verfallenen Hütten oder Blockhäusern mit schmutzigen Fußböden. Es gab nichts, womit wir unser Leben hätten vergleichen können. Wir lebten ganz für uns, wie in einem Vakuum. Darüber waren wir nicht böse, weil wir gar nicht wußten, daß es irgendwo ein besseres, bequemeres Leben gab. Böse wird man, wenn die Armut Tür an Tür mit dem Reichtum wohnt, wie ich es zum Beispiel bei meinen Besuchen in New York bei den Ghettobewohnern gesehen habe, die in schmutzigen Mietshäusern direkt neben den Luxusappartements der Reichen leben. Das Fernsehen hat ihnen die Naivität genommen, hat die Mauer niedergerissen, die die reichen Weißen von den armen Nicht-Weißen trennt. Die Mattscheibe verdreht den Leuten die Köpfe, und wenn sie arm und farbig sind, macht es sie auch böse, all diese Dinge zu sehen, für die Reklame gemacht wird und von denen sie nicht hoffen können, sie jemals zu besitzen – die eleganten Häuser und Autos, die Geschirrspülautomaten und Mikrowellen, den ganzen teuren Kram des wohlhabenden Amerika. Ich frage mich, ob den Leuten, die für Reklame Hunderttausende ausgeben, nicht bewußt wird, daß solch eine Sendung eine revolutionäre Botschaft ist.

Da wir keinen Strom hatten, besaßen wir auch keine »Flimmerkiste« und empfanden deshalb keinen Neid. Außer bei dem Zwischenfall im Haus der weißen Frau war ich dem Rassismus in seinen verschiedenen Formen noch nicht begegnet, und dieses Ereignis hatte ich nicht ganz verstanden. Trotzdem blieb davon und von ein paar anderen Geschichten, die ich gehört hatte, eine gewisse Furcht vor Weißen zurück. Da ich aber kaum Weiße traf, störten sie mich auch nicht. Ich mochte das Essen, das ich bekam, anderes kannte ich nicht, und Hunger ist ein guter Koch. Ich mochte unsere Hütte. Daß sie überfüllt war, gab mir eine Sicherheit wie im Mutterleib. Außer dem Haus der weißen Frau kannte ich nur solche Hütten wie unsere – bis auf die Tankstelle, aber das war kein Wohnhaus. Ich hatte Essen, Liebe, einen Platz zum Schlafen und einen warmen, dickbäuchigen, holzbeheizten Ofen, neben dem man im Winter sitzen konnte. Mehr brauchte ich nicht. Und schließlich hatte ich etwas, was weiße Kinder gewöhnlich nicht haben – Pferde zum Reiten. Es spielt keine Rolle, wie arm wir Sioux sind, ein paar Ponys gibt es immer. Als ich ein kleines Mädchen war, konnte man für zehn Dollar einen hübschen Schecken kaufen. Also ritt ich von frühester Kindheit an. Ich liebte es, ein Pferd unter mir zu spüren, das ist ein Gefühl von Macht, von Freiheit, Wildheit – es ist das Gefühl, Indianer zu sein. Und das Gefühl wird von jedem im Reservat geteilt. Selbst der am meisten angepaßte Sioux ist immer noch ein Pferdenarr. In meiner frühen Kindheit habe ich mir nie etwas Besonderes gewünscht – außer, einen Appaloosa zu besitzen, weil ich in einem Magazin ein Bild von ihm gesehen und mich verliebt hatte. Eines Tages vielleicht, wenn ich es erlebe, geht mein Wunsch in Erfüllung.

Großvater Moore starb 1972. Er verschied friedlich, im Schlaf. Ich war froh, daß er einen so leichten Tod hatte. Er war ein guter, liebevoller Mann, ein schwerarbeitender Hausmeister. Ich vermisse ihn, ich vermisse Großmutter. Sie behüteten uns, solange sie dazu in der Lage waren, aber sie konnten uns nicht davor bewahren, in die Internatsschule gebracht zu werden.

3. Kapitel
Zivilisiert sie mit dem Stock

> ...aus Häuschen, Laubhütten und Tipis zusammengeholt,
> werden sie teils
> mit Schmeicheleien oder Drohungen,
> teils mit Bestechung
> oder mit Gewalt dazu gebracht,
> ihre Familien zu verlassen,
> um in diese Schulen einzutreten
> und das äußere Erscheinungsbild zivilisierten
> Lebens anzunehmen.
>
> Jahresbericht des Innenministeriums 1901

Es ist beinahe unmöglich, einem sympathisierenden Weißen zu erklären, was eine typische alte Indianer-Internatsschule war und wie sie auf ein indianisches Kind wirkte, das plötzlich in sie hineinplumpste wie ein kleines Wesen von einem anderen Stern, hilflos, schutzlos, verwirrt, und das verzweifelt und instinktiv versucht zu überleben und manchmal eben nicht überlebt. Ich glaube, diese Kinder gleichen den Opfern der Nazi-Konzentrationslager, wenn sie versuchen, dem Durchschnittsamerikaner von ihren Erlebnissen zu erzählen. Sogar jetzt, wo diese Schulen um vieles verbessert wurden, wo die Gebäude neu sind, ganz aus blitzendem Stahl und Glas, wo das Essen annehmbar ist, die Lehrer gut ausgebildet und motiviert sind, sogar in Kinderpsychologie erfahren – unglücklicherweise in der Psychologie weißer Kinder, die sich von der unserer Kinder unterscheidet –, sogar jetzt ist der Schock für das Kind, das dort ankommt, schrecklich. Ein paar scheinen geradezu zusammenzuschrumpfen, sie sprechen tagelang nicht und haben leere Augen. Ich weiß von einer Elfjährigen aus einem anderen Reservat, die sich aufhängte; in unserer Schule sprang, als ich dort war, ein Mädchen aus dem Fenster, um sich das Leben zu nehmen und sich so einer unerträglichen Situation zu entziehen. Diesen ersten Schock gibt es immer.

Obgleich die alte Tiyospaye zerstört ist, bleibt in traditionellen Sioux-Familien, vor allem in denen, wo nicht getrunken wird, das Kind niemals sich selbst überlassen. Immer ist es von Verwandten umgeben, wird herumgetragen und empfängt Wärme. Es wird mit der Achtung behandelt, die man einem menschlichen Wesen, auch einem kleinen, schuldig ist. Selten wird es gezwungen, etwas gegen seinen Willen zu tun, selten wird es angeschrien und niemals geschlagen. Wenigstens das ist bei Vollblutindianern von der alten Familiengruppe übriggeblieben. Und dann kommt auf einmal ein Bus oder ein Auto voller Fremder, Weißer zumeist, die das Kind denen, die es lieben, aus den Armen reißen und es schreiend in die Internatsschule bringen. Das einzige Wort, das ich dafür finden kann, ist Kidnapping.

Selbst jetzt, in einer guten Schule, gibt es anstelle enger menschlicher Kontakte nur Unpersönliches, eine sterile, kalte Atmosphäre, eine ungewohnte Routine, Sprachprobleme und vor allem die Maza-skan-skan, diese verdammte Uhr – die Zeit des weißen Mannes im Gegensatz zur indianischen, die eine natürliche Zeit ist. Man ißt, wenn man hungrig ist, und schläft, wenn man müde ist – und nicht, wenn es diese verdammte Uhr gebietet. Ich aber wurde nicht auf eine dieser besseren, modernen Schulen gebracht. Ich kam auf die alte, von Nonnen und katholischen Priestern geleitete Missionsschule in St. Francis, erbaut irgendwann um die Jahrhundertwende und, als ich hinkam, nicht ein bißchen verändert, jedenfalls nicht, was die Gebäude, das Essen, die Lehrer oder ihre Methoden anbelangte.

Früher war die Natur die einzige Schule der Indianer, und sie brauchten keine andere. Mädchen hatten ihre Spielzeug-Tipis und Puppen, Jungen hatten Spielzeug-Bogen und Pfeile. Mädchen und Jungen ritten und schwammen zusammen und spielten die derben Indianerspiele. Die Kinder beobachteten Gleichaltrige und Ältere und wuchsen so ganz natürlich von Kindern zu Erwachsenen heran. Das Leben im Kreis der Tipis war harmonisch – bis die Whiskey-Hausierer mit ihren Wagen und Fässern voll »Injun-Whiskey« kamen. Ich habe mir oft gewünscht, ich hätte in den alten, den Vor-Whiskey-Zeiten, aufwachsen können.

Merkwürdigerweise verdanken wir unsere unsäglichen Internatsschulen den Gönnern, den weißen Indianer-Freunden. Die Schulen sollten eine Alternative zur völligen Ausrottung sein, die von den Generälen Sherman und Sheridan ernstlich gefordert wurde, natürlich auch von den meisten Siedlern und Goldsuchern, die unser Land überrannten. »Um das Indianer-Problem zu lösen«, sagten die Gönner, »muß man diese armen, unwissenden Heiden nicht umbringen. Man muß uns nur Gelegenheit geben, sie zu brauchbaren Tagelöhnern, Arbeitern und Stubenmädchen zu machen, die sich für einen geringen Verdienst krumm arbeiten.« Und so entstanden die Internatsschulen. Die Kinder wurden in Decken und Mokassins aus ihren Dörfern und Pueblos weggebracht, wurden von ihren Familien vollständig isoliert – manchmal für mehr als zehn Jahre – und kamen auf einmal zurück, das Haar mit Pomade angeklebt, die Nacken von steifen hohen Kragen wundgescheuert, mit dicken Jacken, die stets zu kurze Ärmel hatten und unter den Armen zwickten, mit festen Lackschuhen, die ihnen Schwielen rieben, die Mädchen in gestärkten weißen Blusen und mit plumpen, hochgeknöpften Stiefeln – Karikaturen der Weißen. Wenn sie merkten – und sie merkten es sehr schnell –, daß sie weder bei den Weißen noch bei den Indianern erwünscht waren, wurden sie zu Taugenichtsen und Trinkern, und viele von ihnen waren für den Rest ihres Lebens betrunken.

Ich besitze noch ein Poster, das ich unter den Sachen meines Großvaters gefunden habe. Die Missionare hatten es ihm gegeben, damit er es sich an die Wand heftete. Und darauf steht:

1. Laß dich von Jesus erlösen.
2. Lege deine Decke ab, schneide dir das Haar und kleide dich wie ein weißer Mann.
3. Gründe eine christliche Familie mit nur einer Frau für das ganze Leben.
4. Lebe in einem Haus wie dein weißer Bruder. Arbeite hart und wasch dich oft.
5. Lerne den Wert eines schwerverdienten Dollars schätzen. Verschenke dein Geld nicht. Sei pünktlich.
6. Glaube daran, daß Reichtum und Wohlstand Zeichen göttlicher Anerkennung sind.
7. Meide Saloons und hochprozentigen Alkohol.
8. Sprich die Sprache deines weißen Bruders. Schick deine Kinder zur Schule, damit sie es auch können.
9. Geh oft und regelmäßig zur Kirche.
10. Geh nicht zu Indianertänzen oder zu Medizinmännern.

Die Leute, die damit beschäftigt waren, »das Indianerproblem zu lösen«, indem sie uns zu Weißen machten, gaben unter dem Druck der Indianerproteste ihre Haltung nur allmählich auf.

Die Missionsschule in St. Francis war seit Generationen ein Fluch für unsere Familie. Meine Großmutter war dort, dann meine Mutter, meine Schwestern und schließlich ich. Irgendwann versuchte jeder von uns wegzulaufen. Großmutter hat mir einmal von den schlimmen Zeiten erzählt, die sie in St. Francis erlebt hatte. Damals durften die Schüler nur für eine einzige Woche in jedem Jahr nach Hause. Die Fahrt dauerte zwei Tage, so daß sie also gerade fünf von dreihundertfünfundsechzig Tagen bei ihrer Familie sein konnte. Und das war schon ein Fortschritt. Vor Großmutters Zeit durften in vielen Reservaten die Schüler vor Beendigung ihrer Schulzeit überhaupt nicht nach Hause. Jeder, der den Nonnen nicht gehorchte, wurde streng bestraft. Das Gebäude, in dem meine Großmutter untergebracht war, hatte drei Stockwerke, nur für Mädchen. Oben, im Dachgeschoß, gab es kleine Zellen, ungefähr fünf mal fünf mal zehn Fuß groß. Einmal war sie in der Kirche und spielte Karten statt zu beten. Zur Strafe steckte man sie in eine dieser kleinen Kammern, in der es dunkel war, weil man die Fenster vernagelt hatte. Man ließ sie eine volle Woche dort drin, nur bei Brot und Wasser. Als sie herausgekommen war, lief sie prompt mit drei anderen Mädchen weg. Sie wurden entdeckt und zurückgebracht. Die Nonnen zogen sie nackt aus und schlugen sie mit einer Pferdepeitsche. Und dann wurde Großmutter wieder in das Dachgeschoß gebracht – für zwei Wochen.

Meine Mutter machte sehr ähnliche Erfahrungen, wollte aber nie darüber sprechen. Und dann war ich dort, am gleichen Ort. Jetzt wird die Schule vom BIA – dem Büro für Indianerangelegenheiten – unterhalten, allerdings erst seit etwa fünfzehn Jahren. Als ich dort war, in den sechziger Jahren, unterstand sie noch der Kirche. Jesuitenpater leiteten die Jungenabteilung, und die Schwestern vom Heiligen Herzen Jesu kümmerten sich um uns – mit Hilfe des Lederriemens. Nichts hatte sich seit Großmutters Tagen geändert. Kürzlich hat man mir erzählt, daß sogar noch in den siebziger Jahren an dieser Schule die Kinder geschlagen wurden. Alles, was mir in der Schule beigebracht wurde, war, wie man richtig betet. Ich lernte rasch, daß man geschlagen wird, wenn man es an Frömmigkeit fehlen läßt oder – Gott behüte! – falsch betet, etwa auf indianisch zu Wakan Tanka, dem indianischen Schöpfer.

Der Mädchenflügel war wie ein F gebaut und wurde wie eine Strafvollzugseinrichtung geführt. Jeden Morgen um fünf Uhr kamen die Schwestern in unseren großen Schlafsaal, um uns zu wecken, und wir hatten augenblicklich neben unseren Betten niederzuknien und zu beten. Um sechs Uhr wurden wir wie eine Herde in die Kirche getrieben, um weiterzubeten. Ich fügte mich nicht gerade gern in die Disziplin und die Marschiererei nach der Uhr – links-rechts, links-rechts. Ich war noch nie der Typ, der es liebt, zu etwas gezwungen zu werden. Ich tue etwas, weil mir danach ist. So war ich, solange ich denken kann, und meine Schwester Barbara war genauso. Ein alter Medizinmann hat mir einmal gesagt: »Wir Lakotas sind keine Hunde, die man abrichten kann, die sich schlagen lassen und trotzdem mit dem Schwanz wedeln und die Hand lecken, die sie geschlagen hat. Wir sind wie Katzen – kleine Katzen, große Katzen, Wildkatzen, Luchse, Pumas. Welche Art, das spielt keine Rolle, wichtig ist, daß wir Katzen sind, die nicht gezähmt werden können, die kratzen, wenn man ihnen auf den Schwanz tritt.« Ich war aber nur ein Kätzchen, und meine Krallen waren noch kurz.

Barbara war noch in der Schule, als ich hinkam, und in meinen ersten beiden Jahren konnte sie mich ein bißchen beschützen. Als Barbara in die siebente Klasse ging, lief sie zusammen mit fünf anderen Mädchen eines Morgens vor Sonnenaufgang davon. Am Abend brachte man sie zurück. Die Mädchen mußten zwei Stunden lang vor dem Zimmer der Mutter Oberin warten. Sie waren hungrig und durchgefroren, denn es war Winter, und sie waren den ganzen Tag ohne zu essen gelaufen, damit ihre Flucht auch wirklich gelänge. Die Mutter Oberin fragte jedes Mädchen: »Wirst du das wieder tun?« Sie sagte ihnen, daß sie zur Strafe einen ganzen Monat lang nicht nach Hause dürften und daß man sie so lange mit Sonderarbeiten beschäftigen würde, bis die Haut an Knien und Ellenbogen durchgescheuert sei. Als die Oberin mit ihrer Ansprache zu Ende war, befahl sie jedem Mädchen: »Steh von dem Stuhl auf, und leg dich darüber.« Dann hob sie den Mädchen die Röcke hoch und zog ihnen die Schlüpfer herunter. Es waren nicht etwa kleine Kinder, es waren Teenager.

Sie hatte einen Lederriemen, etwa einen Fuß lang und vier Inches breit, der an einem Stock befestigt war, und damit schlug sie die Mädchen, eines nach dem anderen, bis sie heulten. Barb tat ihr den Gefallen nicht, sondern biß die Zähne zusammen. Einmal, so erzählte mir Barb, wurde ein Mädchen von einer Nonne so lange geschlagen, bis der der Arm müde wurde.

Auch ich bin meinem Teil vom Lederriemen nicht entgangen. Einmal, ich war dreizehn Jahre alt, weigerte ich mich, zur Messe zu gehen. Ich wollte nicht in die Kirche, weil es mir nicht gutging. Eine Nonne packte mich bei den Haaren, zerrte mich die Treppe hinauf, beugte mich vornüber, zog mir das Kleid hoch (wir durften damals keine Jeans tragen), riß den Schlüpfer herunter und verabreichte mir das, was sie »Klatsche« nannten – fünfundzwanzig Schläge mit einem Brett, das mit Band umwickelt war. Sie tat mir schrecklich weh.

Mein Klassenzimmer war direkt neben dem Zimmer des Direktors, und ich hörte fast jeden Tag, wie er Jungen »abklatschte«. Schläge waren zumeist die Strafe dafür, daß man keine Hausaufgaben gemacht hatte oder zu spät gekommen war. Auf mich wirkte das so schlimm, daß ich gegen jeden Weißen, den ich nur sah, Haß und Mißtrauen empfand. Ich begegnete nämlich nur einer Art von Weißen. Erst sehr viel später traf ich anständige Weiße, zu denen ich eine Beziehung fand und Freundschaft halten konnte. Rassismus erzeugt einen Gegen-Rassismus.

Der Alltagstrott in St. Francis war trostlos. Sechs Uhr morgens: eine Stunde lang in der Kirche knien, sieben Uhr: Frühstück, acht Uhr: Fußböden scheuern, Kartoffeln schälen, Klassenzimmer reinigen. Zweimal am Tag mußten wir den Speiseraum schrubben und die Tische scheuern. Wurde man bei einer Pause erwischt, beim Herumschnitzeln an der Bank oder auch nur beim Däumchendrehen, kam die Nonne mit einem Geschirrtuch und schlug es einem mit den Worten ins Gesicht: »Du sollst nicht schwatzen, du sollst arbeiten!« Montags gab es früh Maisbrei, dienstags Haferbrei, mittwochs Reis mit Rosinen, donnerstags Cornflakes und freitags alle Reste zusammengerührt oder manchmal auch Fisch. Oft waren Käfer oder Steinchen im Essen. Wir bekamen Hot Dogs, die mehrere Wochen alt waren, während die Nonnen Schinken mit Kartoffelbrei, Zuckererbsen und Preiselbeersoße aßen. Im Winter war unser Schlafsaal eiskalt, die Zimmer der Nonnen aber waren immer warm.

Ich habe kleine Mädchen ankommen sehen, Schulanfänger, die direkt von zu Hause kamen und vollkommen unvorbereitet waren auf das, was sie erwartete, kleine Mädchen mit hübschen Zöpfen, und das erste, was die Nonnen taten, war, ihnen die Haare abzuschneiden und den Rest hinter den Ohren festzustekken. Danach tauchten sie die Kinder in Zuber mit Alkohol, eine Art Waschalkohol, »um die Keime wegzukriegen«. Viele Nonnen waren deutsche Einwanderer, einige aus Bayern, und wir fragten uns manchmal, ob Bayern wohl so eine Art Drakula-Land ist, das von Ungeheuern bewohnt wird. Um der Objektivität willen muß ich aber erwähnen, daß zwei der deutschen Pater große Sprachwissenschaftler waren und daß das einzige Lakota-Englisch-Wörterbuch und die einzige Grammatik, die etwas wert sind, von ihnen zusammengetragen wurden.

Aus Verlangen nach Trost und Beruhigung kuschelten sich nachts häufig ein paar Mädchen im Bett zusammen. Dann pflegte die aufsichtführende Nonne hereinzukommen und zu sagen: »Was macht ihr zwei zusammen im Bett? Ich wittere Übles in diesem Raum. Ihr Mädchen seid die Verkörperung des Bösen. Ihr sündigt. Ihr werdet zur Hölle fahren und ewig brennen. So könnt ihr euch in des Teufels Bratpfanne benehmen.« Sie holte sie mitten in der Nacht aus dem Bett, ließ sie niederknien und bis zum Morgen beten. Wir hatten nicht die leiseste Ahnung, was das alles bedeuten sollte. Zu Hause schliefen wir wegen der Körperwärme und wegen des Gefühls von Sicherheit zu zweit und dritt in einem Bett.

Die Nonnen und die Mädchen der beiden Oberklassen trugen ihre Kämpfe ständig physisch aus, mit Schlagen, Kratzen und Haareraufen. Ich wuchs von einem Kätzchen zu einer kleinen Katze heran. Meine Krallen wurden größer und verlangten nach Betätigung. Etwa 1969 oder 1970 tauchte ein fremdes weißes Mädchen im Reservat auf. Sie sah aus, als wäre sie achtzehn oder zwanzig Jahre alt, war hübsch, hatte langes blondes Haar bis zur Taille, geflickte Jeans, Stiefel und einen Rucksack. Sie unterschied sich von allen anderen Weißen, denen wir bislang begegnet waren. Ich glaube, sie hieß Wise. Ich weiß nicht, wie sie es geschafft hat, unsere Zurückhaltung und unser Mißtrauen zu überwinden und uns in eine Ecke zu ziehen, wo wir ihr zuhörten und uns über unsere Behandlung hier ausfragen ließen. Sie erzählte, daß sie aus New York sei. Sie war der erste echte Hippie oder Yippie, der uns über den Weg lief. Von Leuten erzählte sie, die Black Panthers hießen, Young Lords oder Weathermen. Und sie sagte: »Die Schwarzen kommen mit ihrer Sache voran. Die Indianer in St. Paul und in Kalifornien kommen voran. Was ist mit euch?« Sie fragte auch: »Warum gebt ihr kein Flugblatt heraus und vervielfältigt es? Das ist ganz leicht. Sagt einfach, wie es ist, und hängt es überall aus.« Sie sprach einen seltsamen Jargon, aber wir lernten schnell, sie zu verstehen.

Charlene Left Hand Bull und Gina One Star waren zwei reinrassige Indianermädchen, mit denen ich gewöhnlich herumstromerte. Wir taten alles gemeinsam. Sie nun waren bereit, mich bei einem Sioux-Aufstand zu unterstützen. Wir stellten eine Zeitung zusammen, die wir ›Red Panther‹ nannten. Darin schrieben wir, wie schlecht die Schule war, welchen Schweinefraß wir zu essen bekamen – zwei Wochen lang schleimige, verdorbene, schwarze Kartoffeln – und wie wir geschlagen wurden. Ich glaube, ich war diejenige, die den bösesten Artikel schrieb – über unseren damaligen Vorsteher, Pater Keeler. All meinen Zorn und all mein Gift legte ich hinein. Ich nannte den Pater einen gottverdammten Wasičun-Hundesohn und schrieb, daß er absolut nichts über Indianer wisse und dorthin zurückgehen solle, wo er herkomme, um weiße Kinder zu unterrichten, zu denen er eine Beziehung habe. Ich schrieb auch, daß wir wüßten, welche Priester mit welchen Nonnen schliefen, und daß sie nur daran dächten, wie sie sich ihre Bäuche vollschlagen und ein neues Auto kaufen könnten. Es war die Art Geschreibsel, bei dem man geradezu Schaum vor dem Mund hat, das einem aber auch einen großen Teil des Drucks von der Seele nimmt.

Am St.-Patricks-Tag, als alle in der großen Versammlung waren, verteilten wir unsere Zeitungen. Wir hefteten sie an Windschutzscheiben und schwarze Bretter, legten sie auf Schul- und Kirchenbänke, in Schlafräume und Toiletten. Aber irgend jemand beobachtete uns und petzte. Die Sache kam an die große Glocke. Wir drei wurden vor die Schulleitung zitiert. Und unsere Eltern, bei mir die Mutter, hatten zu erscheinen. Man teilte ihnen mit, daß wir uns ein äußerst schweres Vergehen hätten zuschulden kommen lassen, die übelste Sache, die in der langen Geschichte der Schule je passiert sei. Eine Nonne sagte zu meiner Mutter: »Ihre Tochter braucht dringend eine kräftige Standpauke.« – »Was ist mit meiner Tochter nicht in Ordnung?« fragte Mutter. Man gab ihr ein Exemplar unseres ›Red Panther‹. Die Nonne zeigte auf diesen Namen, dann auf meinen Artikel und wartete auf Moms Reaktion. Nach einer Weile fragte sie: »Nun, was haben Sie dazu zu sagen? Was halten Sie davon?«

Meine Mutter sagte: »Tja, als ich hier zur Schule ging – das ist schon ein paar Jahre her –, wurde ich sehr viel schlechter als diese Kinder behandelt. Ich kann wirklich nicht verstehen, warum sie sich beklagen, wir wurden viel härter herangenommen. Nicht einmal halblange Röcke durften wir tragen. Diese Mädchen haben es geschafft. Aber Sie sollten ihnen verzeihen, sie sind jung. Und wir sind doch angeblich ein freies Land, mit freier Meinungsäußerung und all dem. Ich glaube nicht, daß sie etwas Schlechtes getan haben.« So war die einzige Konsequenz aus der ganzen Sache, daß ich täglich sechs Treppen auf Händen und Knien scheuern mußte. Und Umgang mit Jungen war auch verboten.

Mädchen und Jungen wurden immer noch fein säuberlich voneinander getrennt. Die einzige Gelegenheit, bei der man einen Angehörigen des anderen Geschlechts treffen konnte, ergab sich in der Freizeit zwischen sechzehn und siebzehn Uhr dreißig im Studiersaal oder draußen auf Gartenbänken oder dem Volleyballplatz. Und das wurde streng überwacht. Eines Tages gingen Charlene und ich auf die Jungenseite hinüber. Wir waren in der Volleyballmannschaft, und sie mußten uns trainieren lassen. Wir spielten drei Minuten länger, als wir sollten, ganze drei Minuten länger. Das war für die Nonnen die Gelegenheit, sich zu rächen. Wir bekamen fünfundzwanzig »Klatschen«. Da sagte ich zu Charlene: »Langsam werden wir zu alt, um uns auf diese Weise die nackten Ärsche versohlen zu lassen. Wir sind alt genug, könnten schon Kinder kriegen. Jetzt ist Schluß damit. Das nächstemal schlagen wir zurück.« Charlene meinte nur: »Hokahay!«

Jeden Abend mußten wir duschen. Ein kleines Mädchen wollte seinen Schlüpfer nicht ausziehen, da sagte eine Nonne zu ihr: »Du ziehst diesen Schlüpfer aus – oder...!« Das Kind aber schämte sich. Die Nonne nahm ihre Klatsche, um dem Mädchen zu drohen. Da ging ich zu der Schwester hin, zog ihr den Schleier herunter und schlug sie nieder. Ich sagte ihr, daß sie sich, wenn sie schon ein Mädchen schlagen möchte, mit mir anlegen solle, mit jemandem, der so groß sei wie sie. Eine Woche später ließ sie sich aus dem Schlafsaal versetzen.

In einer Schule wie dieser gibt es immer eine Menge Bevorzugungen. In St. Francis hatte das viel mit Rassismus zu tun. Mädchen, die fast weiß waren, die aus Familien kamen, die die Nonnen »nette Familien« nannten, erhielten Vergünstigungen. Sie bedienten den Lehrkörper und bekamen zum Frühstück Schinken oder Eier mit Speck zu essen. Sie kriegten auch die leichten Jobs, während die Rothäute, die – wie ich – nicht aus dem richtigen Umfeld kamen, immer in das Waschhaus gesteckt wurden, wo sie jeden Tag zehn Körbe schmutzige Jungensocken sortieren mußten. Oder wir wurden dazu bestimmt, die Fußböden zu schrubben und den ganzen Abwasch zu machen. So nährte die Schule Streitigkeiten und Feindschaft zwischen Weißen und Mischlingen und zwischen Mischlingen und Vollblutindianern. Einmal mußten Charlene und ich all die Talare und Gewänder bügeln, die die Priester bei der Messe trugen. Wir mußten sie zusammenlegen und in einer Truhe verstauen, die hinten in der Kirche stand. Aus einer Ecke blickte uns, blutig und zerschlagen, ein gekreuzigter Heiland über die Schultern. Charlene schaute hinauf und sagte: »Sieh dir diesen armen Indianer an. Die Schweine haben ihn ganz schön in der Mangel gehabt.« Nie war mir Jesus näher.

Ich wurde immer als schlechtes Beispiel hingestellt, aber das kümmerte mich nicht. Ich war alt genug, um einen Freund zu haben, und bald hatte ich auch einen. In der Schule hatten wir anderthalb Stunden für uns. Zwischen dem Jungen- und dem Mädchenflügel gab es ein paar Gartenbänke, auf denen man sitzen konnte. Mein Freund und ich gingen immer dorthin, um Händchen zu halten und zu schwatzen. Nun wurden die Nonnen bei jeder Sache zwischen Jungen und Mädchen äußerst nervös. Sie hatten eine übertriebene Furcht vor allem, was auch nur die leiseste Beziehung zu Sex hatte. Eines Tages nun, wir hatten Religionsunterricht in einer reinen Mädchenklasse, suchte sich Schwester Bernard mich heraus, um ein paar Bemerkungen loszuwerden, und stellte mich als schlechtes Beispiel dar, als jemanden, auf den man hinweisen müsse. Sie sagte, daß ich zu frei mit meinem Körper umginge. Daß ich Händchen hielte, und das bedeute, daß ich kein gutes Beispiel wäre, dem man nacheifern müßte. Und dann sagte sie auch, daß ich schamlose Kleidung trüge, Röcke, die zu kurz wären, zu anstößig, kürzer, als es die Schulordnung gestatte, und daß ich dafür bestraft würde. Sie putzte mich vor der ganzen Klasse herunter und redete unablässig über meine Unkeuschheit.

Da stand ich auf und sagte zu ihr: »Sie sollten nicht so reden, Miss. Ihr seid viel schlechter als wir Indianer. Ich weiß alles über euch, weil mir meine Großmutter und meine Tante von euch erzählt haben. Vor vielleicht zwölf oder dreizehn Jahren war hier in St. Francis die Kanalisation verstopft. Es floß kein Wasser mehr ab. Direkt unter der Mission gibt es Abwasserkanäle und unterirdische Tunnel und Gänge, die zu Zeiten meiner Großmutter nur von den Nonnen und Priestern benutzt werden durften, für jeden anderen waren sie verboten. Als sich nun das Wasser staute, mußte man alle Kanäle untersuchen und reinigen. Und in diesen großen Kanälen fand man die Leichen von Neugeborenen. Es waren weiße Babys. Wenn unsere Mädchen Kinder bekommen, schaffen sie sie wenigstens nicht so aus der Welt, daß sie sie durch die Toilette spülen.

Oder dieser Priester, den man von Holy Rosary in Pine Ridge hierher versetzte, weil er ein kleines Mädchen belästigt hatte. Euch ist nichts Besseres eingefallen, als ihn auf uns loszulassen. Und was tut er? Er beobachtet junge Frauen und Mädchen, mit diesem komischen Lächeln auf dem Gesicht. Warum weisen Sie nicht mal auf dieses Beispiel hin?«

Charlene und ich arbeiteten an der Schulzeitung. Wir hatten schließlich einige Übung darin. Jeden Tag gingen wir in die Redaktion hinunter. Einer der Priester war unser Fotograf, der auch entwickelte und Vergrößerungen anfertigte. Er roch nach den Chemikalien, die seine Hände gelb gegerbt hatten. Eines Tages lud er Charlene in die Dunkelkammer ein. Er wollte ihr das Entwickeln beibringen. Sie war schon ziemlich entwickelt. Im Vergleich zu ihm war sie kräftig, auch größer. Charlene war gut gebaut, nicht dick, nur hübsch gerundet. Nirgendwo gab es Ekken und Kanten. Plötzlich schoß sie aus der Dunkelkammer heraus und rief mir zu: »Los, raus hier! Er hat versucht, mich anzutatschen! Dieser Priester ist widerlich!« Das kann man auch als sexuelle Belästigung bezeichnen. Wir beschwerten uns vor der Schülerversammlung, die Nonnen aber sagten, wir hätten bloß eine schmutzige Phantasie.

In Englisch bekamen wir einen neuen Priester. In einer seiner ersten Stunden stellte er einem Schüler eine bestimmte Frage. Der Junge war sehr schüchtern. Er sprach schlecht Englisch, die Antwort aber war richtig. Da meinte der Priester: »Du hast das nicht richtig gesagt. Korrigiere dich und wiederhole es noch mal.« Der Junge wurde aufgeregt und stammelte herum. Er bekam kaum ein Wort heraus. Aber der Priester ließ nicht locker: »Hast du nicht gehört? Ich habe dich aufgefordert, alles noch mal zu sagen. Diesmal richtig.« Und so ging es weiter.

Da stand ich auf und sagte: »Vater, tun Sie das nicht. Wenn Sie in das Haus eines Indianers gehen und versuchen, Indianisch zu sprechen, könnte man Sie auch auslachen und sagen: Noch mal, diesmal richtig!«

Er schrie mich an: »Mary, du bleibst nach dem Unterricht da! Setz dich sofort hin!«

Ich blieb nach der Stunde im Klassenzimmer. Er sagte: »Komm her!« Dann packte er mich am Arm und stieß mich gegen die Tafel. Dabei schrie er: »Warum verhöhnst du uns dauernd? Du hast gar keinen Grund dazu!«

Ich sagte: »Habe ich doch. Sie haben sich über ihn lustig gemacht und ihn verwirrt. Er braucht Ermutigung und keine Einschüchterung. Sie haben ihn verletzt, das habe ich mit Ihnen nicht getan.«

Er drehte mir den Arm um und stieß mich ziemlich derb. Da fuhr ich herum und schlug ihm ins Gesicht, daß seine Nase blutete. Dann rannte ich aus der Klasse und knallte die Tür hinter mir zu. Er ging mit mir ins Büro von Schwester Bernard. Zu ihr sagte ich: »Heute gehe ich von der Schule ab. So etwas lasse ich mir nicht mehr gefallen, nicht diesen Scheiß. Nicht diese Behandlung. Sie sollten mir besser mein Zeugnis geben, mit Leuten wie euch kann ich kein bißchen Zeit mehr verschwenden.«

Schwester Bernard sah mich lange an, dann sagte sie: »Gut, Mary Ellen, geh für heute nach Hause. Komm in ein paar Tagen wieder her und hol dir dein Zeugnis ab.« Und das war es. Merkwürdigerweise stellte sich heraus, daß dieser Priester durchaus in Ordnung war. Er unterrichtete Grammatik, Orthographie, Aufsatz und dergleichen mehr. Ich glaube, er erwartete einfach mehr Respekt im Unterricht. Er war noch jung und unsicher. Aber ich war zu lange dort gewesen. Mir war nicht danach zumute, auf so etwas zu achten. Später wurde er ein guter Freund der Indianer und ein persönlicher Freund von mir und meinem Mann. Während der Ereignisse bei Wounded Knee und auch danach noch stand er zu uns. Er stellte sich gegen seine Oberen, lehnte den Kopf weit aus dem Fenster und wurde ein echter Priester des Volkes. Sogar unsere Sprache erlernte er. Er starb viel zu früh an Krebs. Nicht nur gute Indianer sterben jung – gute Weiße auch. Die Ängstlichen sind es, die alt werden, weil sie wissen, wie man sich einrichtet. Ich bin diesem Priester heute noch dankbar für alles, was er später für uns tat, und auch für den Streit, den er mit mir bekam – oder ich mit ihm? –, weil das eine Situation beendete, die für mich unerträglich geworden war. Der Tag, an dem ich mit ihm aneinandergeriet, war mein letzter Schultag.

4. Kapitel
Saufen und Prügeln

Sie kennen das ganze Umsiedler-Elend,
das langhaarige Großstadt-Leid.
Ein besoffener Indianer schreit, er wird beklaut,
ein anderer beklagt sich, daß man ihn abhört,
in die Arme schließt man hier keinen.
Sagt einer im Vorbeigehen: »Na, großer Häuptling,
und worüber meckerst du?«
Ach was, großer Chief, was denn, wie?
Hio, yana-yanay, hi-oh.

Im Wein ertrinkt ihr Umsiedler-Elend,
in Lemon-Wodka das Großstadt-Leid.
Da streift was um mein Bein: »He, Katze.«
Mit rosa-nacktem Schwanz? Das ist ’ne Ratte!
O Heimat, süße Heimat!
Hör, wie die Bullen trillern,
jemand pißt in den Schnee.
Pirr-pirr, äh bäh, klirr-klirr.
Hio, yana-yanay, hi-oh.

Forty-Niner-Song

St. Francis, Parmelee, Mission – das waren die Städte, in denen ich mich herumtrieb, nachdem ich die Schule verlassen hatte, Reservatsstädte ohne jede Hoffnung. Städte, die deutlich machen, wie ein Volk unter dem Stiefelabsatz zertreten und zu einem Nichts zermahlen werden kann. Die Häuser bestehen aus Teerpappe und fast allem, was man stehlen kann. Man nehme einen verrosteten Wohnwagen – einen kleinen, alten, der schon auseinanderfällt. Daran baue man einen Würfel aus Apfelsinenkisten an – das ist die Küche. Nun verbinde man das mit einer zerbeulten Autokarosse – das ist das Schlafzimmer. Als Kinderstube füge man noch ein vermoderndes Zelt hinzu. Das ergibt dann das typische Wohnhaus, das größer als der Durchschnitt ist. Dann die Toilette, etwa fünfzig Fuß entfernt. Ein Ausflug dorthin – nachts, bei Schneesturm und mit den üblichen Leibschmerzen – ist schon ein wildes Abenteuer. Für die Betrunkenen war es immer ein Mordsspaß, darauf zu warten, daß jemand in dem Häuschen saß. Dann hoben es ein paar Burschen aus, drehten es hoch in der Luft herum und setzten es umgekehrt wieder ab – wer immer auch da drin wie verrückt schrie. Das war eines der Amüsements, die Parmelee zu bieten hatte.

Parmelee, St. Francis und Mission waren betrunkene Städte, voller Indianer, die um das Fort herumlungerten. An Wochenenden wurden die Pachtgelder und die Schecks der Kinderbeihilfe in Alkohol umgesetzt – in Weißen Blitz, Wein, Purple Jesus, Lemon-Wodka, Jim Beam, Autopolitur, Abbeizer, in alles, was man herunterbekam und fünf Minuten drinbehielt. Und natürlich in Wagenladungen Bier. Für einen Humpen Wein, Mnisha, taten manche Leute so ungefähr alles und scherten sich einen Dreck um das Wohl ihrer Familien. Sie lagen ständig mit sich im Kampf, ob sie für ihr bißchen Geld Essen oder Alkohol kaufen sollten. Gewöhnlich siegte der Alkohol. Es gab ja nichts anderes, und die schwankenden Gestalten ließen ihr Elend aneinander aus. Kaum ein Wochenende, an dem nicht irgend jemandem ein Auge ausgeschlagen oder der Schädel demoliert wurde. »Das sind denen ihre Augen, was du da auf der Erde siehst, und keine Weinbeeren« – war ein ständiger Witz.

Wenn es allen gutging und alle ohne Sorgen und freundlich gestimmt waren – lila itomni, sagte man dazu –, dann schichteten sie sich in ihre Autos und drehten eine Runde – über die ganzen drei Millionen Acres von Rosebud und Pine Ridge, von Mission Town nach Winner, nach Upper Cut Meat, White River, He-Dog, Porcupine, Valentine, Wanblee, Oglala, Murdo, Kadokah, Scenic, Ghost Hawk Park und wie sie alle heißen. Von einer Kneipe in die andere – von der Idle Hour zu Arlo's, ins Crazy Horse Cafe, den Long Horn Saloon, das Sagebrush, das Dew-Drop Inn – und die ganze Zeit über sang man Forty-niner-Songs:

Heyah-heya, weyah-weya,
gib mir Whiskey, Süße,
Suta, mni wakan,
Ich liebe dich ehrlich,
Heya, heyah.

Und diese Autos! Es war unglaublich, wieviel Leute sie in eine ihrer Kisten stopfen konnten – fünf nebeneinander, einen oder zwei auf dem Schoß, kleine Kinder und alles mögliche. Die Bremsen waren für gewöhnlich hin, so daß man schon ungefähr eine Meile vor einer Kreuzung wie verrückt pumpen mußte.

Scheibenwischer gab es nicht. Die waren aber auch nicht nötig, denn Frontscheiben waren ja auch nicht da. Wenn ein Scheinwerfer brannte, war das schon viel. Oft fehlten die Türen oder gar ein Reifen. Das machte aber nichts, man konnte ja auch auf der Felge fahren. Stets aber waren zwei Kästen Bier und ein paar Gallonen billigster kalifornischer Wein hinten im Wagen. Davon bekamen sogar die Babys etwas ab. Und so ging es los, zwischen einem Haufen Bierbüchsen, mit neunzig Meilen, kaputten Bremsen und vierzig Büchsen Bier im Bauch. Eine große Art, das alles zu Ende zu bringen.

Mit zwölf Jahren konnte ich einen Quart Harten trinken, ohne daß man es mir anmerkte. Ich war eine schwere Trinkerin und kurz davor, Alkoholikerin zu werden – sehr kurz davor. Aber ich bekam es über. Zwar fand ich, daß Trinken durchaus in Ordnung war, aber ich wachte jeden Morgen krank auf, fühlte mich schrecklich und hatte einen erstklassigen Durchhänger. Diesen Zustand schätzte ich ganz und gar nicht, aber noch blieb ich bei der Flasche. Dann aber hörte ich auf. Seit Jahren habe ich keinen Tropfen Alkohol mehr angerührt, seit ich begriffen hatte, daß mein Leben einen Sinn hat, seit ich gelernt habe, mich als das anzunehmen, was ich bin. Dafür bin ich der Indianerbewegung Dank schuldig und dem Großen Vater Peyote und der Pfeife. Daß ich Kinder bekam, spielte auch eine große Rolle, obwohl ich schon vor meinem ersten Baby aufgehört habe.

Barb und ich haben eine Menge Freunde. Die meisten sind Trinker, und ich sage ihnen, daß ich keinen Alkohol mehr mag. Wenn ich mit ihnen mitgehe, trinke ich Seven Up. Immer wieder fragen sie mich: »Bist du dir zu gut für uns oder was?« Und ich antworte: »Ich finde nur, daß Alkohol nicht gut für euch ist. Und wenn ihr glaubt, daß ich mich zu tugendhaft verhalte, dann ist das eure Sache. Denkt, was ihr wollt. Wenn ihr trinken möchtet, bitte, kümmert euch nicht um mich.« Ich halte ihnen keine Predigten. Wenn sie voll sind, fragen sie Barb oder mich, was sie tun sollen. Manchmal kommen wir uns wie Glucken vor. Sie erzählen mir von ihren Problemen. Also versuche ich, so mit ihnen zu reden, wie es sich Peyote von mir wünschen würde. Sie hören zu und sagen, daß ich recht habe und daß sie aufhören wollen. Aber sie sind dazu nicht stark genug. Sie sagen zwar, daß ich recht habe, aber am nächsten Tag gehen sie hin und lassen sich wieder vollaufen. Ich verurteile sie nicht. Ich bin die letzte, die das Recht dazu hätte, und ich weiß ja auch, woher sie kommen. Ich sage ihnen: »Genießt euer Budweiser, ich bleibe bei meinem Seven Up oder bei Pepsi.«

Mit dem Trinken hatte ich angefangen, weil es zum normalen Leben gehörte. Mein Vater trank, mein Stiefvater trank, meine Mutter trank – nicht viel, aber hin und wieder war sie beschwipst. Meine älteren Schwestern tranken, Barbara fing vier Jahre vor mir an, weil sie soviel älter ist. Ich glaube, ich bin mit der Vorstellung aufgewachsen, daß das jeder tut. Was ja auch fast stimmte, sogar ein paar der alten traditionsbewußten Indianer tranken stets einige Tropfen aus ihren Flaschen oder Gläsern, spuckten sie für die Geister ihrer verstorbenen Saufkumpane auf den Boden oder in die Ecken und sagten auf Sioux: »Hier, Cousin, hier ist ein bißchen Mni-sha für dich, laß es dir schmecken.«

Ich habe mit zehn Jahren zu trinken angefangen, als meine Mutter wieder heiratete. Dieser Mann trank ständig, also nahm ich mir heimlich von seinem Stoff. Wodka meistens – den liebte er. In der Schule kroch ich in die Sakristei und trank Abendmahlswein, das Blut Christi. Er muß das verstanden haben, er hing ja mit Leuten wie uns herum. Jedenfalls traf mich kein Blitz. Zum erstenmal war ich bei einer Saufparty von ein paar erwachsenen Verwandten betrunken. Eine Frau fragte mich: »Willst du ein bißchen Limonade?« Ich sagte ja, und sie gab mir ein großes Glas Limonade und goß ein bißchen von dem Zeug hinein. Das war mein erster Versuch. Ich wollte quer durch den Raum gehen und konnte nicht, immer fiel ich hin, und alle lachten über mich.

Schnaps ist im Reservat verboten – was für ein Witz! –, und Trinken ist illegal. Aber Städte wie Winner, St. Francis und Mission sind fast zur Hälfte von Weißen bewohnt, und die Wasičuns verlangen ihren gesetzlich erlaubten Alkohol. Also haben sie diese Städte, die innerhalb des Reservats liegen, einfach übernommen und dem Gesetz des weißen Mannes unterstellt. Und das bedeutet, daß man dort Bars und Läden findet. Und überall rund um das Reservat gibt es die weißen Viehhandelsortschaften mit ihren Saloons. Selbst wenn man weitab lebt, kann man immer einen Schwarzhändler finden. Meine Schwester Barb war meine beste Freundin, die einzige, die mich wirklich liebte. Sie war es, die mich morgens weckte, mich anzog und auf mich aufpaßte. Eines Tages nahm mich ein Junge in einen John-Wayne-Film mit. Anschließend gingen wir in die Oberstadt, um etwas harten Stoff aufzutreiben. Die Stadt hatte gerade vier oder fünf Straßen, zwei davon gepflastert, und vielleicht zwei Dutzend verstreut liegende Hütten und Wohnwagen, aber sie hatte eine »Oberstadt« und ein »Geschäftsviertel«. Wir gingen also in die Oberstadt zur Hütte eines Schwarzbrenners, eines Halbbluts, um uns eine Pinte Schwarzgebrannten zu besorgen – die Sorte, von der man sagt, sie sei »flüssiges TNT, das einem garantiert den Kopf wegpustet« – und eine kleine Flasche Rum. Als wir aus der Tür traten, stießen wir mit Barb zusammen, die hergekommen war, um sich ihre Ration zu holen. Sie zog ein Gesicht, als ob sie ihren Augen nicht trauen könnte, und fragte: »Was zum Teufel machst du hier?«

Ich antwortete: »Was machst *du* denn hier? Ich wußte gar nicht, daß du hier Kunde bist.«

Sie wurde richtig wütend. »Bei mir geht das schon in Ordnung. Ich bin siebzehn. Aber von dir hätte ich das nicht erwartet. Du bist zu jung dafür!« Sie nahm uns die Flaschen weg und drohte, dem Jungen den Schädel einzuschlagen, wenn er es wagen sollte, sich einzumischen. In ihrer Erregung zerschlug sie die Flaschen an der Hausecke, statt sie für sich und ihre Freunde aufzuheben.

Ein anderes Mal saß ich nach einem Schultanzabend mit einem Jungen, den ich mochte, zusammen und rauchte eine Zigarette, als plötzlich wie aus dem Nichts Barbara auftauchte und mir die Zigarette aus dem Munde riß. Sie warf sie auf die Erde und zertrat sie vor allen Leuten. Ich stieß sie und schrie: »Aber du rauchst doch auch!« Und wieder sagte sie: »Ja, aber ich bin älter.« Wir stritten uns häufig, aus Liebe und aus Verzweiflung.

Nachdem ich von der Schule abgegangen war, wurde die Situation zu Hause immer schlimmer. Mit meiner Mutter gab es nur noch endlose Wortgefechte und mit meinem Stiefvater handfeste Auseinandersetzungen. Da lief ich weg. Zuerst nur für zwei Wochen und an einen Ort, der nur ein paar Meilen entfernt war. Dann blieb ich Monate fort und schließlich für immer. Ich trank und rauchte ständig Marihuana. Das war so ungefähr alles, was ich mit siebzehn Jahren machte. Whiskey, unverschnittenen Whiskey und nicht Johnny Walker oder Cutty Sark. Dann wechselte ich zu Gin über, weil ich den Geschmack mochte. Wie ich die wilden, betrunkenen Fahrten überlebt habe, die ein wichtiger Teil des Reservatslebens sind, das weiß ich nicht. Einmal kamen wir aus Murdo zurück, mit den üblichen achtzig Meilen die Stunde. Das Auto war brechend voll. Auf dem Vordersitz knutschten zwei Pärchen, einer der Beteiligten war der Fahrer. Da platzte ein Reifen. Die Türen flogen auf und beide Pärchen fielen engumschlungen hinaus. Die Mädchen kreischten, vor allem dasjenige, das unten lag und blutete. Ernstlich wurde aber niemand verletzt. Bei solchen Unfällen habe ich wahrscheinlich mehr als zwei Dutzend Verwandte und Freunde verloren. Da saß einer dieser Säufer in seinem Auto und ließ sich vollaufen. Er hatte eine Frau dabei. Seine eigene Alte saß in einem anderen Wagen und war ebenso blau. Irgend jemand sagte ihr, daß er es mit der anderen Frau triebe. Also verfolgte sie die beiden durch ganz Pine Ridge. Schließlich hatte sie sie eingeholt. Ich glaube nicht, daß die beiden Liebe machten. Der Mann war in dem Zustand, in dem die Flasche seine einzige Geliebte war. Seine Frau schüttelte die Fäuste und kreischte: »Ich zerschmettere euch! Ich mach euch fertig!« All die anderen Fahrer auf der Straße, die die beiden Wagen dahinrasen sahen, beeilten sich, Platz zu machen und ihre Autos vom Highway herunter ins Gebüsch zu fahren. Nun, der Frau gelang es, bei voller Geschwindigkeit einen Frontalzusammenstoß herbeizuführen. Alle drei kamen um.

Vermutlich trinkt man, um zu vergessen. Das Problem ist aber, daß man nicht vergißt, daß man sich erinnert – an all die alten Beleidigungen und Feindschaften, die wirklichen und die eingebildeten. Am Ende gibt es immer Streit. Einer der nettesten und freundlichsten Männer, die ich kannte, brachte im Suff seine Frau um. Meinem Onkel wurden, während er bewußtlos dalag, beide Augen ausgeschlagen. Der Mann meiner Schwägerin Delphine verlor ein Auge. Sie selbst wurde von einem betrunkenen Polizisten zu Tode geprügelt. Solche Sachen waren nicht einmal eine Untersuchung wert.

Ich prügelte mich auch. In meiner Trinkerzeit ging ich einmal in Rapid City auf ein Bier in einen Saloon. Bei den Sioux hat Rapid City den Ruf, die rassistischste Stadt im ganzen Land zu sein, jedenfalls im Hinblick auf Indianer. Früher hatten viele Saloons in South Dakota ein Schild über der Tür, auf dem stand: Für Indianer und Hunde verboten! Ich setzte mich neben eine alte weiße Frau. Tatsächlich war sie um die dreißig, aber wenn man siebzehn ist, kommt einem das alt vor. Sie warf mir einen abschätzigen Blick zu, rückte einen Hocker weiter von mir ab und sagte: »Verdammt, du dreckige Injun. Scher dich auf die Straße und in die Gosse, wo du hingehörst.«

Ich fragte zurück: »Was haben Sie gesagt?«

»Du hast es gehört. Das Lokal hier ist nicht für Indianer. Verdammt, gibt es denn keinen Platz, wo ein weißer Mann (ich erinnere mich genau, sie sagte wirklich »Mann«) in Frieden einen trinken kann, ohne euch sehen zu müssen?«

Ich spürte, wie mir das Blut im Schädel hämmerte. Vor meinem Platz stand ein Glasaschenbecher. Den zerschlug ich an der Theke und schnitt ihr mit der scharfen Kante über das Gesicht. In meiner betrunkenen Wut fühlte ich mich gut dabei. Möglicherweise hätte ich mich sogar dann gut gefühlt, wenn ich nüchtern gewesen wäre.

Einmal war ich in Cedar Rapids, Iowa, wo ich eine Freundin bei den Sac- und Fox-Indianern besuchte. Sie war arm, räumte aber immer ihren ganzen Kühlschrank leer, um mich zu füttern. Zufällig hielt ihr Stamm gerade ein Treffen ab, an dem eine Menge junger Leute teilnahmen, über sechzig davon waren Männer. Die Vollblutindianer standen oder saßen um eine Trommel und tranken Bier. Viele tanzten, einen Marihuanajoint in der Hand oder mit einem Kriegskopfputz geschmückt, mit Federbüscheln am Hintern und Glöckchen an den Knöcheln. Die Gesänge waren kriegerisch. Einige weiße Jungs und auch ein paar Mischlinge wurden davon angesteckt und fingen an, die Indianer zu belästigen. Ich sollte vielleicht noch erklären, daß es nicht von der Abstammung abhängt, ob man als Vollblut oder Mischling gilt, und auch nicht davon, wie indianisch man aussieht oder wie schwarz die Haare sind. Die allgemeine Regel ist, daß jeder, der indianisch denkt, singt, handelt und spricht, eine Rothaut ist, während jeder andere, der wie ein Weißer handelt und denkt, als Halbblut oder Mischling betrachtet wird – gleichgültig, wie indianisch er aussieht. Die Vollblutindianer sagten also zu den anderen: »Wenn ihr euch mit uns anlegen wollt, dann kommt!« Die Mischlinge und die weißen Burschen hatten weiße oder Cowboyhemden an, während die Rothäute bebänderte

Hemden und Halsbinden trugen. Ihre Haare waren lang und bei vielen zu Zöpfen geflochten. Die anderen trugen das Haar kurz. Freund und Feind waren also leicht zu unterscheiden. Sie fingen an. Es war eine der größten Massenschlägereien, in die ich je verwickelt wurde. Sie dauerte etwa eine halbe Stunde, aber schon nach fünf Minuten hatten die Mischlinge drei Verletzte. Dem einen wurde das Gesicht eingeschlagen, die beiden anderen trugen eine Gehirnerschütterung davon. Am Ende lagen neun von diesen Weißhemden unter einem großen Baum auf der Erde, blutig und k.o. Einer hatte sich den Arm gebrochen. Hat so etwas erst einmal angefangen, kann man es nicht mehr aufhalten. Und wenn einem in dieser allgemeinen Kampfeswut jemand zuschreit: »Los, auf sie!«, dann kann man ihm, der so oft fertiggemacht worden ist, nicht sagen, daß er unrecht hat und lieber Frieden halten sollte.

In Seattle ging ich mit meiner Blackfoot-Freundin Bonnie in einer heruntergekommenen Gegend in eine kleine Bar, ich glaube, sie hieß »Tugboat Café«. In der Nachbarschaft gab es viele Indianer. Es war in der Weihnachtszeit, und die Läden und Bars waren mit grünen und roten Lämpchen geschmückt. Wir wollten Schnaps für eine Weihnachts- und Neujahrsparty kaufen. Meine Freundin sagte: »Ich muß noch meine Leute anrufen und ihnen schöne Feiertage wünschen.« An einer Straßenecke fanden wir eine Telefonzelle. Als Bonnie ihr Ferngespräch führte, versuchte ein betrunkener weißer Bursche, sich Zutritt zu erzwingen, und schrie Bonnie an, sie solle sich hinausscheren, er wolle das Telefon benutzen. Und dann sagte er: »Was ist für einen Indianer so wichtig, daß er telefonieren muß? Ich wette, du weißt nicht mal, wie man wählt. Nimm doch ein Tam-Tam!«

Bonnie erwiderte: »Du verdammter Säufer, laß mich in Ruhe!« Sie versuchte, ihn hinauszudrängen. Er hatte eine Bierflasche bei sich, und die schlug er ihr ins Gesicht. Blutüberströmt taumelte sie aus der Zelle. Ich eilte ihr zu Hilfe, und wir versuchten, ihn abzuwehren, aber das Blut lief ihr in die Augen, so daß sie nichts sehen konnte. Noch einmal traf er sie, und dann fiel sie in die Gosse. Sie lag da, schaute zu mir auf, konnte aber nichts sehen und rief meinen Namen. Ich schrie nach der Polizei, aber die anderen weißen Säufer versteckten den Burschen, und die Polizei machte sich nicht die Mühe, ihn zu finden. Die Leute um mich herum prügelten sich – Weiße Schwarze, Indianer. Eine weiße Frau stieß mich beiseite und rief: »Aus dem Weg, ich bin Krankenschwester, was du da machst, ist ganz falsch.« Ich sagte zu ihr: »Stoßen Sie mich nicht. Das ist meine Freundin.« Aber sie bestand darauf: »Geh aus dem Weg. Das glaubt man nicht. Diese Indianer, also nein!« Ich schleuderte sie gegen ein Auto, so daß sie auf den Arsch fiel. Prompt wurde ich von den Polizisten verhaftet.

Wenn man Indianerin ist, vor allem im Ghetto, muß man sich ständig gegen Gewalt und sexuelle Belästigungen zur Wehr setzen. Nach einer gewissen Zeit schlägt man von sich aus blindlings um sich, weil man selbst dann Angriffe erwartet, wenn gar keine beabsichtigt sind. Viele dieser Schlägereien entstehen im Suff, manche aber eben nur deshalb, weil man Indianer ist. Ich habe, auch in Seattle, gesehen, wie ein Weißer einem bewußtlosen Indianer mit dem Stiefel gegen den Kopf trat und dabei schrie: »Das ist für Wounded Knee!«

Ich bin nicht von Natur aus gewalttätig. Wenn ich durchdrehe, fange ich an zu zittern, mein Blut kocht, und ich habe Angst, jemanden im Kampf zu verletzen oder selbst verletzt zu werden. Deshalb versuche ich, cool zu bleiben und mich herauszuhalten. Wenn ich aber sehe, daß eine indianische Schwester mißhandelt, schikaniert oder vergewaltigt wird, muß ich ihr doch zu Hilfe kommen. Und bin ich erst einmal in eine Schlägerei verwickelt, dann macht es mir sogar Spaß. Mir ist oft durch den Kopf gegangen, daß ich in einer extremen Situation wahrscheinlich sogar das Zeug dazu hätte, jemanden umzubringen, wenn das der einzige Ausweg wäre. Ich glaube, wenn man in eine »Ich-oder-du«-Situation gerät, handelt man ganz instinktiv so. Der durchschnittliche Weiße wird selten so in die Ecke gedrängt, aber genau diese Ecke ist es, in der der Indianer lebt, ob er will oder nicht.

Inzwischen habe ich gelernt, mich und eine Situation, die sich zusammenbraut, zu kontrollieren oder – wenn ich beides nicht kontrollieren kann – wenigstens zu vermeiden, daß ich mit hineingezogen werde. Barbara sagt mir, daß sie sich lieber zurücklehnt und einen Kampf beobachtet, als mitzumachen. Sie meinte: »Es gibt nichts Süßeres als Rache, aber räche dich nicht physisch. Räche dich mit der Kraft des Geistes, laß deinen Verstand kämpfen.« Aber wenn es zum Stechen kommt, dann ist Barbs Verstand oft in ihren Fäusten. Ich habe es gesehen.

In Rosebud hatte Barb eines Abends eine Verabredung mit einem Jungen, der Poor Bear hieß. Sie war nüchtern, aber er hatte schon getankt, und der Schnaps hatte sein Kämpferherz geweckt. Als sie am Stammesbüro vorbeifuhren, stoppte Poor Bear plötzlich den Wagen und sagte: »Von hier kommt unser ganzer Ärger, aus diesem Gebäude!« Er hatte eine Flinte im Kofferraum, die nahm er heraus und zerschoß systematisch alle Fenster des Hauses. Dann fuhr er auf einen Hügel oberhalb Rosebuds und parkte den Wagen, um sein Werk zu bewundern. Im Handumdrehen war die Stammespolizei da. »Ist nur 'ne Kontrolle«, sagten sie. Sie fanden eine halbleere Gallone Wein, unter dem Sitz Whiskey, von dem Barb nichts gewußt hatte, und schließlich die Flinte und ein paar Patronenhülsen. Da sagten sie: »Also ihr seid die beiden, die auf das Stammeshaus geschossen haben, hä?« Poor Bear nahmen sie mit, und Barb mußte für ihn eine Kaution hinterlegen. Für diese Heldentat bekam er lediglich ein Jahr auf Bewährung. Da unten, wo ich lebe, nimmt man solche Sachen ziemlich locker, weil sie dauernd vorkommen.

Jetzt bin ich Frau und Mutter und mit einem Medizinmann verheiratet. Mein Baby habe ich fast immer bei mir. Ich trinke auch nicht mehr. Es ist also klar, daß ich mich sehr darum bemühe, in keine Schlägerei zu geraten. Aber was ich auch tue, gelegentlich finde ich mich doch immer wieder mitten in einem Handgemenge. Es scheint kein Entrinnen zu geben. Im Frühjahr 1975 waren wir eines Abends in einem Indianerreservat im Staat Washington, wo mein Mann gewisse Zeremonien zu leiten hatte – wir, das waren Leonard, ich, mein kleiner Junge Pedro, ein anderer Sioux-Führer und meine Freundin Annie Mae. Wir hatten Motelzimmer in einer Stadt gemietet, die auf der Grenze des Reservats lag – zur Hälfte drinnen, zur Hälfte draußen – und vorwiegend von Weißen bewohnt war. Wir wollten eben nach Hause fahren. Leonard hatte wie immer seine langen Zöpfe mit roten Baumwollstreifen umwickelt. Als wir unsere Sachen ins Auto luden, bemerkten wir, daß der Benzintank leckte, vorher war er in Ordnung gewesen. Als wir nun herumstanden und beratschlagten, wie man das reparieren könnte, kamen zwei weiße Burschen heran und fingen an, beleidigende Bemerkungen zu machen: »Guck dir diese Indianer an, siehst du die langen Haare? Wann wart ihr denn zum letztenmal beim Friseur?« Sie standen so da, starrten uns an und lachten. Leonard sagte zu ihnen: »Wir sind nicht hier, um uns zu prügeln. Wir hatten hier zu tun. Was wollt ihr? Wißt ihr, daß das ein Indianerreservat ist? Wir wollen keinen Ärger.«

Die beiden lachten, griffen nach Leonards Zöpfen und zerrten daran. Dann stießen sie ihn. In diesem Moment kamen zwei indianische Freunde aus einer Scheune, Russ und Iron Shell, die bei der Rangelei sofort mitmachten. Ich mußte mein Baby schützen. Dann erschien noch eine Wagenladung von Bauernburschen auf der Bildfläche. Einer hatte eine abgesägte Flinte, die anderen waren mit Baseballschlägern bewaffnet. Ich versuchte, sie abzulenken, und bat sie, uns in Ruhe zu lassen, aber sie gingen weiter auf unsere Männer los. Später hörte ich, daß es für die weißen Holzfäller und Fischer dieser Gegend regelrecht ein Zeitvertreib war, Indianer zusammenzuschlagen. Auf einmal sah ich, daß auf der anderen Straßenseite ein Streifenwagen parkte. Ich sagte zu Annie Mae: »Halte Pedro, paß auf ihn auf«, dann rannte ich hinüber zu den Polizisten. Es waren zwei, Staatspolizei. Ich sagte: »Sehen Sie, was sich da abspielt. Wir haben nichts getan. Sie schlagen unsere Männer zusammen. Warum unternehmen Sie nichts?« Die Polizisten schwiegen, ließen nur ihr Auto an und fuhren davon. Etwa fünfzig Yards weiter hielten sie an, saßen da, beobachteten und grinsten. Gerade in diesem Augenblick demolierten die Rowdys mit ihren Baseballschlägern unser Auto und schlugen alle Scheiben ein. Ich rannte zum Haus einer indianischen Freundin hinüber, und sie gab mir ihr Auto, um uns die Flucht zu ermöglichen. Als ich zurückkam, hatten sich unseren Männern noch ein paar Rothäute angeschlossen. Die Straße war voller Weißer mit Flinten und Baseballschlägern. Ich hörte Schüsse, als ich näherkam. Pedro saß auf dem Vordersitz unseres Autos, und eben war ein Schuß neben seinem Bein eingeschlagen. Dann kamen zwei weitere Streifenwagen dazu. Die Polizisten meinten zu den Schlägern: »Laßt's gut sein, Männer, geht nach Hause zu euren kleinen Frauen. Ihr habt euer Tagewerk getan.« Und dann fingen sie an, die Indianer zu verhaften.

Es kam das Übliche. Weiße, seid so nett und geht nach Hause! Dann die Indianer wegen »›Landfriedensbruch‹« verhaften. Sie ins Gefängnis stecken. Anklagen. Gegen Kaution freilassen. Sie vor Gericht zerren. Die Geldstrafe kassieren. Ich wurde bei diesem Zwischenfall verletzt, knapp zwei Zentimeter unter dem Auge. Einem der Weißen trat ich gegen den Kopf, zwischen die Beine, wohin immer ich ihn treten konnte. Alkohol war bei dieser Auseinandersetzung nicht im Spiel, außer natürlich bei den weißen Schlägern. Es ist ermüdend, fast schon langweilig. Diese Dinge erinnern mich an einen alten Witz. Ein Indianer sagt zu seinem weißen Nachbarn: »Du hast mir mein Land gestohlen, meinen Vater erschossen, meine Frau vergewaltigt, meiner Tochter ein Kind gemacht, meinen Sohn an die Whiskeyflasche gebracht. Eines schönen Tages werde ich noch die Geduld verlieren. Sieh dich besser vor!«

Es scheint, daß mein früheres Leben, ehe ich Leonard begegnete und nach Wounded Knee ging, nur ein einziger endloser Teufelskreis von Trinken und Prügeln war, Trinken und Prügeln. Barb war in demselben Kreis gefangen, nur daß sie die meiste Zeit mit anderen Leuten verkehrte. Ungewöhnlich war sie allerdings darin, daß sie ein Bier oder ein Glas Wein trinken und dann, wenn sie wollte, durchaus aufhören konnte. Die meisten von uns konnten das in diesem Stadium nicht.

Ich hatte jahrelang nichts getrunken, aber als ich erfuhr, daß eine meiner besten Freundinnen mit einer Kugel im Kopf tot aufgefunden worden war, brach ich völlig zusammen und verspürte plötzlich das Verlangen nach einem Drink. Ich war damals gerade in New York. Zitternd und mit tränenüberströmtem Gesicht stolperte ich blind in die nächste Bar und schüttete hintereinander vier Margaritas in mich hinein. Es hatte keine Wirkung. Ich blieb vollkommen nüchtern. Und es half mir auch nicht in meiner Trauer. Das war das letzte Mal.

Die Leute reden immer vom »Alkoholproblem der Indianer«, wir aber sagen, daß das ein Problem der Weißen ist. Die Weißen haben den Whiskey erfunden und nach Amerika gebracht. Sie stellen ihn her, machen Reklame dafür und verkaufen ihn an uns. Sie ziehen daraus Gewinn und sind an den Zuständen schuld, durch die die Indianer erst zum Trinken veranlaßt werden.

5. Kapitel
Ohne Ziel

Ich treib mich herum,
streune umher,
rastlos,
ziellos.
Im Schnee sehe ich
die blutigen Fußspuren
meiner Ahnen,
Mokassinspuren.
Meine alten Stiefel sind verschlissen,
und die Absätze sind schief.
Auf welcher Straße bin ich?
Auf der des Weißen
oder der des Indianers?
Da sind keine Wegweiser.
Der Weg ist mühsam,
und der Wind bläst ins Gesicht.
Ich geh dennoch weiter.

Yellow Bird

Ich war ein Einzelgänger, immer. An den Dingen, auf die Mädchen scharf sind, an Kleidern, Make-up oder Parfüms, war ich nicht interessiert. Ich hatte Angst vor Weißen und fühlte mich in ihrer Gesellschaft unbehaglich, also verkehrte ich nicht mit ihnen. Zu Mischlingen fand ich kein Verhältnis, und bei Vollblutindianern befürchtete ich, daß sie mich nicht akzeptierten. Das Wertesystem, nach dem meine Mutter lebte, konnte ich nicht übernehmen. Befreundet war ich nur mit ein paar Mädchen, die wie ich waren und dachten. Es gab keinen Ort, wo ich hingehen konnte, und doch überkam mich eine große Unruhe, ein Drang wegzukommen, gleichgültig wohin. Nirgendwo war immer noch besser als der Ort, an dem ich war. Also tat ich, was viele meiner Freunde schon längst getan hatten – ich lief weg. Barbara, die älter war als ich, hatte einen Präzedenzfall geschaffen. Ein Streit mit meiner Mutter hatte sie auf den Weg gebracht. Mit Mutter war zu jener Zeit schwer auszukommen. Ich nehme aber an, daß es von ihrem Standpunkt aus mit uns auch nicht leicht war. Bei uns gab es zwischen den Generationen keine Kluft, bei uns gab es einen Grand Canyon. Mutters Werte waren puritanisch, sie war überaus sittenstreng. Ich erinnere mich, daß Mam

Barbara aus dem Hause trieb, als die soweit war, ihr Baby zu bekommen. Barb ging noch zur Highschool, und Mutter verfluchte sie und nannte sie eine nichtsnutzige Hure, was meine Schwester wirklich aufbrachte. Barb sagte: »Ich bekomme dein Enkelkind, ich dachte, du würdest dich freuen.« Aber meine Mutter war einfach schrecklich und sagte Barb, daß sie nicht mehr ihre Tochter sei. Meine Schwester verlor ihr Baby. Eines Morgens, als sie in der Küche arbeitete, hatte sie eine Fehlgeburt. Man hatte ihr eine große, schwere Schüssel mit Frühstücksbrei zu tragen gegeben, und dadurch passierte es, gleich dort. Sie verlor das Kind. Über Mutters Verhalten kam sie nie hinweg.

Meiner anderen Schwester, Sandra, gegenüber benahm sich Mutter genauso, als die ihren ältesten Jungen, Jeff, erwartete. Sie sagte ihr: »Was zum Teufel versuchst du mir anzutun? Ich kann ja meinen Freunden nicht mehr in die Augen sehen!« Sie machte sich mehr Gedanken um die Meinung ihrer Nachbarn als um uns. Barb meinte nur: »Mam, wenn du uns nicht mehr um dich haben willst, weil du dich deiner eigenen Enkelkinder schämst – okay, dann gehen wir.«

Ich verstand ja, was Mam empfand. Sie war von einer ganz und gar anderen Kultur geprägt. Wir sprachen verschiedene Sprachen. Die Wörter bedeuteten für sie nicht das, was sie für uns bedeuteten. Sie tat mir leid, aber wir verletzten einander. Als Barbara ihr Baby verloren hatte, wurde sie nachdenklich. Es schien, als legte sie insgeheim Mutter alles zur Last, so als ob Mutter gewollt hätte, daß das Baby stirbt. Das war unsinnig, aber so war es eben. Einmal hatte uns Mutter nach einer besonders heftigen Auseinandersetzung gesagt: »Solltet ihr je Hilfe brauchen, dann kommt nicht zu mir!« Natürlich meinte sie das nicht so. Sie wird sich immer für uns einsetzen, aber heimlich, für den Fall, daß das ihren Freunden nicht gefällt. Mit erhobenem Kopf vor jene treten zu können, die sie »die rechte Art Leute« nennt – das ist wichtig für sie. Sie hat ein Haus, sie hat ein Auto. Sie hat einen Fernseher und Gardinen an den Fenstern. Das ist es, was ihren erhobenen Kopf ausmacht. Sie ist eine gute, schwerarbeitende Frau, aber sie würde nie hingehen und herausfinden wollen, was wirklich vorgeht. Zum Beispiel erzählte ihr einmal ein Mädchen, das mit ihr zusammenarbeitete, Barbara sei telefonisch an ihrer Arbeitsstelle nicht zu erreichen. Sofort schloß Mam daraus, daß

Barb ihre Stelle aufgegeben hatte. Als meine Schwester nach Hause kam, machte sie ihr augenblicklich eine Szene: »Ich schere mich absolut nicht mehr um euch Kinder! Die Stelle aufzugeben!« Und in diesem Ton ging es weiter.

Barb rief ihren Chef an und gab Mam den Hörer, damit sie aus seinem Mund erfuhr, daß Barb den Job nicht aufgegeben hatte. Dann sagte sie zu Mutter: »Nächstes Mal erkundige dich genau, ehe du mir so eine Szene machst. Und mach dir nicht so viel Gedanken über Jobs. Es gibt im Leben wichtigere Dinge, als eine Stechuhr zu drücken.«

Das war diese Mauer aus Mißverständnissen zwischen meiner Mutter und uns, und ich muß zugeben, daß ich nicht geholfen habe, sie niederzureißen. Da ich wenig Lust hatte, mich den Indianern anzuschließen, die um das Fort herumlungerten, machte ich mich eines Tages auf und davon, ohne auf Wiedersehen zu sagen. Ich gesellte mich zu anderen Jugendlichen, die wie ich geflickte Levi's-Jacken und Halstücher trugen und denen die langen Haare hinterherflatterten. Wir fuhren herum und kümmerten uns einen Dreck darum, wohin.

Ein oder zwei Jugendliche wirkten wie ein Magnet. Wir bildeten Gruppen. Den ganzen Sommer lang fuhr ich mit zehn dieser neuen oder manchmal auch alten Bekannten in einem Auto. Wir hatten unsere Schlafrollen und Kochgeschirre, und wenn uns irgend etwas ausging, machten sich die Profis unter uns auf und stahlen das Essen. Sie klauten, was immer wir brauchten. So trieben wir von einem Ort zum anderen, trafen neue Leute und hatten eine gute Zeit. Zurückblickend muß ich allerdings sagen, daß sehr vieles in unserem Leben mit Alkohol und Drogen zu tun hatte. Hatte man eine Menge Dope, war man jedermanns Freund, und jeder wollte einen kennen. Wenn man ein Auto und gutes Marihuana hatte, war man einer der besten Kumpel, die es je gab.

Ich brauchte einige Zeit, bis ich die Leere hinter all diesem irrsinnigen Treiben erkannte. Ich mochte Marihuana. Barb war ein Fan von LSD. Sie erzählte mir, daß sie einmal acht Hits LSD hintereinander genommen hat. »Alles hängt von deiner Verfassung ab, von deinem Gemütszustand«, sagte sie. »Bist du psychisch stabil, dann geht es gut. Aber wenn du deprimiert bist oder wenn dein Freund die Sache nicht richtig in den Griff nehmen kann, dann geht alles in eine falsche Richtung los, und du hast eine sehr schwere Zeit, weil dich diese Droge aus der Fassung bringt.«

Barb hatte einmal im Schlafzimmer einer Freundin ein bißchen LSD genommen. An der Wand war eine riesige Flagge verkehrt herum aufgehängt. Verkehrt herum hängende Stars und Stripes waren ein international verständliches Zeichen der Not. Auch die amerikanischen Indianer deuteten damit auf ihr Elend hin. Die Geistertänzer pflegten sich in umgedrehte Fahnen zu hüllen, zu tanzen und um eine Vision zu bitten, bis sie in Trance fielen. Wenn sie wieder zu sich kamen, erzählten sie immer, sie wären in einer anderen Welt gewesen, in der Welt, wie sie war, bevor der weiße Mann kam, als es auf der Prärie noch Büffelherden gab und Tipis voller Menschen, die schon vor langer Zeit umgebracht wurden. Die Fahnen, die die Tänzer wie Decken trugen, hielten die Soldaten aber nicht davon ab, sie niederzuschießen. Barb lag also auf dem Bett, und die umgekehrte Fahne fing an, ihren Verstand zu verwirren. Sie beobachtete die Fahne, wie sie sich wellenartig die Wand hinaufkräuselte; die Stars und Stripes fielen von der Fahne ab und auf den Boden herunter, wo sie in Tausende von blitzenden Funken zersprangen, die sich über den ganzen Raum ausbreiteten. Sie erzählte mir, daß sie nicht genau gewußt hätte, ob das eine alte Vision war oder nur die Karikatur davon, aber es habe ihr gefallen.

Nachdem sie einige Zeit herumgezogen war und LSD genommen hatte, fühlte sie sich ausgebrannt, ihr Kopf war leer. Sie sagte, sie hätte es satt gehabt – immer nur einen Trip nach dem anderen. Sie hätte gewartet, auf irgend etwas gewartet, auf ein Zeichen, aber sie hätte nicht gewußt, was sie eigentlich erwartete. Und wie sie warteten auch all die anderen indianischen Jugendlichen auf etwas, so wie die Geistertänzer auf den Trommelschlag gewartet hatten, auf die Botschaft, die der Adler bringen sollte.

Ich stand nicht auf LSD, aber ich rauchte eine Menge Marihuana. Die Leute glauben, daß Reservate isoliert sind, daß das, was woanders passiert, sie gar nicht berührt. Das tut es aber. Wir mochten nicht an allen Dingen teilhaben, die Amerika einigen seiner Bürger zu bieten hat, aber verschiedenes kam schon zu uns. Die Stadtindianer aus L. A., Rapid City, St. Paul und Denver brachten es bei ihren Besuchen mit. Zum Beispiel schnüffelten um 1969 oder 1970 herum plötzlich viele halbwüchsige Jungen in Rosebud Leim. Wenn die Ghetto-Indianer die Stadt ins Reservat brachten, dann schleppten wir Ausreißer das Reservat und seine Probleme in unseren Schlafrollen mit uns herum. Wo wir auch waren, bildeten wir winzige Reservate.

»Ihr stellt eine interessante Subkultur dar«, sagte mir damals ein Anthropologe in Chicago. Und ich wußte nicht, ob das eine Beleidigung oder ein Kompliment war. Wir beide sprachen Englisch, konnten einander aber nicht verstehen. Für ihn war ich ein interessantes zoologisches Exemplar, das man irgendwo einordnen mußte; er war für mich bloß lächerlich. Aber Anthropologen sind ein Kapitel für sich.

Es ist hart, dauernd auf Achse zu sein und kein Geld zu haben. Wir behalfen uns mit Ladendiebstählen und »befreiten« eine ganze Menge Zeug. Viele von uns wurden richtige Experten in diesem Spielchen. Auch ich war sehr gut. Dabei glaubten wir nicht, daß wir etwas Unrechtes taten. Im Gegenteil, das Stehlen bereitete uns sehr viel Befriedigung, moralische Befriedigung. Wir übten ausgleichende Gerechtigkeit. Stets waren wir bestohlen worden – von weißen Händlern und von Regierungsagenten. In den achtziger und neunziger Jahren des vorigen Jahrhunderts erhielt ein weißer Agent im Reservat ein Jahresgehalt von fünfzehnhundert Dollar. Er brachte es fertig, von diesem Einkommen innerhalb von fünf oder sechs Jahren etwa fünfzigtausend Dollar für seinen Ruhestand zurückzulegen. Er stahl ganz einfach die Güter und Lebensmittel, die er unter die Indianer verteilen sollte. In einigen Reservaten hungerten sich die Leute zu Tode, während sie auf Lebensmittel warteten, die nie ankamen, weil sie gestohlen worden waren. In Minnesota starben die Sioux wie die Fliegen. Als sie sich bei ihrem Hauptagenten beschwerten, empfahl er ihnen, Gras zu fressen. Das löste den sogenannten Großen Sioux-Aufstand von 1860 aus, in dessen Verlauf die Indianer diesen Agenten umbrachten, indem sie ihm Erde und Gras in den Schlund stopften.

Dann kamen die Händler mit ihren Pferdewagen voller Nägel und Nadeln, Perlen und Kaliko und immer mit einem Fäßchen Injun-Whiskey unter dem Sitz. In kürzester Zeit wurden aus den Wagen Blockhausläden, aus den Läden Einkaufszentren, die im Laufe der Jahre aufblühten zu Kombinationen aus Supermarkt, Cafeteria, Touristenfalle, indianischem Antiquitätenladen, Volkskunstzentrum und Tankstelle. Der Handelsposten in Wounded Knee fing mit fast nichts an und war nach einer kurzen Generation Millionen Dollar wert.

Es brauchte kein Genie, um bei diesem Geschäft reich zu werden. In einem bestimmten Gebiet gab es immer nur einen Laden. Entweder man bekam sein Zeug dort, oder man kriegte es überhaupt nicht. Auch jetzt noch berechnen die Handelsposten für ihre Artikel viel höhere Preise als die Geschäfte in den Städten. Die Handelsposten haben keine Konkurrenz. Sie verkaufen den indianischen Kunsthandwerkern Perlen zu einem Preis, der sechsmal höher ist als der, für den sie selbst in New York einkaufen, und sie bezahlen die indianischen Künstler mit Büchsenbohnen, die sie ebenfalls teurer berechnen. Auf Pachtgelder, die erst Monate später eingehen, gewähren sie den Indianern Kredite – zu unverschämten Zinsen. Ich habe Händler gekannt, die indianischen Schmuck und alte Perlenstickereien in Zahlung nahmen für Lebensmittel im Wert von fünf Dollar und sie dann für Hunderte von Dollars an einen Sammler verkauften, wenn der indianische Besitzer den Gegenstand nicht innerhalb einer bestimmten Frist wieder auslösen konnte. Aus diesem Grund betrachteten wir Ladendiebstahl als eine Möglichkeit, wenigstens etwas von unserem Eigentum wieder zurückzuholen – so wie in alten Zeiten ein feindliches Lager der Pferde wegen überfallen wurde.

Ich war für diesen Job wie geschaffen. Ich sah viel jünger aus, als ich tatsächlich war, und weil ich so klein war, konnte ich ein Kind spielen, das nach seiner Mutter suchte. Wenn meine Freunde hungrig waren und etwas zu essen haben wollten, schickten sie häufig mich los, um es zu stehlen. Einmal, ganz zu Anfang, wurde ich mit einem Packen Schinken, Käse, Brot und Wurst unter dem Sweater erwischt. Plötzlich war da der weiße Aufseher und packte mich am Arm: »Komm hier lang, komm!« Er war groß, und ich hatte Angst und zitterte wie Espenlaub. Er ging den Gang hinunter, befahl mir zu folgen und schaute sich alle zwei, drei Sekunden um, ob ich noch hinter ihm war. Immer, wenn er mich nicht beobachtete, warf ich Zeug zurück in die Behälter, an denen ich vorbeikam. Ich warf nach beiden Seiten. Als ich schließlich ins Hinterzimmer kam, durchsuchte man mich und fand nichts. Da sagte ich: »Sie gottverdammter Idiot! Das tun Sie mir nur an, weil ich eine Indianerin bin. Ich werde euch

Leute verklagen – wegen Verleumdung und Freiheitsberaubung.« Sie mußten sich entschuldigen und sagten, es handele sich um eine Verwechslung. Damals war ich fünfzehn.

Es gab noch einen anderen Grund für unsere Klauerei. Die Ladenbesitzer provozierten sie geradezu. Man erwartete von uns, daß wir stahlen. Ging man als Indianer in einen Laden, dann beobachtete einen der Eigentümer oder der Verkäufer wie ein Habicht. Sie pflegten sich neben einen zu stellen, zwei Fuß weg, die Arme verschränkt, und zu lauern, zu lauern. Mit weißen Kunden machten sie das nicht. Ließ man sich bei der Auswahl eines Artikels ein bißchen Zeit, schon waren sie zur Stelle, kreisten geradezu über einem und fragten: »Kann ich behilflich sein?« Behilflich sein, nichts lag ihnen ferner.

Ich sagte immer: »Nein, ich schaue nur.« Und wenn sie dann stehen blieben, so daß ich ihren Atem im Nacken spürte, fragte ich: »He, wollen Sie was von mir?« Dann antworteten sie: »Nein, ich passe nur auf.« – »Aufpassen, worauf? Glauben Sie, daß ich was stehlen will?« – »Nein, nein, ich passe nur auf.« »Gut, dann starren Sie mich nicht so an.« Aber sie standen noch immer da und folgten jeder Bewegung. Gewöhnlich starrten dann die weißen Kunden auch. Das störte mich nicht, weil ich mit den Ladenbesitzern in einem unerklärten offenen Krieg lag, einem Krieg auf den ersten Blick. Aber sie behandelten auch ältere, weißhaarige und sehr angesehene Indianer auf diese Art. Und in solchen Situationen wird sogar der rechtschaffenste, friedlichste Mensch einen starken Drang verspüren, den einen oder anderen Gegenstand direkt vor ihrer Nase in die Tasche zu stecken. Ich habe eine junge Lehrerin gekannt, eine Collegeabsolventin, die mir eine Stange Zigaretten und eine Packung Tampax zeigte und mit einem ungläubigen Ausdruck im Gesicht sagte: »Stell dir vor, das habe ich gestohlen! Ich kann es selbst nicht glauben, aber sie haben es mir unmöglich gemacht, nicht zu stehlen. Es war eine Herausforderung. Was soll ich jetzt machen? Ich rauche nicht einmal.« Als Herausforderung sah ich es auch an.

Als ich mich so herumtrieb, nahm mich ein indianisches Ehepaar in Seattle auf, bot mir Essen und ein Dach über dem Kopf und behandelte mich so nett, als wären sie meine Eltern. Die Frau hieß Bonnie, und binnen kurzem waren wir enge Freunde.

Ich brachte es fertig, einer sehr eleganten Dame – der Frau eines Admirals – die Kreditkarte zu stehlen. Schiff ahoi! Sofort führte ich meine Freundin in ein Modegeschäft und sagte ihr, sie könnte alles nehmen, was sie nur wolle. Für etwa zweihundert Dollar »kaufte« ich ihr Kleider – eine Aufmerksamkeit der Marine. Ein anderes Mal zeigte ich dem Geschäftsführer eine ähnlich gutgekleidete Dame und sagte: »Ich arbeite für die Dame dort drüben. Ich soll diese Pakete ins Auto tragen. Sie wird bezahlen.« Und während der Manager mit der Dame redete, machte ich mich mit den Paketen die Straße hinunter aus dem Staub.

Einmal ergatterte ich einen hübschen indianischen Türkisring, eine Halskette und eine Anstecknadel. Stets habe ich die wunderschönen Arbeiten der indianischen Künstler bewundert und bin wütend geworden, wann immer ich Imitationen aus Hongkong oder Taiwan sah. Ich lernte, auf die Augen der Ladenbesitzer zu achten. Solange sie einen nicht ansehen, ist man sicher. So lange, wie sie einem nicht auf die Hände sehen. Man kann sich auch nach der Art richten, wie sie mit einem reden. Konzentrieren sie sich zu sehr auf die Hände, dann wissen sie nicht, was sie sagen. Es hilft auch sehr, wenn man ein Baby dabei hat, auch wenn es geborgt ist. Aus irgendeinem Grunde zerstreut das ihren Argwohn. Eine spezielle Technik besaß ich nicht, ich studierte sie nur, ihre Gesten, ihre Augen, ihre Lippen – alle Zeichen, die ihr Körper aussandte.

Gefaßt wurde ich nur zweimal. Das zweite Mal war ich zufällig in Dubuque, Iowa. Es war nach der Besetzung von Alcatraz, als die indianische Bürgerrechtsbewegung gerade anfing, sich zu formieren, und es an vielen Orten zu Zusammenstößen zwischen Indianern und Weißen kam. Ich hatte mich einer Truppe junger militanter Rothäute angeschlossen, die in Autos und Möbelwagen unterwegs war. Als die Truppe in Dubuque anhielt, um sich zu waschen und zu essen, ging ich in eine Einkaufspassage, sah einen Sweater, der mir gefiel, und steckte ihn rasch unter meine Levi's-Jacke.

Ich kam gut aus dem Laden heraus und ging quer über den Parkplatz dorthin, wo die anderen warteten. Aber ehe ich sie erreichte, hielten mich zwei Aufpasser fest. Der eine sagte: »Ich will den Sweater.« Ich antwortete: »Aber ich habe keinen Sweater.« Da öffnete er mir die Jacke und zog den Sweater unter meinem Arm hervor. Nun nahmen sie mich ins Büro mit, überprüften meinen Personalausweis, schrieben meinen Namen auf – na, halt das Übliche. Sie hatten das Radio im Büro voll aufgedreht, und ich konnte hören, wie der Ansager davon sprach, daß die Bürger beunruhigt seien über eine riesige Karawane abtrünniger Indianer, die im Anmarsch wäre. Auf einmal sah mich der eine Aufpasser von unten her an und fragte: »Bist du etwa eine von denen?«

»Ja«, sagte ich. »Sie sind nur eine halbe Meile hinter mir und werden bald hier sein und nach mir suchen.« Da meinte er: »Du brauchst hier nichts zu unterschreiben. Geh nur, den verdammten Sweater kannst du behalten. Hau bloß hier ab!«

Dieser Zwischenfall machte mir deutlich, daß die ganze Stehlerei die Risiken gar nicht wert war, die ich dafür einging. Ich fand außerdem, daß es bessere, reifere Möglichkeiten gab, für meine Rechte zu kämpfen.

Barb hatte weniger Glück. Während der Krawalle bei Custer, South Dakota, war sie zwei Tage im Gefängnis von Rapid City. Eingesperrt wurde sie wegen schweren Einbruchs. Es handelte sich um die übliche »Freisetzung« von etwas Eßbarem, wofür sie – Barb und ein Indianerjunge – verhaftet wurden, aber als sie vor dem Richter stand und der ihr sagte, daß sie fünfzehn Jahre kriegen könnte, wurde sie nachdenklich. Sie begann auch zu überlegen, daß es, wenn man schon ins Gefängnis muß, nicht wegen eines Hähnchens für zwei Dollar sein sollte.

Meist wurden wir nicht deswegen verhaftet, was wir ausgefressen hatten, sondern deswegen, was wir waren und repräsentierten – nämlich Rothäute. Zum Beispiel hatten wir einmal in der Nähe von Martin, South Dakota, einen Platten und fuhren von der Straße herunter, um den Schaden zu beheben. Während sich die Jungen um das Auto kümmerten, zündeten wir Mädchen ein großes Feuer an, um uns den Rücken zu wärmen und ein bißchen Kaffee zu kochen. Kaffee – pejuta sapa – ist das, was eine herumziehende Rothaut in Trab hält. Ein Feuerwehrauto fuhr vorbei. Wir achteten nicht darauf. Ein Weilchen später kam das Auto zurück, gefolgt von zwei Polizeiwagen. Die Polizisten starrten uns an, fuhren aber weiter. Sehr bald jedoch kehrten sie um und kamen zurück.

Auf der anderen Straßenseite stand ein Farmerhaus. Der Besitzer hatte die Polizei angerufen und gesagt, daß Indianer dabei wären, sein Haus niederzubrennen. Wir wechselten lediglich den Reifen und kochten Kaffee. Der Farmer ließ uns wegen versuchter Brandstiftung, unbefugten Betretens, Ruhestörung und Zerstörung von Privateigentum verhaften – letzteres, weil wir für unser Feuer einen von seinen verrotteten Zaunpfosten genommen hatten. Wir brachten zwei Tage im Gefängnis zu und wurden dann als nicht schuldig entlassen.

Nach und nach summierten sich diese Gefängnistage. Wir nahmen solche Dinge gelassen hin, weil sie dauernd passierten, aber ich glaube, im Unterbewußtsein übten sie ihre Wirkung. In den Jahren, von denen ich hier berichte, genügte die bloße Tatsache, Indianer zu sein und sich in einer gewissen Weise zu kleiden, um die Aufmerksamkeit der Polizei auf sich zu ziehen. Und das hatte zur Folge, daß man ohne jeden Grund in seinem Auto angehalten, mit den lausigsten Entschuldigungen von der Straße geholt und ständig verfolgt und schikaniert wurde. So etwas wirkt unterschwellig auf das Gemüt, bis man allmählich zu der Ansicht kommt, daß man ihnen, wenn sie einen schon dauernd verhaften, wenigstens einen guten Grund dafür liefern sollte.

Ich streunte weiter herum und ließ mich vom Strom treiben. Das ging bis zu einem Punkt, von dem an ich ständig nach meinem nächsten Joint, nach meiner nächsten Flasche Gin Ausschau hielt. Selbst als meine Freunde weniger abhängig zu werden schienen, konnte ich es nicht lassen. Einmal kam ich in den Besitz von fünfzig White-Cross-Tabletten – es war Speed – und fing an, sie zu nehmen. Die Leute, die ich auf der Straße sah, taten es, warum also sollte ich es nicht auch tun? Ich bekam üble Beschwerden, und ich zog den Schluß, daß Herumstromern keinen richtigen Spaß mehr machte. Aber ich kannte kein anderes Leben.

In sexueller Hinsicht waren unsere Banden frei, sehr frei und ungehemmt – selbst nachdem wir politisch sensibilisiert waren und uns der AIM angeschlossen hatten. Wenn ein Junge ein Mädchen ansah und mochte, dann war es das schon. »Kommst du nicht mit mir ins Bett, Wincincala, dann find ich 'ne andere, die will.« Das war die Einstellung, die die jungen Männer hatten, und für Barb und mich entstand daraus eine Menge Ärger, weil wir nicht so ungezügelt waren. Wenn es uns anging, nahmen wir es stets ernst. Möglicherweise hatten der strenge Glaube unserer Großeltern und unserer Mutter und ihr Bekenntnis zu den Moralvorstellungen der Missionare etwas damit zu tun. Sie hatten jedenfalls unerbittlich versucht, uns dies einzupflanzen, und obwohl wir es wütend ablehnten, war ein Rest geblieben.

In der Sioux-Gesellschaft gibt es einen merkwürdigen Widerspruch. Wenn es um den Status der Frauen innerhalb des Stammes geht, nehmen die Männer den Mund sehr voll. Ihre Beredsamkeit zu diesem Thema ist wundervoll. Sie sprechen von Große Mutter Erde und davon, wie sehr sie sie verehren. Die bedeutendste Gestalt in unserer Kultur ist die White-Buffalo-Frau, die uns von der Büffelnation geschickt wurde, uns die geheiligte Pfeife brachte und uns lehrte, wie man sie gebraucht. Der Legende nach waren zwei junge Jäger die ersten Menschen, die ihr begegneten. Der eine begehrte sie körperlich und versuchte, sie zu lieben. Dafür wurde er auf der Stelle bestraft – ein Blitz verwandelte ihn in ein Häufchen Asche und Knochen.

Es gab Kriegerinnen in unserer Geschichte. Bekam früher ein junges Mädchen seine erste Periode, dann wurde das durch einen Ausrufer dem ganzen Dorf bekannt gemacht, und die Familie gab zu Ehren des Ereignisses ein großes Fest und verteilte wertvolle Geschenke und Pferde, weil das Mädchen zur Frau geworden war. So wie die Männer um kriegerische Ehren wetteiferten, gab es für die Frauen Wettbewerbe im Sticken und in Perlenarbeiten. Die Frau, die die schönste und vollkommen mit Perlen geschmückte Wiege angefertigt hatte, erwarb damit Ehren, die dem Preis eines Kriegers entsprachen. Unablässig erzählten uns die Männer: »Seht, wie wir euch ehren…« Uns ehren, wofür? Dafür, daß wir gute Perlenstickerinnen, Gerberinnen, Mokassinmacherinnen und Gebärmaschinen sind. Das ist fein, aber… Im Gouverneursbüro in Pierre hängt ein großes Poster, das Indianer angebracht haben. Darauf steht zu lesen:

> Als der weiße Mann
> dieses Land entdeckte,
> waren die Indianer seine Herren –
> es gab keine Steuern, kein Telefon.
> *Alle Arbeit machten die Frauen –*
> Da dachte der weiße Mann,

er könnte dieses System
noch verbessern.

Wenn man mit einem jungen Sioux darüber spricht, erklärt er möglicherweise: »Unsere Tradition kommt daher, daß wir Krieger sind. Wir mußten immer unseren Bogenarm frei haben, damit wir euch schützen konnten. Das war unsere Aufgabe. Jeden Augenblick konnte ein Pawnee, ein Crow oder ein weißer Soldat auftauchen, um euch anzugreifen. Sogar bei der täglichen Jagd konnte ein Mann getötet werden, von einem Bären aufgeschlitzt oder von einem Büffel aufgespießt. Dafür mußten wir unsere Hände frei halten. Das ist unsere Tradition.«

»So, na dann geh mal«, sage ich ihnen. »Denk an die Tradition und hol mir einen Büffel!«

Sie sind auch immer noch traditionsbewußt genug, um keine Frau bei sich haben zu wollen, die ihre Regel hat. Das große Ehrenfest anläßlich der ersten Periode eines Mädchens, das wollen sie allerdings nicht. Für so etwas sind sie zu modern. Bis zu meinem ersten Mal wußte ich nichts über die Menstruation. Als es passierte, rannte ich heulend zu meiner Großmutter und sagte: »Irgend etwas ist nicht in Ordnung, ich blute!« Sie sagte mir, ich solle nicht heulen, es wäre alles in Ordnung. Und das war die ganze Erklärung. Man tröstete mich nicht und verschenkte mir zu Ehren auch keine Pferde, man warf nicht die rote Kugel und trug mich auch nicht – in neue weiße Wildledersachen gekleidet – auf einer Decke aus der Menstruationshütte in ein Zelt. Die ganze Angelegenheit war ihnen widerwärtig. Das Fest gibt es nicht mehr, nur der Ekel ist geblieben.

Es ist nicht so, daß eine Frau während ihrer Tage als unrein gilt, sondern man hält sie für »zu mächtig«. Nach unseren alten Überlieferungen besitzt eine Frau während ihrer Periode eine seltsame Kraft, durch die eine Heilzeremonie zum Beispiel unwirksam werden kann. Deshalb erwartet man auch, daß wir uns – solange wir unsere Regel haben – von allen Ritualen fernhalten. Ein alter Mann hat mir einmal gesagt: »Die Frau, die ihre Tage hat, ist so allmächtig, daß eine Klapperschlange, die sie anspuckt, stirbt.« Um die Wahrheit zu sagen, ich habe mich nie besonders mächtig gefühlt, wenn ich meine Tage hatte.

Als ich vierzehn oder fünfzehn war, wurde ich brutal vergewaltigt. Ein gutaussehender junger Mann sagte zu mir: »Komm her, Kleine, ich kauf dir ein Sodawasser...« – und ich fiel darauf herein. Er war etwa zweimal schwerer und einen Fuß größer als ich. Er warf mich einfach auf die Erde und hielt mich fest. An die Einzelheiten möchte ich mich nicht mehr erinnern. Ich trat und kratzte und biß, aber er kam über mich wie eine Dampfwalze. Zerriß mir die Sachen, zerriß mich. Ich war viel zu verstört und beschämt, um irgend jemandem zu erzählen, was mir passiert war. Ich glaube, ich habe meine Wut dadurch abreagiert, daß ich einem Mann die Reifen zerschnitt.

Vergewaltigungen in den Reservaten sind ein Riesenskandal. Die Opfer sind meist indianische Mädchen, die zu schüchtern und zu ängstlich sind, Anzeige zu erstatten. Noch vor ein paar Jahren war es der Lieblingssport weißer Polizisten, junge Indianermädchen wegen ordnungswidrigem Verhalten und Trunkenheit zu verhaften, selbst wenn die Mädchen nüchtern waren, sie in die Ausnüchterungszellen ihrer Gefängnisse zu stecken und dort zu vergewaltigen. Manchmal fuhren sie die Mädchen in ihren Streifenwagen in die Prärie hinaus, »um dir mal zu zeigen, was ein weißer Mann kann. Ich tu dir wirklich 'nen Gefallen, Kleine.« Wenn sie es dann mit ihnen getrieben hatten, stießen sie die Mädchen aus ihren Autos und fuhren weg. Das vergewaltigte Mädchen mußte nun zu allem anderen noch fünf oder zehn Meilen weit nach Hause laufen. Indianermädchen, die weiße Bullen anzeigen, werden in South Dakota kaum ernst genommen. »Sie wissen doch, wie die sind«, sagt man dem Gericht, »dauernd betteln sie darum.« So gab es nur wenige Anklagen wegen Vergewaltigung oder – was tatsächlich vorkommt – zwangsweiser Sterilisation. Zum Glück ändert sich das, weil unsere Frauen heute weniger Skrupel haben, diese Dinge an die Öffentlichkeit zu bringen.

Als Freunde mag ich Männer, ich bin gern mit ihnen zusammen und vertraut. Aber mit einem ins Bett zu gehen, das ist eine Verpflichtung. Man übernimmt Verantwortung füreinander. Aber Verantwortung in einer Beziehung ist nicht das, was unsere jungen Männer wollen, wenigstens rund neunzig Prozent nicht. Sie wollen mit uns ins Bett hüpfen. Dann sind sie auch Freunde. Machst du das nicht mit, sind sie an dir als Person nicht mehr interessiert. Bei einigen besteht das ganze Werben darin, daß sie erst auf dich und dann auf ihr Zelt, ihren Schlafsack oder ihre Schlafrolle zeigen und sagen: »Komm, Frau!« So einfach aber kam ich nicht. Und deshalb war ich sehr viel allein und war es zufrieden.

Einem unserer großen Macho-Krieger, einem gutaussehenden Burschen und Weiberhelden, habe ich einmal einen Streich gespielt. Die Frauen schwärmten von ihm, vor allem die weißen Groupies. Eines Nachts, während einer Auseinandersetzung in Kalifornien, als ich in meinem Schlafsack lag, kam der große Krieger (und er ist ein großer Krieger, ich sage das nicht nur zum Spaß) plötzlich heran und sagte: »Ich hatte einen kleinen Streit mit meiner Alten. Kann ich mit in deinen Schlafsack?«

Meine Antwort wartete er gar nicht ab, sondern zwängte sich gleich herein. Das passierte vor Wounded Knee, als ich im achten Monat war. Er legte mir eine Hand auf die Brust, ich sagte keinen Ton. Da wanderte seine Hand weiter nach unten und hielt plötzlich auf diesem dicken Kugelbauch inne. »Was, zum Teufel, ist das?« Ich lächelte ihn sehr lieb an: »Oh, ich bekomme gerade ein Baby. Ich glaube, jetzt gehen die Wehen los!« Er war noch schneller aus dem Schlafsack heraus, als er hereingekrochen war.

Ein Sioux-Mädchen, das von seinem Liebhaber wegen einer Crow-Frau verlassen worden war, machte über ihn Forty-Niner-Songs. Forty-Niners sind Lieder, halb in Englisch und halb in Indianisch, die bei allen Stämmen gang und gäbe sind und häufig von Liebe handeln – manchmal spaßig und manchmal beißend-ironisch. Wenn wir auf Achse waren, sangen wir ständig solche Lieder. Das Mädchen hatte sich das folgende ausgedacht:

> Du läßt mich sitzen, mein Süßer,
> für 'ne Crow-Kuh und für 'n Rodeo.
> Ich hoffe, du holst dir 'n Dünnschiß,
> heya – heya – heyo.

Es wurde sehr beliebt bei uns, allerdings kann ich mich nicht mehr an den ganzen Text erinnern. Bei einem anderen Lied war der Text indianisch, mit Ausnahme des Kehrreims: »Tut mir leid, heute keine Pizza.«

Kurzum: Unsere Männer waren großartig und gleichzeitig armselig. Man mußte sie bewundern. Auch sie als Männer mußten um ihre Emanzipation kämpfen. Wenn es darum ging, uns zu beschützen, waren sie unglaublich tapfer, sie wären für uns buchstäblich gestorben, und für unsere Rechte standen sie immer ein – gegen Außenstehende!

Sexuelle Belästigungen waren Anlaß zu einer Vielzahl von Schlägereien zwischen Indianern und Weißen. Unsere Jungs versuchten wirklich, uns dagegen zu schützen. In Pierre, der Hauptstadt von South Dakota, kamen zur moralischen Unterstützung bei einem Prozeß gegen AIM-Indianer viele unserer Leute zusammen und füllten das Motel, acht bis zehn Leute in einem Raum. Barb gehörte zu einer Gruppe, die drei Zimmer im Erdgeschoß belegt hatte. Als sie zum Auto hinausging, um etwas Stoff zu holen, kam sie an drei weißen Burschen vorbei, richtigen Cowboy-Typen, die an einer Wand lehnten und Bier und Wein tranken. Barb sagte, sie hätte ihre Fahnen schon auf große Entfernung riechen können. Plötzlich umringten die drei sie und ließen die üblichen Bemerkungen los: »Guck dir die Titten dieser Squaw an. Wie die ihren Arsch schwenkt. Ich wette, wir können der Injun-Squaw was Gutes bieten.« Und laut stellten sie Vermutungen an, wie es mit ihr sein würde. Meine Schwester versuchte, sie zu ignorieren, aber schließlich drehte sie sich um und rannte ins Motel zurück. Der einzige, den sie dort finden konnte, war Tom Poor Bear, ein Oglala-Junge aus Pine Ridge. Barb erzählte ihm, daß sie draußen von ein paar Weißen belästigt worden war. Tom ging sofort mit hinaus, und wieder fingen die Cowboys mit diesem Scheiß an, mit denselben Belästigungen. Als sie Poor Bear bemerkten, gingen sie langsam weg. Tom rief ihnen hinterher: »He, ihr Mistkerle, kommt zurück und entschuldigt euch!«

Der Cowboy, der die widerlichsten Bemerkungen gemacht hatte, drehte sich um und zeigte Poor Bear den ausgestreckten Mittelfinger. Er grinste: »Ich entschuldige mich niemals bei so einer. Das ist ja bloß eine Squaw.«

Poor Bear erwiderte: »Du Mutterficker, ich werde dir zeigen, wer was ist!« Und damit fing die Schlägerei an, alle drei stürzten sich auf Tom und traten nach ihm – drei Wasičuns gegen eine Rothaut. Also raste Barb wieder zurück ins Motel, und in der Lobby stieß sie mit Bobby Leader Charge zusammen, einem Jungen aus Rosebud, der erst fünfzehn Jahre alt war. Jung, wie er war, schoß er wie ein Blitz aus der Lobby und warf sich in den Kampf. Inzwischen waren die Cowboys durch drei weitere Freunde verstärkt worden, und wieder waren wir zahlenmäßig unterlegen. Sie schlugen auf Poor Bear und Leader Charge ein, verletzten sie, traten ihnen in den Unterleib und zielten auf die Augen. So versuchte Barbara noch einmal, Hilfe zu holen. Zum Glück erschienen in diesem Augenblick Russel mit den Means-Brüdern und Coke Millard am Motel. Die ganze Truppe eilte herzu. Die Weißen versuchten zu flüchten, waren aber nicht schnell genug. Coke Millard schleuderte einen direkt über das Dach eines geparkten Autos. Ein Cowboy wurde k.o. geschlagen und blieb liegen. Ein zweiter versuchte, auf allen vieren davonzukriechen. Und die anderen rannten, was das Zeug hielt. Damit war für unsere Männer der Zwischenfall erledigt, und alle gingen ins Motel zurück.

Aber nichts war erledigt. Im Handumdrehen fuhr etwa ein halbes Dutzend Streifenwagen mit Rotlicht und heulenden Sirenen vor dem Motel auf und strahlte es mit Suchscheinwerfern an. Aus jedem Wagen stiegen zwei Polizisten mit Schnellfeuergewehren, Helmen und Plastikschilden und bauten sich zu beiden Seiten des Wagens auf. Und schon plärrte der Lautsprecher: »Hier spricht der Sheriff! Ihr Indianer da drin, ihr werdet wegen Zusammenrottung und tätlichen Angriffs gesucht. Wir wissen, daß ihr im Motel seid. Kommt raus, die Hände auf dem Kopf, oder wir kommen rein! Wir machen von der Schußwaffe Gebrauch!« Barb und die anderen lugten hinter den Sonnenblenden hervor nach draußen. Angesichts der Mündungen all der Gewehre und abgesägten Schrotflinten, die auf sie zielten, verspürten sie wenig Lust hinauszugehen. Die Polizei von South Dakota ist dafür berüchtigt, im Umgang mit Indianern, vor allem mit AIM-Leuten, schießwütig zu sein. Einer der Means-Brüder ging ans Telefon und rief einen weißen Freund von uns an, der sich mit einem der Anwälte des Prozesses im Obergeschoß aufhielt. Er sagte ihm, er solle seinen Arsch blitzartig herunterbewegen, den Anwalt mitbringen und keine dämlichen Fragen stellen, bitte schön, sondern sich beeilen.

Es war zwei Uhr morgens und bitterkalt. Irgendwie ist es in South Dakota immer extrem heiß oder sehr, sehr kalt. Als ich aus meinem Fenster im zweiten Stock hinuntersah, erblickte ich die beiden, wie sie fröstelnd und nicht sehr glücklich zwischen der Motelwand und der Reihe der Streifenwagen und Polizisten, die die Gewehre im Anschlag hielten, hindurchgingen. Dann sah ich, daß aus dem Zimmer 108 zwei Paar Hände herauslangten und die beiden nach drinnen zogen. Was überhaupt los war, wußte ich zu diesem Zeitpunkt nicht. Barbara erzählte mir später, daß die beiden anfingen, per Telefon mit dem Sheriff zu verhandeln. Sie sagten ihm: »Unsere indianischen Freunde und Klienten sind von einem Haufen übler weißer, betrunkener Möchtegern-Sittenstrolche tätlich angegriffen worden. Sie sind aber bereit, ihre Anzeige zurückzuziehen, wenn Ihre Cowboys auch die ihre zurücknehmen.«

Während man am Telefon so hin- und herdisputierte, hatten die anderen ein kleines Problem mit Coke, der ein paar Biere getrunken hatte und sein Sterbelied anstimmte: »Es ist ein guter Tag zum Sterben! Laßt mich hier raus! Ich will einen Kriegertod sterben. Ich werde diese Schweine überrumpeln! Hoka-hay!« Sie mußten ihn zurückhalten, sich buchstäblich auf ihn setzen, um ihn davor zu bewahren, hinauszugehen und getötet zu werden. Schließlich einigten sich beide Seiten darauf, ihre Anzeigen zurückzunehmen und aufzugeben, um ein Massaker zu verhindern. Die Streifenwagen fuhren ab, und alles war wieder ruhig. Aber es wäre beinahe zum Schlimmsten gekommen. Für unsereinen besteht immer die Gefahr, daß aus einem kleinen Zwischenfall eine Staatsaktion wird.

Wenn ich so auf meine Wanderzeit zurückblicke, ist es schwer zu sagen, ob sie gut oder schlecht war oder ob ich durch mein endloses, ruheloses Umherziehen irgend etwas erreicht oder gelernt habe. Wenn schon nichts anderes, dann brachte mir meine Rumtreiberei wenigstens einen erweiterten Horizont ein und machte mich noch mehr zum Indianer, ließ mich begreifen, was es heißt, in einer weißen Welt Indianer zu sein. Als ich der AIM begegnete, war es mit der Ziellosigkeit in meinem Leben vorbei.

6. Kapitel
Wir wollen nicht gefallen

Man nennt uns die Neuen Indianer.
Zum Teufel, wir sind die Alten Indianer,
die Herren dieses Kontinents,
und kommen, die Pacht einzutreiben.

Dennis Banks

Die American Indian Movement brach über unser Reservat herein wie ein Tornado, wie ein frischer Wind von nirgendwo, ein Trommelschlag von weither, der lauter und lauter wurde. Es war fast wie bei dem Geistertanz-Fieber, das die Stämme 1890 überfallen hatte und sich, wie Onkel Dick Fool Bull sagte, wie ein Präriefeuer ausbreitete. Es war sogar wie in dem alten Geistertanz-Lied, das Onkel Dick immer summte:

Maka sitomniya teca ukiye
Oyate ukiye, oyate ukiye...
Eine neue Welt bricht an,
eine Nation entsteht,
so hat es der Adler verkündet.

Ich konnte das Neue spüren, beinahe hören, riechen, berühren. Die erste Zusammenkunft mit der AIM löste in mir eine Art Erdbeben aus. Wenn Old Black Elk aus seinem Leben erzählte, gebrauchte er oft die Formulierung: »Wenn ich vom hohen Berg meines Alters herunterschaue...« Nun, wenn ich vom Berg meines Alters herunterschaue – ich bin jetzt siebenunddreißig, fühle mich aber, als hätte ich schon sehr lange gelebt –, dann kann ich die Dinge mit einem gewissen Abstand betrachten, nicht so sehr als persönlich Betroffene – nein, sondern mit einem gewissen Abstand. Old Black Elk hatte das gut gesagt. Man blickt auf die vergangenen zehn Jahre tatsächlich wie von einem Berg, aus einer Art Vogelperspektive. Ich begreife jetzt, daß Bewegungen sich verbrauchen und daß ihre Führer schnell ausgebrannt sind. Ein paar unserer Männer und Frauen wurden umgebracht und entgingen so der Gefahr, die Dreißig zu erreichen und »elder statesmen« zu werden. Einige Führer wurden College-Professoren und gründeten alternative Schulen oder übernahmen sogar das Amt eines Stammesvertreters. Nur wenige leben weiter im Gestern und weigern sich anzuerkennen, daß die Träume der Vergangenheit den Träumen der Zukunft weichen müssen. Und ich, der wilde, rebellische Teenager von vor zehn Jahren, ich stille ein Baby, wechsele Windeln und mache das Frühstück für meine Familie, die ein bißchen größer geworden ist. Und doch, es war großartig, so lange, wie es dauerte, und noch immer empfinde ich diese Erregung von früher, wenn ich nur darüber rede. Einige Leute liebten die AIM, einige haßten sie, aber keiner konnte sie ignorieren.

Ich liebte sie. Das erste Mal begegnete ich der AIM bei einem Meeting, das 1971 nach dem Sonnentanz bei Crow Dog stattfand. Ich zeigte auf Leonard Crow Dog und fragte eine junge Frau: »Wer ist dieser Mann?«

»Das ist Crow Dog«, sagte sie. Ich schaute seine langen, schimmernden Zöpfe an. Zu jener Zeit war es im Reservat noch ziemlich ungewöhnlich, das Haar lang zu tragen. Also fragte ich: »Sind seine Haare echt?«

»Ja, sie sind echt.«

Da bemerkte ich, daß die jungen Männer fast alle lange Haare hatten, einige mit Adlerfedern drin. Alle trugen bebänderte Hemden. Sie sahen völlig anders aus und wirkten nicht so gedemütigt, wie ich es aus dem Reservat kannte. Auch bewegten sie sich anders, zuversichtlich und selbstsicher, die Mädchen ebenso wie die Jungen. Sie gehörten verschiedenen Stämmen an und waren mit einem schrottreifen Lkw hergefahren, der über und über mit Losungen und Malereien bedeckt war. Sie waren zum Sonnentanz gekommen, den ganzen Weg von Kalifornien her, wo sie an der Besetzung der Insel Alcatraz teilgenommen hatten.

Ein Mann, ein Chippewa, stand auf und hielt eine Rede. Noch nie hatte ich jemanden so reden hören. Er sprach über Völkermord und Souveränität, über Stammesführer, die einen Ausverkauf betreiben und in den Arsch kriechen – in den Arsch des weißen Mannes. Er sprach darüber, daß man die Krawatte mit der Halsbinde vertauschen sollte, die Aktentasche mit der Bettrolle und die Missionskirche mit der heiligen Pfeife. Er sprach darüber, daß man das Erntedankfest nicht feiern sollte, weil das bedeuten würde, seinen eigenen Untergang zu feiern. Er sagte, daß die Weißen, die uns unser Land gestohlen und uns dreihundert Jahre lang massakriert haben, jetzt nicht zu uns kommen und sagen könnten: »Feiert das Erntedankfest mit uns, kommt rein, auf ein Stückchen Truthahn.« Er hatte sich in eine umgekehrte amerikanische Fahne gehüllt und erzählte uns, daß jeder Stern in dieser Fahne einen Staat darstelle, der den Indianern gestohlen worden war.

Dann sprach Leonard Crow Dog. Er sagte, daß wir den weißen Mann seit Generationen mit unseren Mündern anreden, daß der aber keine Ohren hätte, um zu hören, keine Augen, um zu sehen, kein Herz, um zu fühlen. Crow Dog sagte, daß wir jetzt mit unseren Leibern reden müßten und daß er keine Angst habe, für sein Volk zu sterben. Es war eine sehr emotionale Rede. Einige Leute weinten. Ein alter Mann drehte sich zu mir um und sagte: »Das ist es, was ich immer sagen wollte und doch in mir verschlossen habe.«

Ich fragte einen der jungen Männer: »Was für Indianer seid ihr?« – »Wir sind die AIM«, antwortete er, »die American Indian Movement. Wir sind dabei, die Dinge zu ändern.«

Die AIM wurde 1968 geboren. Ihre Väter waren in der Hauptsache Ojibways, Männer, die in den Gefängnissen von Minnesota ihre Strafe absaßen. Ihre ersten Schritte machte sie, als sie sich in den Slums von St. Paul um indianische Ghetto-Probleme kümmerte. Es war eine Indianerin, die der Bewegung ihren Namen gab. Sie erzählte mir: »Zuerst nannten wir uns ›Concerned Indian Americans‹, bis jemand herausfand, daß die Anfangsbuchstaben CIA ergaben. Das klang nicht so sehr gut. Da sagte ich: ›Jungs, ihr trachtet* alle danach, dies zu tun, oder jenes zu tun. Warum nennt ihr euch nicht AIM, American Indian Movement?‹ Ja, und das war es dann.«

Am Anfang war die AIM vor allem auf St. Paul und Minneapolis beschränkt. Die ersten AIM-Mitglieder waren zumeist Ghetto-Indianer und kamen häufig aus Stämmen, die vieles von ihrer Sprache, ihren Traditionen und Zeremonien verloren hatten. Erst als sie zu uns in die Sioux-Reservate kamen, lernten sie die alte Lebensart kennen. Wir hatten von ihnen aber auch zu ler-

* Unübersetzbares Wortspiel. Das englische Verb ›to aim‹ bedeutet ›trachten nach, streben, abzielen auf‹. Das Substantiv ›aim‹ steht für ›Ziel, Vorhaben, Richtung‹. Die Initialen AIM sind also immer auch in dieser Bedeutung mitzuverstehen. Anm. d. Ü.)

nen. Wir Sioux hatten sehr isoliert hinter einem – wie einige Leute meinten – »Wildledervorhang« gelebt. Die AIM öffnete uns ein Fenster, durch das der Wind der sechziger und frühen siebziger Jahre hereinblasen konnte, und das war keine leichte Brise, das war ein Hurrikan, der uns durcheinanderwirbelte. Nachdem sich die traditionalistischen Reservatsindianer und die Ghettokinder zusammengetan hatten, wurde die AIM landesweit eine Macht. Feuerstein hatte auf Feuerstein geschlagen und einen Funken erzeugt, der zur Flamme wurde, zu einer Flamme, an der wir uns nach einem langen, langen Winter wärmen konnten.

Nachdem ich mich der AIM angeschlossen hatte, hörte ich auf zu trinken. Andere legten ihre Marihuanazigaretten und ihre Leimflaschen weg. Es gab eine Menge Dinge bei der AIM, die nicht in Ordnung waren. Aber das sahen wir nicht oder wollten es nicht sehen. Es war unwichtig damals. Wichtig war, unsere Sache voranzutreiben. Wir Jugendlichen wurden die Speerspitzen der AIM, und die Sioux gaben den Ton an. Die AIM-Uniform war ganz nach Art der Sioux, die schwarzen »Zornigen Hüte« mit den Federn im Hutband, die steifen Halsbinden, die Medizinbeutel auf der Brust, die Levi's-Jacken, an die wir unsere Kampfauszeichnungen hefteten – Alcatraz, Spur der Gebrochenen Verträge, Wounded Knee. Ein paar Stutzer trugen einen dritten, besonders dünnen Zopf als Skalplocke. Wir machten uns unsere eigenen Lieder – Forty-Niners, Ehrenlieder, Lieder für einen Krieger hinter Knastgittern. Den AIM-Song schuf ein vierzehnjähriger Sioux-Junge. Die Ojibways behaupten zwar, das Lied wäre von einem ihrer Jugendlichen, aber wir wissen es besser.

Wir waren alle nicht auf den Mund gefallen, wir waren gute Redner und schrieben einen Haufen Gedichte, obwohl wir alle Aussteiger waren, die kaum richtig schreiben konnten. Einiges von unserer Beredsamkeit übernahmen wir von den Schwarzen, deren Bewegungen vor unserer entstanden waren. Wie sie waren wir eine Minderheit, arm und diskriminiert. Aber es gab auch Unterschiede. Ich halte es für bezeichnend, daß ein Schwarzer in vielen indianischen Sprachen »schwarzer Weißer« genannt wird. Die Schwarzen wollen das, was die Weißen haben – das ist durchaus verständlich. Sie wollen hinein. Wir Indianer wollen heraus! Das ist der Hauptunterschied.

Zuerst haßten wir alle Weißen, weil wir nur eine Art kannten – den John Wayne-Typ. Es dauerte seine Zeit, bevor wir Weiße trafen, mit denen man verkehren konnte und deren Freundschaft wir akzeptierten. Einer unserer jungen Männer lernte ein hübsches Mädchen kennen. Sie erzählte ihm, sie wäre Indianerin, und so sah sie auch aus. Sie bat ihn: »Schlaf mit mir.« Im Bett, mitten in der Nacht, fand er irgendwie heraus, daß sie eine Puertorikanerin war. Darüber wurde er so böse, daß er sie verprügelte. Er wollte nur mit indianischen Mädchen zu tun haben und fühlte sich ausgetrickst. Er war aus einem wirklich üblen Kinderheim weggelaufen und hatte Zuflucht bei seinen eigenen Leuten gesucht. Später schämte er sich für das, was er getan hatte, und entschuldigte sich bei dem Mädchen. Im Laufe der Zeit schloß sich uns eine ganze Reihe von Chicano-Brüdern und -Schwestern an, und wir lernten sie lieben und achten, aber das brauchte seine Zeit. Wir lebten in einer eigenen, engen Welt und waren vor allen Fremden auf der Hut. Später schwangen wir Reden vor Colleges und in Kirchen und sprachen an Straßenecken mit so prominenten Sympathisanten wie Marlon Brando, Dick Gregory, Rip Torn, Jane Fonda und Angela Davis. Die Erweiterung unseres Horizonts war ein sich lang hinziehender Lern- und Erfahrungsprozeß.

Beziehungen gingen wir untereinander ein, aber auch mit Außenstehenden. Es gab Mädchen bei uns, die mit jedem Kämpfer ins Bett gingen, der irgend etwas Mutiges getan hatte. Andere Mädchen liebten nur einen Jungen. Es war üblich, daß ein Bursche zu einem Mädchen sagte: »Sei meine Alte«, und daß sie antwortete: »Ohan, du bist mein Alter.« Dann gingen sie einen Medizinmann suchen, der sie mit Zedernrauch befächelte, die Pfeife mit ihnen rauchte und ihnen eine rote Decke um die Schultern legte. Das machte sie nach indianischem Brauch zu Mann und Frau. Dann schliefen sie unter dieser Decke. Das weiße Gesetz erkannte eine solche Ehe nicht an, wir aber respektierten sie. Auch wenn sie nur ein paar Tage dauerte. Jeder von den beiden konnte ja mit dem Gesetz in Konflikt geraten und ins Gefängnis gesteckt oder von bezahlten Schlägern umgelegt werden. Wir führten schließlich nicht gerade ein geregeltes Leben. Einige dieser Ehen aber hielten Jahre. Ob kurz oder lang, solange es dauerte, war es gut. Das Mädchen hatte jemanden, der sie beschützte und sich um sie kümmerte, der Junge hatte eine Wincincala, die ihm seine Bohnen kochte oder ein Hemd nähte. Sie fingen Feuer füreinander, bis sie schließlich ihre Körper auf dem Laken vereinigten. Das war etwas Kostbares für sie, an das sie sich ihr ganzes Leben lang erinnern konnten. Da hatte ein siebzehnjähriger Junge eine zweiundzwanzigjährige Freundin. Er nannte sie »Omi«. Er hatte ihr ein T-Shirt gemacht mit dem Wort OMI darauf und für sich selbst eins, auf dem ICH LIEBE OMI stand. Als sie ihn wegen eines »älteren Mannes« verließ, brach ihm das Herz. Einige AIM-Führer zogen eine ganze Reihe von Frauen an, die nannten wir »Frauen des Monats«.

Ich selbst schlitterte in eine dieser Ehen. Sie dauerte gerade so lange, daß ich schwanger wurde. Geburtenkontrolle war gegen unsere Überzeugungen. Wir glaubten, daß es nicht so viele Indianer gab, wie es unserer Meinung nach geben sollte. Je mehr künftige Kämpfer wir zur Welt brachten, um so besser. Auch meine ältere Schwester Barbara wurde schwanger. Sie ging ins BIA-Hospital, wo ihr die Ärzte sagten, daß man einen Kaiserschnitt vornehmen müsse. Als sie wieder zu sich kam, teilten ihr die Ärzte mit, daß sie ihr die Gebärmutter entfernt hätten. Nach ihrer Ansicht gab es damals schon zu viele kleine rote Bastarde, für die der Steuerzahler aufkommen mußte. Es war also Blödsinn, diese unbekümmerten, unverantwortlichen, sexbesessenen AIM-Frauen noch zu hätscheln. Barbs Kind lebte zwei Stunden. Bei besserer Fürsorge hätte es durchkommen können. Während einer ganzen Reihe von Jahren nahmen BIA-Ärzte an Tausenden Indianerinnen und Chicano-Frauen Zwangssterilisationen vor, ohne deren Wissen und Einwilligung. Aus diesem Grund war ich glücklich bei dem Gedanken, ein Baby zu bekommen – es sollte nicht nur für mich, sondern auch für Barbara sein. Ich war entschlossen, nicht in einem weißen Hospital zu entbinden.

Bis dahin hatte ich neun Monate Zeit, um noch immer von Auseinandersetzung zu Auseinandersetzung zu fahren. Wo immer Anthropologen auf indianischem Land menschliche Überreste ausgruben, wir waren da und drohten damit, die Gräber von Weißen zu öffnen, um menschliche Schädel und Knochen in Glasvitrinen auszustellen. Wo immer ein politischer Prozeß gegen Indianer geführt wurde, wir zogen mit unseren Trommeln vor dem Gericht auf. Wo immer wir eine Schranke sahen mit dem Schild »Für Indianer verboten«, überzeugten wir die Eigentümer, manchmal durchaus mit Gewalt. Irgendwie fanden wir immer eine alte Karre, mit der wir fahren konnten und die wir über und über mit Red-Power-Parolen bemalten, und irgendwie fanden wir auch immer Ortsansässige, die uns aufnahmen und uns Fleischbrühe, geröstetes Brot und starken schwarzen Kaffee vorsetzten. Wir existierten ohne einen Pfennig, und doch aßen wir, reisten und fanden gewöhnlich auch ein Dach über den Kopf.

Dann passierte etwas Seltsames. Die traditionalistischen, alten, reinblütigen Medizinmänner schlossen sich uns Jugendlichen an. Nicht die Erwachsenen mittleren Alters. Die gehörten zu einer verlorenen Generation, die alle Hoffnung aufgegeben hatte, sie waren Krawattenträger, die auf den Großen Weißen Vater warteten, der alles für sie richten würde. Es waren die wirklich alten Leute, die Geist und Wissen an uns weitergeben konnten. Die Großväter und Großmütter, die sich noch an eine Zeit erinnern konnten, wo Indianer Indianer waren, deren eigene Großeltern oder sogar Eltern mit der Flinte in der Hand gegen Custer gekämpft hatten, Leute, die für uns die lebenden Verbindungsglieder zu einer großen Vergangenheit waren. Sie hatten viel Kraft und Autorität – genug, um etwas davon an uns weiterzugeben. Sie kannten noch all die alten Legenden und die richtige Art, ein Ritual abzuhalten, und wir waren eifrig bemüht, von ihnen zu lernen. Bald hatten sie uns jungen Mädchen beigebracht, wie man beim Sonnentanz Fleischopfer bringt oder sich die Handgelenke durchbohrt, während sich die jungen Krieger den Fleischspieß durch die Brust stießen und so unter Schmerzen herausfanden, woher sie kamen. Sogar diejenigen, die in den Städten aufgewachsen waren und nie auf einem Pferd gesessen oder einen Eulenruf gehört hatten, nahmen sich auf einmal zusammen. Ich will nicht prahlen, aber ich bin stolz darauf, daß wir Lakotas damit angefangen haben.

Besonders die alten Großmütter beeindruckten mich tief. Frauen wie Lizzy Fast Horse, eine greise Frau, die bis ganz auf den Gipfel des Mount Rushmore hinaufkletterte und – direkt auf diesen gigantischen Kahlköpfen stehend – die Black Hills für ihre rechtmäßigen Eigentümer zurückforderte. Lizzy, die von den Polizisten den Berg heruntergeschleift wurde, mit Handschellen an ihre neunjährige Urenkelin gefesselt, bis die Handgelenke wundgescheuert waren und ihr Blut in den Schnee tropfte. Es stimmt schon, was die Cheyenne sagen: »Ein Volk ist nicht tot, solange nicht die Herzen seiner Frauen bezwungen sind.« Ja, die Herzen unserer Vollblutfrauen waren nicht bezwungen. Sie waren obenauf, und noch immer konnten sie uns ermutigen mit ihrem trillernden, markerschütternden Kampfesschrei, bei dem sich mir die Haare aufstellten und ich eine Gänsehaut bekam, wann immer und wie oft ich ihn auch hörte.

Wir erschreckten die Weißen. In ganz Dakota waren wir gefürchtet. Ich habe nie begreifen können, warum das so war. Wir waren doch immer die Opfer. Nie haben wir jemanden zum Krüppel gemacht oder gar umgebracht. Wir waren es, die starben oder zum Krüppel wurden. Außer daß wir ein paar Handelsposten ausraubten, waren wir nicht wirklich schlecht. Ja, wir hatten einen großen Mund, machten eine Menge Radau und gingen gewissen Leuten auf die Nerven. Wir machten den Herren Weißen begreiflich, daß es neben den armen menschlichen Wracks, die für einen Vierteldollar für sie posierten, auch noch andere Indianer gab. Aber das hätte sie doch nicht dazu veranlassen müssen, uns umzubringen oder sich vor uns unter den Betten zu verkriechen. »Die AIMs kommen, die AIMs kommen«, war der Ruf, der sich wie ein Lauffeuer fortpflanzte, wenn sich ein paar Vierzehnjährige mit Onkel-Joe-Hüten zeigten. Die Farmer und die Polizei verbreiteten die wildesten Gerüchte über uns. Die Medien behaupteten, wir seien dabei, Banküberfälle und Gefängniserstürmungen vorzubereiten, das Capitol in Brand zu stecken, den Mount Rushmore in die Luft zu jagen und den Gouverneur zu ermorden. Das Harmloseste, das man uns zur Last legte, war, daß wir die Absicht hätten, die Nasen der riesigen Mount-Rushmore-Köpfe rot anzumalen. Am allerschlimmsten aber war, daß wir die Touristen vergraulten. Die Pächter in Rushmore und all den anderen Touristenfallen der Black Hills büßten Geld ein. Es war also nur recht, uns dafür umzubringen.

Ich denke, es war das schlechte Gewissen, was die ortsansässigen Weißen dazu brachte, uns so sehr zu hassen. Bill Kunstler, der Rechtsanwalt der Bewegung, der uns in einer ganzen Anzahl von Verfahren verteidigte, sagte einmal: »Am meisten haßt man denjenigen, dem man das meiste Unrecht getan hat.« Die Weißen in der Nähe der Reservate lebten alle auf Grund und Boden, der uns gestohlen worden war – nicht in grauer Vorzeit, sondern von ihren Vätern und Großvätern. In irgendeiner Weise verdienten sie alle ihren Lebensunterhalt dadurch, daß sie uns ausbeuteten, die Indianer als billige Arbeitskräfte ausnutzten, daß sie für einen winzigen Pachtzins ihr Vieh auf Reservatsland weiden ließen und daß sie uns als farbenprächtige Marionetten dazu mißbrauchten, Touristen aus dem Osten anzulocken. Sie konnten nur mit dem Klischee des Sing-und-Tanz-Indianers umgehen, schlossen aber ihre Türen ab und duckten sich hinter die Gardinen, wenn wir in den Ort kamen und schrien: »Die AIMs kommen, holt die Polizei!« Ein oder zwei Tage nach unserem Erscheinen waren sämtliche Waffengeschäfte des Ortes ausverkauft. Die Weißen gingen wieder dazu über, Waffen mit sich herumzuschleppen. Sie trugen Revolver, wo sie auch hingingen, schliefen mit geladenen Achtunddreißigern unter dem Kopfkissen und fuhren mit großkalibrigen Gewehren umher, die in Halterungen hinter den Sitzen ihrer Pickups steckten.

Es wurde erzählt, daß der damalige Gouverneur von South Dakota, der einmal geschworen hatte, jedes AIM-Mitglied hinter Gitter oder sechs Fuß tief unter die Erde zu bringen, ein spezielles, neuentwickeltes Maschinengewehr mit hoher Feuergeschwindigkeit aus Westdeutschland importiert und in der Kuppel des Regierungsgebäudes in Stellung gebracht hatte. Dort wandte er Stunden für Zielübungen auf und visierte zufällig vorbeikommende Indianer an, indem er das Gewehr verstohlen vor- und zurückbewegte, vor und zurück. Möglicherweise ist das reine Erfindung, aber da ich den Mann kenne, bin ich durchaus bereit, es zu glauben. Mich störte ihre Angst vor uns nicht im geringsten. Das war immer noch besser, als wenn einem ein Vierteldollar angeboten wird, damit man grinsend vor ihren Kameras posiert.

Wir waren keine Engel. Von der AIM oder vielmehr von Leuten, die sich als AIM-Mitglieder ausgaben, sind ein paar Dinge getan worden, auf die ich ganz und gar nicht stolz bin. Aber die AIM gab uns den Auftrieb, der zu dieser Zeit dringend nötig war. Sie definierte unsere Ziele und drückte unsere innersten Sehnsüchte aus. Sie schuf eine Lebensart, die für Indianer erstrebenswert war. Sogar diese Ur-Amerikaner, die darauf beharrten, mit der AIM nichts zu tun haben zu wollen, weil sie der Lebensart ihrer Stämme zuwiderlaufe, fingen an, sich nach Art der AIM zu kleiden und auszudrücken. Hin und wieder hatte ich Auseinandersetzungen mit der Indianerbewegung, und ich weiß nicht, ob sie weiterleben oder eingehen wird. Manche Leute meinen, daß eine Bewegung in dem Augenblick stirbt, in dem sie akzeptabel wird. In diesem Fall sollte noch etwas von ihrem Leben übrigbleiben, wenigstens bei den Dakotas. Was aber auch geschehen mag, man kann der AIM nicht absprechen, daß sie ihre Aufgabe erfüllt hat und tat, was getan werden mußte – in einer Zeit, die für die Fortentwicklung des indianischen Amerika entscheidend war.

Der Sonnentanz in Rosebud im Spätsommer 1972 wird mir für immer in Erinnerung bleiben. Viele AIM-Führer waren zu Crow Dog gekommen, um zu tanzen und Fleischopfer darzubringen, um die Selbstfolter unseres heiligsten Ritus zu erdulden, in die Sonne zu starren, auf ihren Adlerknochenflöten zu blasen und mit der Pfeife zu beten. Es war wie eine Wiedergeburt, als würden gewisse Prophezeiungen der Geistertänzer wahr. Merkwürdig war es mitanzusehen, wie sich Männer der Prüfung des Sonnentanzes unterzogen, die aus Stämmen kamen, bei denen dieses Ritual niemals praktiziert worden war. Ich spürte, daß sie damit auf ihre Art sagen wollten: Ich bin wieder Indianer.

Dieser Sonnentanz bot auch Gelegenheit, einander kennenzulernen und eine Vielzahl ernster Gespräche zu führen. Ich war glücklich zu sehen, daß die Frauen bei diesen Diskussionen eine große Rolle spielten. Ein AIM-Mann sagte lachend: »Jahrelang konnten wir die Frauen nicht zum Reden bringen, jetzt bringen wir sie nicht zum Schweigen.« Ich hörte nur zu. Ich war noch viel zu schüchtern und zu jung, um etwas anderes zu tun, als im Hintergrund zu bleiben.

Die Menschen waren angespannt, alles brodelte, es herrschte eine verbitterte Stimmung. Nach dem Sonnentanz erreichte uns die Nachricht, daß Richard Oaks vom Stamm der Mohawks, ein sehr beliebter und geachteter Führer bei Alcatraz, von einem Weißen ermordet worden war. Erst kurz zuvor war ein Sioux, Raymond Yellow Thunder, ein bescheidener, schwerarbeitender Mann, nackt ausgezogen und mit dem Gewehr im Anschlag gezwungen worden, in einer Halle der Amerikanischen Legion in Gordon, Nebraska, zu tanzen. Später hatte man ihn totgeschlagen – nur so zum Spaß. Und davor hatte ein millionenschwerer Rancher einen unbewaffneten Indianer aus Pine Ridge, Norman Little Brave, erschossen und war dafür nicht bestraft worden. Norman war ein einfacher und besonnener Kirchengänger gewesen, aber das hatte ihm nichts genützt. Die Jagd auf Indianer war wieder freigegeben, und unsere Leute meinten: »Schluß mit dem Scheiß!« Aus diesem Gefühl von Zorn, Hoffnung und Verzweiflung heraus wurde die Idee zur »Spur der Gebrochenen Verträge« geboren.

Ich bin noch immer stolz darauf, daß das in Rosebud, bei meinen Leuten geschah. Vermutlich ist das nicht gut. Stolz auf den eigenen Stamm steht der indianischen Einheit im Wege. Aber noch ist er da und wohl auch nicht ganz und gar schlecht. Der Mann, der als erster die Idee hatte, Indianerkolonnen aus allen Himmelsrichtungen nach Washington marschieren zu lassen, war Bob Burnette. Er war Stammesvorsteher in Rosebud gewesen und war kein AIM-Mitglied. Auch andere Indianerführer dieses Marsches, wie Hank Adams, Reuben Snake und Sid Mills – Sid und Hank aus dem Nordwesten, wo sie für die Fischereirechte gekämpft hatten – waren nicht in der AIM. Auch nicht die Leute der Sechs Nationen aus dem New Yorker Hinterland oder die Repräsentanten einiger Stämme aus dem Südwesten – am Ende aber beherrschten die AIM-Führer diesen Marsch, obwohl nicht sie ihn auf den Weg gebracht hatten.

Die »Spur der Gebrochenen Verträge« war die größte Aktion der Indianer seit der Schlacht am Little Big Horn. Eddie Benton, der Medizinmann der Ojibways, sagte zu uns: »In der Religion unseres Stammes gibt es die Prophezeiung, daß wir eines Tages alle zusammenstehen werden. Alle Stämme reichen sich in Brüderlichkeit die Hand und vereinigen sich. Ich bin glücklich zu sehen, daß das geschieht. Brüder und Schwestern dieses ganzen Kontinents für eine gemeinsame Sache vereint. Das ist das wichtigste für die Indianer – nicht das, was geschehen ist oder als Folge unserer Aktionen noch geschehen wird.«

Jede Kolonne wurde von einem geistigen Führer oder einem Medizinmann mit seiner heiligen Pfeife geleitet. Der Oklahoma-Zug folgte der »Spur der Tränen« der Cherokees, er ging den

Weg der sterbenden Indianer nach, die Präsident Andrew Jackson aus ihren Hütten vertrieben hatte. Unser Zug startete in Wounded Knee. Für uns Sioux hatte das eine ganz besondere, symbolische Bedeutung, es gab uns das Gefühl, als würden die Geister all der Frauen und Kinder, die dort von der Siebenten Kavallerie ermordet worden waren, aus ihrem Massengrab auferstehen, um mit uns zu ziehen.

Ich ging mitten unter Freunden aus Rosebud und Pine Ridge. Auch mein Bruder und meine Schwester Barbara waren bei dieser Gruppe. Ich wußte nicht, was uns erwartete. Solch ein riesiger Protestmarsch war neu für mich. Als wir in Washington ankamen, standen wir allein da. Man hatte uns zwar Verpflegung und Unterkunft versprochen, aber viele kirchliche Gruppen, die uns aufnehmen und beköstigen wollten, hatten auf Druck der Regierung Angst bekommen und einen Rückzieher gemacht. Der Morgen brach bald an, aber wir stolperten immer noch herum und suchten einen Platz zum Schlafen. Ich konnte kaum noch die Augen offen halten. Eines aber führten wir aus: Wir fuhren in der Morgendämmerung rund um das Weiße Haus herum und hupten und trommelten, um Präsident Nixon wissen zu lassen, daß wir angekommen waren.

Schließlich wies man uns einen Platz zum Schlafen an, eine alte, verfallene und längst aufgegebene Kirche. Ich war eben in meine Schlafrolle gekrochen, als ich sah, wie etwas darüberspazierte, was ich für eine mittelgroße Katze hielt. Ich setzte meine Brille auf und entdeckte, daß es eine große Ratte war, die größte und ekelhafteste, die ich je gesehen hatte. Die Kirche war in Aufruhr. Frauen kreischten. Wie sich herausstellte, war meine Ratte nicht die einzige hier. Eine alte Frau, die vom Cheyenne River per Anhalter zweitausend Meilen weit gefahren war, um nach Washington zu kommen, beschwerte sich, daß die Toiletten kaputt waren. Es war die erste Novemberwoche, und es gab keine Heizung. Ein älterer kanadischer Indianer schleppte sich an Krücken. Seine Beine waren verkrüppelt, und er konnte keinen bequemen Platz zum Ruhen finden. Ein junges Mädchen rief, daß es nicht nur Ratten gäbe, sondern auch Millionen Schaben. Ein junger Ojibway meinte, er hätte nicht die Slums von St. Paul hinter sich gelassen, um auf diese Weise untergebracht zu werden. Ich sagte ihm, daß ich nichts anderes erwartet hatte. Ob er wirklich geglaubt habe, daß ihn Nixon im Ferienhaus mit Spannteppichen und Farbfernseher aufnehme? Überall drängten sich in Decken gehüllte Grüppchen zusammen. Die Leute meinten: »Man hat uns eine anständige Unterbringung versprochen. Nun seht euch an, wie man uns behandelt. Wir sollten uns das nicht gefallen lassen.« Irgend jemand schlug vor: »Gehen wir doch alle zum BIA.« Es erschien uns ganz natürlich, zum Haus des Büros für Indianerangelegenheiten in der Constitution Avenue zu marschieren. Die würden uns aufnehmen müssen. Schließlich war das »unser« Haus. Außerdem war genau das der Grund, weswegen wir hergekommen waren, wir wollten uns über die Behandlung beschweren, die uns das Büro angedeihen ließ. Auf einmal schien jeder von dem Drang besessen zu sein, zum BIA zu eilen. Das nächste, woran ich mich erinnere, ist, daß wir drin waren. Wie eine riesige Woge ergossen wir uns in das Gebäude. Ein paar Leute stellten auf dem Rasen davor ein Tipi auf. Wachen wurden bestimmt. Sie legten rote Armbinden an oder befestigten regenbogenfarbene Stoffetzen an ihren Hemden oder Denimjacken. Sie beobachteten die Türen. Stammesgruppen belegten diesen oder jenen Raum mit Beschlag, die Irokesen in einem Stockwerk, die Sioux in einem anderen. Die Indianer aus Oklahoma, die Leute von der Nordwestküste – alle besetzten einen festen Platz. Die Kinder spielten, und die alten Frauen machten es sich auf den Sofas im Foyer bequem. Eine Trommel dröhnte. Ich roch Kinnikinnick – indianischen Tabak. Über der Eingangstür brachte jemand ein Schild an, auf dem »Indianergebiet« stand. Das Gebäude gehörte schließlich uns, und wir verloren keine Zeit, es in ein Stammesdorf zu verwandeln.

Meine kleine Gruppe ließ sich in einem Zimmer im zweiten Stock nieder. Es war hübsch – dicke Teppiche, gedämpftes Licht, weiche Sofas und Clubsessel. Die Bürokraten wußten zu leben. Sie hatten Marmortreppen, schmiedeeiserne Geländer, schöne Statuen und Gemälde, die den Edlen Wilden darstellten, und wertvolles Kunsthandwerk. Ich hörte jemanden Sioux sprechen, öffnete eine Tür, und da war Leonard Crow Dog, der mit ein paar jungen Männern sprach, ihnen sagte, weshalb wir hier waren, und erklärte, was das alles zu bedeuten habe. Einer winkte mir zu: »Still, Crow Dog redet!« Jung wie ich war, schien mir Crow Dog ein alter Mann zu sein, alt und vertrauenswürdig, er war damals aber erst zweiunddreißig. Mir fiel nicht im Traum ein, daß ich eines Tages Kinder von ihm bekommen würde.

Die Besetzung des BIA-Gebäudes war nicht geplant gewesen. Wir hatten ernstlich angenommen, daß für unseren Aufenthalt Vorbereitungen getroffen worden waren. Als sich die Versprechungen – wie es einer unserer Führer ausdrückte – als die sattsam bekannte alte Büffelscheiße herausstellten, hatten wir das BIA einfach besetzt. Es war ein typisch indianisches spontanes Ereignis. Niemand hatte es uns befohlen. Für Befehle waren wir auch nicht sehr zugänglich, das ist nicht unsere Art. Die verschiedenen Stammesgruppen berieten in ihren Räumen und entschieden darüber, welche Anträge eingebracht werden sollten. Von Zeit zu Zeit gingen alle in den großen Saal hinunter und trugen die Vorschläge vor. Der Versammlungssaal hatte eine Bühne, viele Stühle und eine Lautsprecheranlage. Die Diskussionen wurden immer damit eröffnet, daß einer der Medizinmänner eine Zeremonie abhielt. Die erste Lkw-Ladung Verpflegung wurde, glaube ich, von einer schwarzen Bürgerrechtsorganisation herangeschafft. Später dann spendeten verschiedene kirchliche Gruppen und andere Sympathisanten Nahrungsmittel und Geld. In dem Gebäude gab es eine Küche und eine Cafeteria, und wir stellten schleunigst Gruppen für das Kochen, den Abwasch und die Abfallbeseitigung zusammen. Einige Frauen wurden dazu bestimmt, auf die Kinder zu achten, für die Alten wurde gesorgt und ein Mediziner-Team geschaffen. Im Gegensatz zu dem, was gewisse Weiße glauben, können Indianer nämlich sehr gut diese Art der Selbstverwaltung improvisieren, ohne daß ihnen jemand sagt, was zu tun ist. Darauf warten sie nicht. Ich schätze, daß etwa sechs- bis achthundert Leute in dem Gebäude waren, man hatte aber nicht das Gefühl, es wäre überfüllt.

Die eigentlichen Anführer des Zuges hatten einen friedlichen und würdevollen Protest geplant. Es war sogar die Rede davon gewesen, für die Senatoren zu tanzen und zu singen und die Gesetzemacher zu einem indianischen Fest mit Röstbrot und Maismehlsuppe einzuladen. Dabei hätte es auch bleiben können, wenn irgend jemand bereit gewesen wäre, uns anzuhören. Aber man hatte die Losung ausgegeben, uns zu ignorieren. Die Leute, auf die es ankam, angefangen vom Präsidenten, sprachen nicht mit uns. Wir waren nicht erwünscht. Man behauptete sogar, wir wären Raufbolde, die nicht für die Indianer sprechen könnten. Die halbblütigen Stammesvorsteher mit ihren Gehältern und Spesenabrechnungen verurteilten uns bis zum letzten Mann. Nixon schickte irgendeine Null, um uns sagen zu lassen, daß er für die amerikanischen Indianer mehr getan hätte als jeder Vorgänger und daß er keinen Grund dafür sähe, weshalb wir nach Washington gekommen seien, und daß er Wichtigeres zu tun habe, als mit uns zu sprechen – wahrscheinlich mußte er heimlich die Reden seiner Besucher mitschneiden und Watergate vorbereiten. Wir fragten uns, worin all das Gute wohl bestehe, das er für uns getan haben wollte.

Wir hatten geplant, daß Crow Dog eine Zeremonie am Grab von Ira Hayes, des Pima-Indianers, abhalten sollte, der auf Iwo Jima die Ehrenmedaille des Kongresses erhalten hatte und der – vergessen und betrunken – in einem Straßengraben gestorben war. Aber die Armee, unter deren Obhut der Friedhof von Arlington stand, verbot diese Zeremonie, »weil sie politisch und nicht religiös sein wird«. Unsere Stimmung schlug allmählich um. Immer weniger war vom Tanzen und Singen für die Senatoren die Rede, aber immer mehr davon, wie man nun weiterkommen könnte. Dennis Banks meinte, daß die AIM zwar gegen Gewalt sei, aber daß es wahrscheinlich ein zweites Watts brauche, um der Öffentlichkeit wieder das Gelöbnis der Ur-Amerikaner ins Bewußtsein zu rufen. Russel Means bemerkte einigen Reportern gegenüber, daß uns die Medien ignorierten und fragte: »Was müssen wir tun, um nur ein bißchen Beachtung zu finden? Jemanden skalpieren?« Bei dieser Gelegenheit habe ich gelernt, daß sich niemand auch nur im geringsten um uns scherte, solange wir uns »nett« verhielten, sobald wir aber gewalttätig wurden, bekamen wir jede Unterstützung und Aufmerksamkeit der Medien, die wir uns nur wünschen konnten.

Den Gefallen taten wir ihnen. Wir trieben die Polizei und die Wachen aus dem Gebäude. Ein paar warteten nicht, bis sie vertrieben wurden, sondern sprangen wie die Frösche aus den Fenstern im Erdgeschoß. Wir hatten zwanzig indianische Forderungen formuliert. Alle wurden von den paar Bürokraten, die man uns zu Verhandlungen geschickt hatte, abgelehnt. Das einzige, was bei diesen Gesprächen herauskam, war, daß ein weißer Beamter ein indianisches Baby für einen Schnappschuß hochhielt und sagte: »Ist sie nicht süß?« Wir waren weder zum Babyküssen noch zum Arschkriechen hergekommen. Die gemäßigten Anführer verloren ihre Glaubwürdigkeit. Das war nicht ihre Schuld. Schon bald hörten wir auf andere Stimmen, als sich nämlich die Besetzung in eine Belagerung verwandelte. Ich hörte jemanden schreien: »Die Schweine sind hier!« Vom Fenster aus sah ich, daß es stimmte. Das ganze Gebäude war von Polizisten mit Helmen und jeder Art von Schußwaffen umstellt. Zwischen der Polizei und unseren Sicherheitskräften brach ein Kampf aus. Einige unserer jungen Männer wurden mit Gummiknüppeln auf den Kopf geschlagen, und wir sahen, daß ihnen das Blut über die Gesichter strömte. Es gab ein Gerücht, das sich schließlich bewahrheitete, man habe uns ein Ultimatum gestellt: Entweder räumen – oder...!

Ich spürte, wie die Spannung im Gebäude stieg, wie sie in mir stieg, wie in einem Ameisenhaufen, in dem jemand mit einem Stock herumstochert. Ich hörte eine Frau kreischen: »Sie kommen, sie werden uns alle umbringen!« Die Männer fingen an zu rufen: »Frauen und Kinder nach oben! Geht rauf!« Ich aber ging nach unten. Draußen sah ich die Einsatztruppe. Man hatte eben zwei Indianer zusammengeschlagen und schleppte sie nun fort, ins Gefängnis. Wir verbarrikadierten alle Türen und die unteren Fenster mit Dokumentenkoffern, Xerox-Apparaten, Tischen, Aktenschränken – mit allem, was uns in die Hände fiel. Einige Brüder stellten schwere Schreibmaschinen auf die Fensterbretter, um sie auf die Polizisten hinunterzuschleudern, falls die versuchen sollten, das Gebäude zu stürmen. Junge Männer sangen und stießen gelle Schreie aus: »Es ist ein guter Tag zum Sterben!«

Dann begannen wir, Waffen für uns anzufertigen. Zwei oder drei Burschen entdeckten Pfeile und Bogen und beabsichtigten, sich damit zu verteidigen. Andere schwangen Golfschläger, um ein Gefühl für sie zu bekommen. Wieder andere befestigten Federmesser an Angelruten. Ein Brieföffner, der an ein Tischbein gebunden wurde, verwandelte sich in ein Tomahawk. Floyd Young Horse, ein Sioux aus Cherry Creek, war der erste, der sich nach alter Sitte das Gesicht mit Kriegsfarben bemalte. Schon bald tat es ihm eine Reihe junger Männer nach. Viele hüllten sich in umgekehrte amerikanische Fahnen – wie die alten Geistertänzer.

Ich nahm eine Schere auseinander, band die eine Hälfte an ein abgebrochenes Stuhlbein und ging nach draußen, um mich den Sicherheitskräften anzuschließen. Mein Bruder war einer von ihnen. Er sah mich und lachte. Er war vier Jahre bei der Marine gewesen und hatte mir beigebracht, wie man eine Achtunddreißiger auseinandernimmt, reinigt und damit schießt. Mich mit meiner armseligen Waffe zu sehen, das machte ihn fertig. »Was willst du mit dem Ding?« – »Ihnen in die Eier stechen, ehe sie mich kriegen!«

Schließlich wurde die Polizei abgezogen, und man teilte uns mit, daß wir noch einmal vierundzwanzig Stunden Zeit hätten, das Gebäude zu räumen. Das war aber nicht das Ende der Auseinandersetzung. Von da an erhielten wir jeden Morgen eine richterliche Anordnung, bis 18 Uhr zu räumen. Wurde es 18 Uhr, standen wir da und waren bereit zu kämpfen. Ich glaube, viele Brüder und Schwestern waren darauf vorbereitet, direkt auf den Stufen des BIA-Gebäudes zu sterben. Als einer der AIM-Führer von einem Reporter gefragt wurde, ob die Indianer keine Angst hätten, daß ihre Frauen und Kinder verletzt werden könnten, sagte er: »Diesem Risiko waren unsere Frauen und Kinder vierhundert Jahre lang ausgesetzt und haben es akzeptiert.« Und wir alle riefen: »So ist es!« Ich glaube, ich habe in der ganzen Woche, die ich im BIA-Gebäude war, nicht mehr als fünf oder sechs Stunden geschlafen.

Besonders kritisch war es immer morgens und abends. Dazwischen gingen die Verhandlungen weiter. Ganze Gruppen von Sympathisanten kamen, sowohl gute Leute als auch überspannte Typen. Der Indianer-Bevollmächtigte Lewis Bruce blieb eine ganze Nacht im Gebäude, um seine Anteilnahme zu zeigen. Auch LaDonna Harris tat das, eine Kiowa-Comanchin, die mit einem Senator verheiratet war. Ein Bursche, der sich Wavy Gravy nannte, kam aus einem Ort in Kalifornien, der Hog Farm; er trug einen einzelnen riesigen Ohrring, fuhr in einem verrückt ausgeschmückten Bus vor und baute uns eine Lautsprecheranlage auf. Zur gleichen Zeit zerschnitt die Polizei alle unsere Telefonleitungen, außer der, die uns mit dem Innenministerium verband. Ein gewisser Reverend McIntire kreuzte mit einer ganzen Traube von Anhängern auf, die Wimpel schwenkten und fromme Lieder sangen. Er war uns als Rassist bekannt und als

Falke im Vietnamkrieg. Warum er uns unterstützen wollte, war uns ein Rätsel. Kameraleute und Reporter schwärmten durch das Gebäude, Touristen schossen Fotos von unseren Wachposten. Es war, als ob alle diese Weißen rund um das BIA auf eine Art Buffalo-Bill-Wildwest-Show warteten.

Der Höhepunkt war für mich nicht, daß sich unsere Männer bewaffneten, sondern daß Martha Grass, eine einfache Cherokee-Frau in mittleren Jahren, gegen den Innenminister Morton aufstand und ihm ihre Meinung sagte. Sie sprach frei von der Leber weg und für uns alle. Über Alltagsdinge redete sie, über Frauenangelegenheiten, Kinderprobleme, über alles. Sie schüttelte ihre Fäuste vor Morton und sagte: »Schluß mit eurem Bullenscheiß!« Es tat gut zu sehen, wie eine indianische Mutter gegen einen der höchsten Repräsentanten Washingtons auftrat. »Das ist unser Haus«, sagte sie ihm. Und dann zeigte sie ihm den gestreckten Mittelfinger.

Am Ende wurde ein Kompromiß erreicht. Die Regierung erklärte, sie könne wegen der Wahlwoche die Verhandlungen nicht weiterführen, aber man würde zwei hohe Regierungsbeamte damit beauftragen, unsere zwanzig Forderungen ernsthaft zu prüfen. Die Unkosten für die Heimfahrt würden uns erstattet werden. Niemand sollte gerichtlich verfolgt werden. Natürlich ging man hinterher nie auf unsere zwanzig Punkte ein. Praktisch war nichts erreicht worden. Wir hatten uns wie gewöhnlich untereinander gestritten. Moralisch aber war es ein großer Sieg. Wir hatten dem weißen Amerika gemeinsam die Stirn geboten, nicht jeder Stamm für sich. Wir waren gegen die Regierung aufgestanden und hatten unsere Feuertaufe bestanden. Wir waren nicht davongelaufen. Es war, wie Russel Means es ausdrückte, »ein höllisches Rauchsignal« gewesen.

7. Kapitel
Das Verlangen nach einem Traum

Die Realität des weißen Mannes
sind seine Straßen mit ihren Banken,
Läden, Neonlichtern, dem Verkehr,
sind die Straßen voller Polizisten,
Huren und verhärmter Leute,
die vorbeihasten, weil sie
eine Stechuhr drücken müssen.
Aber das ist unwirklich.
Die wirkliche Realität liegt hinter all dem.
Der Große Vater Peyote hilft dir,
sie zu finden.

Crow Dog

Man muß wissen, daß die Bewegung für die Rechte der Indianer vor allem eine geistige Bewegung war und daß ihr unsere alte Religion am Herzen lag. Bis zu den Zeiten von Franklin D. Roosevelt war die indianische Religion verboten. Kinder wurden bestraft, wenn sie indianisch beteten, Männer kamen ins Gefängnis, weil sie ein Schwitzbad genommen hatten. Unsere heiligen Pfeifen waren zerbrochen, unsere Medizinbeutel verbrannt oder in Museen ausgestellt. Die Christianisierung war eine Möglichkeit, uns weiß zu machen, das heißt, uns vergessen zu lassen, daß wir Indianer waren. An unserer alten Religion festzuhalten war der Versuch, dieser Art eines langsamen Todes zu widerstehen. Solange Leute mit der Pfeife beten oder die kleine Wassertrommel schlagen, werden die Indianer nicht verschwinden, sondern als Indianer weiterexistieren. Deshalb rührten unsere Kämpfe für indianische Rechte während der letzten hundert Jahre aus unserem alten Glauben her. Und unter dem Einfluß der AIM und anderer Bewegungen kehrten sich immer mehr Ureinwohner von den Missionaren ab und gingen zurück zu den Medizinmännern und den Peyote-Leuten.

Auch ich ging diesen Weg. Je radikaler ich wurde, um so mehr hielt ich mich an indianische Traditionen. Weißen mag das widersprüchlich erscheinen, aber für mich und meine Freunde war es die natürlichste Sache der Welt. Angefangen hatte das schon, als ich noch Kind war. Ich spürte, daß die Art Christentum, die uns die Priester und Nonnen in St. Francis auftischten, nicht gut für meine Verdauung war. Jesus wäre ja schon ganz recht gewesen, aber ich hatte das Gefühl, daß ihn die weiße amerikanische Gesellschaft vereinnahmt hatte, damit er ihren Zwecken diente. Die Leute, die uns Whiskey und Blattern gebracht hatten, waren mit dem Kreuz in der einen und dem Gewehr in der anderen Hand gekommen. Und im Namen des barmherzigen Jesus hatten sie dieses Gewehr gegen uns eingesetzt. Unsere heilige Pfeife aber und der Große Vater Peyote waren nicht vereinnahmt worden, und deshalb fühlte ich mich instinktiv zu ihnen hingezogen. Nicht, daß ich das damals schon in diese Worte hätte kleiden können.

Um Indianer sein zu können, mußte ich zu den Vollblutindianern gehen. Meine Mutter und meine Großmutter waren Indianer, ich aber war ein Halbblut und konnte mich damit nicht abfinden. Die Halbblutindianer, die Iyeskas, haben sich niemals wirklich um jemand anderen als sich selbst gekümmert, glaubte ich, sie hatten gelernt, daß nur ein »gesunder Egoismus« zu den Segnungen der Zivilisation hinführt. Vollblutindianer haben ein Herz. Sie sind bescheiden. Und sie sind bereit, ihr Glück – wie wenig es auch sein mag – zu teilen. Sie bleiben auch dann auf ihrem Land, das für sie etwas Heiliges bedeutet, wenn es ihnen nichts einbringt. Iyeskas haben kein Land, sie haben es schon vor langem verkauft. Wann immer weiße Geschäftsleute ins Reservat kommen und einen Handel anbieten, weil sie nach Kohle oder Uran graben wollen, sagen die Iyeskas: »Machen wir, das Geld nehmen wir. Kaufen wir ein neues Auto und einen Farbfernseher.« Die Vollblutindianer sagen nichts. Sie sitzen auf ihrem kleinen Fleckchen Land und rühren sich nicht von der Stelle. Ihnen ist es zu danken, daß noch ein paar Indianer übrig sind. Zu meinen eigensinnigen alten Verwandten fühlte ich mich hingezogen, zu Männern wie meinem Onkel Fool Bull, der immer von einem gesegneten Kraut sprach, einer heiligen Medizin, die ein besonderes Geschenk des Schöpfers an die Indianer wäre. Er erzählte mir die Sage von einer alten Frau und ihrer Enkelin, die sich in der Wüste verlaufen hatten und dem Tode nahe waren, als sie eine leise Stimme zu ihnen reden hörten, die aus einem winzigen Kraut kam, das ihnen das Leben rettete, und wie die Frauen diese heilige Medizin zu ihrem Stamm brachten und zu allen Menschen auf dieser Halbkugel. Ich lauschte diesen Geschichten und sagte eines Tages zu meiner Mutter: »Wenn ich groß bin, will ich als Indianer leben!«

Das mochte sie aber nicht hören. Sie geriet außer sich, war sie doch katholisch und hatte mich in ihrem Glauben erzogen. Sogar zur Kommunion hatte sie mich geschickt. Manchmal versuche ich mir vorzustellen, wie ich in meinem weißen Kleid mit Schleier und Kerze ausgesehen haben mag, und muß jedesmal lächeln. Ich war damals nach außen weiß und innen rot, das ganze Gegenteil von einem Apfel. Es war der alte Großvater Dick Fool Bull, der mich zu meinem ersten Peyote-Meeting mitnahm. Erst als ich erwachsen war, erfuhr ich mehr über ihn und fand heraus, daß er ein naher Verwandter war. Bei meinem letzten Peyote-Meeting mit ihm war er schon über hundert Jahre alt.

Er stand auf und sprach fast drei Stunden lang. Er bereitete sich auf seinen Tod vor. Über den Weg in die ewigen Jagdgründe sprach er, über die Milchstraße, die große, allerletzte Straße, die ihn zu all seinen alten Freunden führen würde, zu Carl Iron Shell und Good Lance. Er sprach darüber, wie es sein würde, wieder mit ihnen und mit Menschen seiner Art zusammen zu sein, einer Art, die ausgestorben wäre, Menschen, die schon damals hundert Jahre alt waren, als Großvater Fool Bull noch jung war, und die ihn erwarten würden, mit einer Trommel und vielleicht mit einem Kessel voll dampfendem Büffelfleisch. Er sehnte sich wirklich danach zu gehen. Und er erinnerte sich an alle möglichen Dinge, zum Beispiel daran, wie er einmal in einem alten Saloon war und sich an die Bar lehnte, hinter der bis hinauf zur Decke eine Wand aus Bier- und Whiskeyfässern aufgestapelt war. Und dann kamen diese beiden Weißen herein. Sie gerieten in Streit und fingen an, aufeinander zu schießen. Großvater Fool Bull schaffte es, hinter ein Faß Old Crow zu kriechen. Kaum hatte er sich eingerichtet, kam eine Kugel, schlug dicht neben seinem Kopf ein und durchlöcherte dabei das Faß, und all der gute Red-Eye-Whiskey sprudelte heraus, und sein offener Mund war direkt unter diesem Loch, so daß er es sich bei einem fröhlichen Besäufnis in seinem Versteck gutgehen ließ, während diese verrückten weißen Hundesöhne eine volle Stunde brauchten, um sich umzubringen.

Er sprach auch darüber, daß er auf alte indianische Art beerdigt werden wollte, in seine Sternendecke gehüllt, und Crow

Dog sollte für ihn beten und Süßgras verbrennen. Er war ganz und gar nicht traurig. Er scherzte sogar und hatte noch alle seine fünf Sinne beisammen. Auch war er nicht schwach oder krank. Er glaubte eben nur, daß für ihn die Zeit gekommen wäre, diese Straße zu gehen. Und kurze Zeit danach starb er. Ich wünschte, ich hätte mich bemüht, ihn besser kennenzulernen, solange noch Gelegenheit dazu war. Er war der letzte bei uns, der noch wußte, wie man die Siyotanka, die alte Werbeflöte der Sioux, herstellt und auch spielt. Als ich vor einem Jahr am Stammesbüro vorbeiging, hatte ich eine Vision, die sehr wirklich erschien. Ich sah Fool Bull dort stehen, mit einer seiner Flöten in der Hand. Ich wollte hingehen und sagen: »Wie wunderbar, Großvater Fool Bull, du bist also nicht tot.« Aber da verwandelte er sich in einen anderen und war nur ein müßiger alter Mann, der sich an die Wand des Büros lehnte und auf Gott weiß was wartete.

Ja, Großvater Fool Bull nahm mich also zu meinem ersten Peyote-Meeting mit, und ich saß die ganze Nacht dicht neben ihm. Und obwohl ich ein junges Mädchen war, nahm ich eine ganze Menge von der Medizin. Ich sah viele gute Dinge und hatte mit einemmal begriffen. Ich begriff die Wirklichkeit, die in dieser Medizin ist, begriff, daß dieses Kraut unser Erbe ist, unsere Tradition, daß es unsere Sprache spricht. Ich wurde Teil der Erde, weil Peyote aus der Erde kommt und manchmal sogar nach Erde schmeckt. Und so war die Erde in mir und ich in ihr, in indianischer Erde, die mich noch mehr zum Indianer machte. Und Peyote war für mich das Volk, war lebendig, war eine Erinnerung an längst vergangene Dinge.

Die Medizin wurde mir in der Nacht viermal gebracht, von einem Mann, den ich nicht kannte. Ich bekam sie vor Großvater Fool Bull, weil ich rechts neben ihm saß. Der Mann sagte etwas zu mir, auf indianisch und sehr schnell. Damals konnte ich noch nicht Sioux sprechen, aber ich hatte das Gefühl, daß ich verstand, was er sagte, daß ich die Bedeutung seiner Worte begreifen konnte. Ich war dazu in der Lage. Ich hörte meine längst verstorbenen Verwandten zu mir sprechen. Es war eine Empfindung, eine Botschaft, die mit der Stimme der Trommel zu mir kam, von dem Stab herunterkam, im Schwirren der Federn sprach und im Rauch des Feuers atmete, im Geruch der brennenden Zeder. Ich fühlte den Trommelschlag in meinem Herzen, mein Herz wurde zur Trommel, und beide schlugen und schlugen und schlugen. Ich habe Stimmen gehört, und ich wußte nicht, ob ich glauben sollte, was sie mir sagten, was der Große Vater Peyote zu mir sagte. Auch heute noch kann ich es nicht erklären.

Als die Sonne aufging und wir unser Frühstück zu uns genommen und das eiskalte Wasser des Stromes getrunken hatten, fühlte ich mich wie noch nie zuvor. So glücklich, so gut. Als ich nach Hause kam, platzte ich Mutter gegenüber damit heraus, daß ich bei einem Meeting der Kirche der amerikanischen Ureinwohner gewesen war. Mam war verletzt. Schließlich zuckte sie mit den Schultern und meinte: »Na ja, das ist deine Sache. Ich kann dir nicht vorschreiben, was du tun sollst!« Sie fügte aber auch etwas hinzu, was mir gefiel: »Denk immer daran, der Indianer ist Gott am nächsten.« Ich verstand, was sie meinte.

Zwei Wochen später war ich bei meiner Großmutter und hatte einen Traum. Es war gegen Morgen. Ich versuchte aufzuwachen, konnte aber nicht. Ich war wach, aber auch nicht wach. Ich konnte mich nicht bewegen. Ich schrie. Einmal öffnete ich die Augen und sah Großmutter am Bett sitzen. Sie fragte, ob alles in Ordnung sei, aber ich konnte nicht antworten. In meinem Traum war ich in einem früheren Leben gewesen. Ich sah Tipis und lagernde Indianer, die sich um ein Feuer drängten, lächelten und Büffelfleisch kochten, und dann sah ich plötzlich weiße Soldaten in das Lager reiten, Frauen und Kinder umbringen, vergewaltigen, Hälse durchschneiden. Es war so wirklich, sehr viel wirklicher als in einem Film – Bilder und Geräusche und Gerüche. Bilder, die ich nicht sehen wollte, aber gegen meinen Willen sehen mußte; das Kreischen von Kindern, das ich nicht hören wollte, aber anhören mußte. Und alles, was ich tun konnte, war schreien. Da gab es eine alte Frau in meinem Traum. Sie hatte einen Packen auf dem Rükken – ich konnte sehen, daß er schwer war. Sie sang ein altes Lied. Es klang so traurig, schien eine zweite Dimension zu haben, wunderschön, aber nicht von dieser Welt, und sie stöhnte, während sie es sang. Und die Soldaten kamen und töteten sie. Ihr Blut wurde vom Gras aufgesogen, das sich rot färbte. Die Indianer lagen alle tot auf der Erde, und die Soldaten zogen ab. Ich konnte den Wind hören und den Hufschlag ihrer Pferde, und die Stimmen der Geister der Toten versuchten, mir etwas zu sagen. Ich muß Stunden geträumt haben. Ich weiß nicht, warum ich solch einen Traum hatte, aber ich denke, daß ich es eines Tages wissen werde. Und ich bin ganz sicher, daß dieser Traum aus der geistigen Kraft des Peyote entstand.

Noch lange danach fühlte ich mich bedrückt, so als wäre mir alles Leben ausgesogen worden. Ich ging noch zur Schule und war zu jung, um solche Träume zu haben. Und ich war bekümmert darüber, daß wir ein Leben führen mußten, für das wir nicht auf diese Welt gekommen waren. Ich fragte mich, warum alles so schlecht für uns stand, warum die Indianer so leiden mußten. Eine Antwort fand ich nicht.

Crow Dog sagt immer: »Der Große Vater Peyote hat keinen Mund, aber er spricht; er hat keine Augen, aber er sieht; er hat keine Ohren, aber er hört, und er bringt dich dazu zuzuhören.« Leonard liest und schreibt nicht. Er sagt: »Der Große Vater Peyote ist mein Lehrer, mein Erzieher.« Als er wegen Wounded Knee im Gefängnis war, besuchte ihn der Gefängnispsychiater in seinem »Haus« – so nennen sie ihre winzigen Zellen. Crow Dog sagte zu ihm: »Ich brauche Sie nicht. Peyote ist mein Psychiater. Mit der Kraft dieses heiligen Krautes könnte ich Sie analysieren.« Der Kümmerling wußte nicht, was er davon halten sollte. Einem Richter sagte Leonard einmal: »Peyote ist mein Anwalt.«

Crow Dog ist ein Peyote-Mann. Er zeigt den Menschen die Straße des Lebens. Erst als ich mit ihm verheiratet war, fing ich an, diese Medizin wirklich zu verstehen. Leonard hat das Peyote, das wir Peyuta oder Unkcela nennen, und er hat seine heilige Pfeife. Er ist Peyote-Priester, aber auch traditioneller Lakota-Medizinmann, ein Yuwipi, und er ist Sonnentänzer. Einige Leute kritisieren ihn und uns alle, die wir an seinen Zeremonien teilnehmen. Sie meinen, wir sollten entweder das eine oder das andere tun, an Peyote glauben oder an die Pfeife, nicht an beides. Aber Leonard kann seine Überzeugungen nicht in einzelne kleine Schubfächer stecken. Er sieht in allen alten indianischen Religionen nur verschiedene Seiten einer einzigen großen, allumfassenden Macht, die Teil der gleichen Schöpferkraft ist. Der Große Vater Peyote ist nur eine der vielen Gestalten, die Wakan Tanka, Tunkashila, der Große Geist annimmt. Die Peyotekugel, die Pfeife, ein Reh, ein Vogel, ein Schmetterling, ein Kieselstein – sie alle sind Teil des Geistes. Er ist in ihnen, und sie sind in ihm.

Träume und Visionen sind für uns sehr wichtig, wichtiger vielleicht noch als jede andere Erscheinungsform der Religion. Ich habe Indianer aus Süd- und Mittelamerika getroffen, aus Mexiko und vom Polarkreis. Sie alle beten um Visionen, sie alle »verlangen nach einem Traum«, wie es die Sioux nennen. Einige haben eine Vision, wenn sie vier Tage und Nächte in einer Höhle oder auf einem einsamen Hügel fasten. Andere haben ihre Visionen, wenn sie die langen Tage des Sonnentanzes hindurch fasten und leiden und in das blendende Licht der Sonne starren. Die Geistertänzer gingen so lange im Kreis herum und sangen, bis sie in Ohnmacht fielen und ihre Körper verließen, die Erde verließen und zwischen den Sternen die Milchstraße entlangwanderten. Wenn sie wieder zu sich kamen, erzählten sie, was sie gesehen hatten. Man sagt, daß einige in ihren zusammengeballten Fäusten »Sternenfleisch« und »Mondsteine« fanden. Wieder andere empfangen ihre Träume aus dem Blitz und Donner des Gewitters. Manche Stämme bekommen ihre Visionen mit Hilfe von heiligen Pilzen oder Jimsonweed. Und nicht wenige erfahren ihre Erscheinungen im kochendheißen Dampf der Badehütte. Was Crow Dog erfährt, und zwar ebenso im Ringen um eine Vision wie bei einem Peyote-Meeting, nenne ich in Ermangelung eines treffenderen Begriffs »plötzliche Offenbarungen«.

Der aztekische Name für die heilige Pflanze war Peyotl, was Raupe bedeutet, weil dieser Kaktus ähnlich wie die Raupe einen feinen Flaum hat. Unser Sioux-Wort für Medizin ist Pejuta. Peyote, Pejuta – das klingt sehr ähnlich. Möglich, daß das nur ein Zufall ist. Sicher aber ist, daß Peyote aus Mexiko zu uns gelangte. In den siebziger Jahren des vorigen Jahrhunderts beteten die Kiowas und die Comanchen mit dieser Medizin und begründeten das, was sie die Kirche der amerikanischen Ureinwohner nannten. Bis heute ist die Peyote-Religion bei den meisten Stämmen bis hinauf nach Alaska verbreitet. Da aber Peyote nördlich des Rio Grande nicht wächst, müssen wir unsere Medizin aus der Grenzregion holen. Es ist der Südwesten, wo wir unseren »Peyotegarten« haben.

Peyote kam gerade in dem Augenblick zu den Prärieindianern, als sie es am dringendsten brauchten, zu einer Zeit, da der letzte Büffel getötet war und die Stämme in eingezäunte Reservate getrieben wurden, wo sie buchstäblich verhungerten und an den Krankheiten der Weißen starben, all dessen beraubt, was ihrem Leben einen Sinn gegeben hatte. Die Kirche der amerikanischen Ureinwohner wurde die Religion dieser Ärmsten der Armen, der Besiegten, Ausgeraubten. Peyote ließ sie verstehen, was vorging, und ließ sie durchhalten. Es war das einzige, was ihnen in diesen unseren schwärzesten Tagen Kraft gab. Unsere einzige Sorge ist, daß uns die Weißen auch noch das nehmen werden, so wie sie alles andere genommen haben. Ich bin sicher, daß in diesem Augenblick ein paar Leute sagen: »Das ist viel zu gut für diese blöden Indianer. Wir sollten es ihnen wegnehmen und selber high sein.« Manchmal kommen Weiße zu Leonard, um den Medizinmann zu besuchen, so wie jemand auf den Rummelplatz geht, um das Kalb mit den zwei Köpfen zu sehen, und häufig sind ihre ersten Worte: »He, Häuptling, hast du ein bißchen Peyote?« Ich habe schon Weiße gesehen, die Peyote mißbrauchen, indem sie es wie irgendeine andere Droge nehmen, um sich anzutörnen. Unsere heilige Medizin wird bereits knapp.

Für einen Indianer ist es vollkommen legal, Peyote zu kaufen und als Sakrament bei einer religiösen Zeremonie zu benutzen – es zu einem vernünftigen Preis zu kaufen. Da Peyote eingezäunt ist wie wir Indianer, und da es schwierig wird heranzukommen, verkaufen es überall entlang der Grenze zu Texas Dealer zu unverschämten Preisen an die Leute der Kirche der amerikanischen Ureinwohner. Für die Verkäufer ist das so etwas wie ein Goldrausch. Peyote ist von einer Inflation betroffen. Es ist dem Gesetz von Angebot und Nachfrage unterworfen, und der Verkauf ist ein Geschäft geworden – man stelle sich das vor, ein Kraut, das wild und im Überfluß wächst, das die Natur seit Anbeginn der Zeit zum Nutzen der Eingeborenen aus dem Boden hervorbringt.

Durch Peyote verstand ich mich selbst und die Welt um mich herum. Es ließ mich erkennen, wie würdevoll mein Volk ist, wie würdig Peyote ist und wie gut es sein kann. Es ist so gut und kann doch gefährlich werden, wenn man es falsch anwendet. Man muß die richtige Einstellung haben, muß es auf die rechte Weise nehmen. Wenn Leute schlecht darüber denken, kann es ihnen schaden. Mir hat Peyote nie geschadet, mir hat es immer gutgetan. Mir hat es geholfen, wenn sonst nichts anderes helfen konnte. Der Große Vater Peyote kennt einen, man kann sich vor ihm nicht verbergen. Er läßt das ungeborene Baby im Leibe seiner Mutter tanzen, er hat die Macht dazu. Wenn man diese Medizin richtig anwendet, dann spürt man, wie einen Kraft durchflutet, wie man Power bekommt, die Power von einer anderen Welt, die nur einem selbst und niemandem anderen verliehen wird. Auch dieser Begriff von Power ist allen Indianern gemeinsam, ob sie nun Peyote nehmen oder nicht.

Peyote ist eine einigende Kraft, das ist eine seiner wichtigsten Segnungen. Diese Kraft brachte Stämme in Freundschaft zusammen, die vorher Feinde waren, und sie half uns bei unserem Kampf. Ich ging den Peyote-Weg, weil ich den Weg der AIM gewählt hatte. Für mich wurden die beiden zu einem Weg. Ich habe viele Stämme besucht. Sie haben unterschiedliche Kulturen und sprechen verschiedene Sprachen. Sie haben vielleicht sogar unterschiedliche Rituale, wenn sie von dieser Medizin nehmen. Sie mögen eifersüchtig aufeinander sein und behaupten: »Wir sind der bessere Stamm. Unsere Männer haben besser gekämpft als eure. Wir machen alles besser.« Aber wenn sie sich erst einmal im Peyote-Tipi treffen, dann sind alle Unterschiede vergessen. Dann sind sie keine Navajos mehr oder Poncas, keine Apachen oder Sioux, sondern nur noch Indianer. Sie lernen die Lieder der anderen und merken, daß sie wirklich alle gleich sind. Peyote macht aus vielen Stämmen einen einzigen. Und das gleiche ist es mit dem Sonnentanz, der ebenfalls dabei hilft, die verschiedenen Indianervölker zu vereinigen.

Die Worte unserer Lieder sind ein Echo auf die heilige Wurzel, auf die Stimmen der kleinen Kieselsteine in der Kürbisrassel, auf die Stimmen der Elstern- und Fliegenschnäpperfedern, aus denen der Peyotefächer besteht, auf die Stimme aus der Wassertrommel und auf den Schrei der Wasservögel. Peyote schenkt einem eine Stimme, ein Lied der Verständigung, ein Gebet um Gesundheit oder um Leben für unser Volk. Ich habe einmal gesehen, wie ein Stern durch die obere Öffnung des Tipis leuchtete. Er beschien den heiligen Altar, und das regte mich zu einem Lied an. Viele Lieder haben keinen Text, aber man kann Worte hineinlegen, wenn man will. Peyote macht das möglich. Frauen nehmen stets an Peyote-Meetings teil, aber lange wurde erwartet, daß sie nicht singen. Sie sollten auch nicht mit dem Stab beten, denn der Stab ist ein Mann, und Frauen sollten nicht versuchen, wie Männer zu sein. Ich war eine der ersten Frauen, die bei den

Meetings sangen. Ich habe eine sehr hohe Stimme, und man hat mir gesagt, daß ich wie ein trauriges kleines Mädchen klinge. Leonards Schwestern sind alle gute Sängerinnen, vor allem Christine mit ihrer tiefen, kräftigen Stimme. Jetzt singen viele Frauen, halten dabei den Stab und schütteln die Rassel.

Leonard ist der beste Peyote-Sänger im ganzen Land, und das sage ich nicht nur, weil ich seine Frau bin. Er kennt buchstäblich Hunderte und Aberhunderte verschiedene Lieder von vielen Stämmen. Und mindestens hundert Lieder hat er selbst erdacht. Aber obwohl seine Lieder ganz traditionell sind, drückt er in ihnen etwas Neues und Besonderes aus, was nur schwer zu erklären ist. Manchmal scheint seine Stimme keinem gewöhnlichen menschlichen Wesen zu gehören. Ein anderes Mal wieder klingt es, als ob zwei oder drei Leute zusammen singen, nicht nur er allein. Vogelrufe hat er in seine Lieder aufgenommen. Er hat ein paar Lieder über den Erdkuckuck gemacht, und während man ihn in Sioux singen hört, kann man gleichzeitig den Ruf des Erdkuckucks hören. Man wurde schwören, daß da ein Erdkuckuck durch das Tipi rennt, immer rundherum, aber er existiert nur in dem Lied.

Wenn ich mit Poncas, Otos, Winnebagos oder Cheyennen im Kreis zusammensitze, fühle ich mich wie bei meinem eigenen Volk. Wir können uns nicht verstehen, es sei denn, wir sprechen Englisch, aber durch Peyote sprechen wir die gleiche Sprache, in einem geistigen Sinn. Die Zeremonie kann von Stamm zu Stamm unterschiedlich sein, ein wenig jedenfalls, nicht viel. Im wesentlichen aber ist sie immer gleich. Die Navajos benutzen bei ihrem Ritual Maisblattzigaretten, während wir die Pfeife nehmen und Can-shasha, den indianischen Weidenrindentabak. Die Navajos geben ihrem Hauptaltar die Form eines Halbmondes, ein anderer Stamm macht es anders. An einigen Orten werden die Meetings im Haus in einem ganz gewöhnlichen Raum abgehalten, der für diesen Zweck aufgeräumt und gesäubert worden ist. Woanders wieder trifft man sich vorzugsweise in einem Tipi. Wenn Navajos Leonard besuchen, hält er seine Zeremonie auf Navajo-Art ab. Gehen wir nach Arizona hinunter, dann richten uns die Navajos ein Meeting nach Art der Sioux aus. Die Unterschiede sind geringfügig. Immer dauert das Meeting von Sonnenuntergang bis Sonnenaufgang, und immer gibt es die Lieder, den Stab, die Rassel, den Fächer, die Trommel, das Rauchen, das Feuer und den Schluck kalten Wassers. Erst hinter der Grenze wird Peyote deutlich anders angebetet. Im Jahr 1975 veranstaltete Leonard einen Geistertanz bei sich, und zu unserer großen Überraschung tauchten ein paar mexikanische Indianer auf – Yaquis, Huichols und Nahuatls. Woher sie von dem Geistertanz wußten und was sie nun eigentlich veranlaßt hatte, diese weite Reise zu Crow Dog zu machen, das blieb ein Geheimnis. Einer, ein Bursche aus Oaxaca, kam in seiner typisch mexikanischen Indianerkleidung und sagte, sein Nahua-Name wäre Warmer Südwind. Mit ihrem eigentümlichen Lakota-Humor nannten ihn die Sioux sogleich Sanftes Lüftchen. Wir fanden schnell heraus, daß diese indianischen Brüder aus dem Lande der Azteken und Maya ebenfalls Peyote-Leute waren, aber nach dem, was sie uns erzählten, ähnelten ihre Rituale den unseren nicht im geringsten und gingen bis in die Anfänge der Geschichte zurück.

Der Peyote-Stab ist ein Mann. Er ist lebendig. Er ist, wie mein Mann sagt, ein »heißer Draht« zum Großen Geist. Die Gedanken wandern an dem Stab hinauf, und Botschaften kommen herunter. Die Rassel ist ein Kopf, ein Schädel, eine Geisterstimme. Die Wassertrommel ist das Wasser des Lebens, der Herzschlag der Indianer. Ihr Fell ist unsere Haut. Sie spricht mit zwei Stimmen – eine hoch und klar, die andere tief und dumpf. Die Trommel ist rund wie der heilige Reif, der keinen Anfang und kein Ende hat. Der Zedernholzrauch ist der Atem von allem Grünen, Lebendigen, und er reinigt und macht alles, was er berührt, heilig. Auch das Feuer ist lebendig und ewig. Die Flamme wird von einer Generation zur nächsten weitergegeben. Der Federfächer ist ein Kriegskopfputz. Er fängt Lieder aus der Luft ein. Crow Dogs Vater, Henry, hatte einen Fächer aus Elsternfedern, und die Elster lehrte ihn ein Lied. Elsternfedern dienen zum Heilen. Federn von Wasservögeln sind die Gefährten des Peyote-Priesters. Der Wasservogel ist das Hauptsymbol der Peyote-Religion. Ein Fächer aus seinen Federn wird vom Priester dazu benutzt, das Wasser zu segnen. Habichtsfedern sind gut für die Verständigung. Ein Fliegenschnäpperfächer steht für die indianischen Mütter, die indianischen Mädchen mit schwarzem Haar und weißer Wildlederkleidung. Jedermann möchte einen Fächer aus Arafedern besitzen, aber an die ist schwer heranzukommen.

Der Ara spricht alle Sprachen und bringt die Stämme einander näher. Mit einem Fächer aus den Federn des Ara-Papageis kann man gute Visionen haben. Es ist merkwürdig, daß in vorgeschichtlichen indianischen Ruinen von vor etwa tausend Jahren in New Mexico, Arizona und Colorado Federn und andere Überreste von Aras gefunden wurden. Ich habe auch jahrhundertealte Felszeichnungen gesehen, die Papageien darstellen. Die Federn, Mumien und Zeichnungen dieser Papageien werden etwa fünfzehnhundert bis zweitausend Meilen nördlich der Gegenden gefunden, wo diese großen Papageien wild vorkommen. Das beweist, daß die nordamerikanischen Pueblo-Indianer Kontakt mit den Azteken und den Tolteken hatten. Ich frage mich oft, ob die vorgeschichtlichen Anasazis auch Peyote-Leute waren und ihre Aras einführten, um die Federn bei den Ritualen zu benutzen. Vielleicht werde ich das eines Tages herausfinden.

Die ersten Anhänger der Kirche der amerikanischen Ureinwohner wurden von den Missionaren und Regierungsagenten schikaniert, nicht weil sie Peyote als Sakrament benutzten, sondern weil alle indianischen Rituale für ungesetzlich erklärt worden waren, da sie der Anpassung der Indianer an die Weißen im Wege standen. Bis vor kurzem mußten in vielen Staaten alle, die mit der heiligen Medizin beteten, ins Gefängnis. Die Familie meines Mannes fiel diesen Schikanen schon frühzeitig zum Opfer. Die Crow Dogs waren in unserem Reservat mit die ersten, die sich der Peyote-Kirche anschlossen. Das war um 1918 oder 1920. Leonards Vater, Henry, hatte schon einen kleinen Jungen, bevor mein Mann geboren wurde. In den frühen dreißiger Jahren lebte die Familie in St. Francis, einer von katholischen Priestern beherrschten Stadt mit einer großen Missionsstation und einer kirchlichen Internatsschule. In einer Winternacht hörte ein Priester den Klang der Peyote-Trommel. Die Spur führte zu Henry Crow Dog, bei dem eine Zeremonie im Gange war. Die BIA-Polizei bekam Order, Crow Dog aus der Stadt zu vertreiben. Er war der faule heidnische Apfel, der das Faß mit den guten, christlichen, unterwürfigen Äpfeln verdarb. Die Polizei packte Crow Dogs Habseligkeiten, seine Frau und die Kinder auf seinen alten Pferdewagen und befahl ihm, aus St. Francis zu verschwinden, anderenfalls würde man ihn ins Gefängnis werfen. Ein Schneesturm wütete, und die Gewalt der Schneestürme in South Dakota liegt jenseits all dessen, was sich ein Städter aus dem Osten vorstellen kann. Henry fuhr seinen Wagen etwa zehn Meilen weit zu seinem Stückchen zugeteilten Land. Von seinem eigenen Land, dachte er, könnte ihn niemand vertreiben. Den ganzen Weg fuhr er dem Sturm entgegen, manchmal durch tiefe Schneewehen. Das kostete ihn die ganze Nacht. Als er in den ersten Morgenstunden sein Land erreichte, mußten sie alle im Wagen schlafen. Das war der einzige Schutz gegen die eisigen Winde, den sie hatten. Damals gab es dort noch kein Haus. Kurz nachdem es hell geworden war, starb der kleine Junge an Unterkühlung. Er war zwei Jahre alt – ein großer Bruder, den Leonard nie kennengelernt hat. Der Glaube, für den man gelitten hat, wird einem noch teurer. Je mehr die Crow Dogs und andere traditionsbewußte Familien wegen ihres Glaubens verfolgt wurden, um so hartnäckiger hielten sie an ihm fest.

Nach Wounded Knee, als ich Crow Dogs Frau wurde, ging ich mit ihm in den Süden hinunter zu seinen, wie er es nannte, Peyotegärten. Das schloß immer eine Rundreise von etwa dreitausend Meilen und Aufenthalte bei verschiedenen Stämmen am Wege mit ein. Ich muß gestehen, daß ich anfangs die typischen Sioux-Vorurteile gegen einige Stämme im Süden hatte. Sie schienen mir zu friedlich und selbstzufrieden zu sein, »nicht dem Kampf verpflichtet« – vornehmlich die Pueblos. Sie kannten nicht die Abneigung der Prärieindianer gegen den Ackerbau und zogen ihr Getreide und ihre Hülsenfrüchte auf Feldern, die sie schon Hunderte von Jahren bebaut hatten, ehe der erste Weiße seinen Fuß auf diesen Kontinent setzte. Mit der Zeit erkannte ich, daß sie eine innere Stärke hatten, die uns Prärieleuten fehlte, eine Stärke ohne Machogehabe, ohne Prahlerei, was für große Krieger sie seien oder gewesen waren. Ich mußte die Art bewundern, mit der sie sich die Regierung vom Leib hielten, Touristen und Fotografen nicht hereinließen und es fertigbrachten, ohne Schauspielerei oder Auseinandersetzungen an ihrer alten Lebensweise festzuhalten. Sie arbeiteten und waren sehr rührig. Insgesamt hatten sie weniger Probleme mit dem Alkoholismus als wir. Natürlich, sie waren von Anbeginn an Bauern gewesen, große Töpfer und jetzt auch Schmuckhersteller. Durch ihren Ackerbau und das Kunsthandwerk waren sie in der Lage gewesen, sich an das System anzupassen, ohne von ihm überrollt zu werden.

Sie lebten sehr viel besser als wir nördlichen Stämme. Ihre schönen traditionellen Ziegelhäuser waren bequem, hatten moderne Badezimmer und Küchen. Sie saßen an behaglichen Kaminen. Ihre Fußböden waren mit schönen indianischen Teppichen ausgelegt, von den Dachsparren hingen Schnüre mit roten Chilischoten. Das Familienauto vor der Tür war stets neu und geputzt, nicht wie unsere alten Sioux-Karren mit nur einem Scheinwerfer und einem zerschlagenen Fenster. Ich bemerkte auch, daß die Frauen in der Pueblogesellschaft eine große Rolle spielten. Ihnen gehörten die Häuser, und sie hatten sie auch wirklich selbst gebaut. Die Kinder bekamen oft den Familiennamen der Mutter, nicht den des Vaters. Söhne schlossen sich der Sippe ihrer Mütter an. Das alles machte mich schon ein wenig neidisch. Keine Frage, die Pueblos waren glücklich. Im Gegensatz zu uns armen Sioux, die wir in eingezäunte Reservate getrieben worden waren, lebten sie immer noch in ihren uralten Dörfern, die schon alt gewesen waren, als die Spanier kamen. Und trotzdem haben die Pueblos viele der gleichen Probleme wie wir Sioux. Sie müssen ihr Land und ihr Wasser vor Investoren, vor Bergbaugesellschaften, die Raubbau betreiben, vor Uransuchern und Dammbauern schützen. Und manchmal glaube ich, daß sie das mit ihrer ruhigen Art besser können als wir aufbrausenden Lakotas. Durch die Reisen und das Zusammentreffen mit vielen Stämmen lernten wir eine Menge. Ich jedenfalls.

Da wir Bescheinigungen und andere Dokumente haben, die belegen, daß wir im Auftrag der Kirche der amerikanischen Ureinwohner von Dakota handeln und daß Leonard sowohl Beauftragter als auch Priester dieser Kirche ist, können wir jetzt ganz legal nach Texas und Mexiko hinuntergehen, um unsere Medizin zu beschaffen. Leonard muß nur seine Papiere vorweisen, um so viel Peyote zu bekommen, wie er will – wenn er dafür bezahlen kann. Es bedurfte einiger scharfer gerichtlicher Auseinandersetzungen, um das zu erreichen. Eines der spaßigsten Verfahren, das er gewann, entstand aus einem Zwischenfall im Navajo-Reservat. Leonard war von ein paar Freunden zu einem Peyote-Meeting eingeladen worden. Es wurde von einem Navajo geleitet, aber Leonard übertrug man den Posten des Feuer-Chiefs. Zu

Beginn kam eine Indianerfrau mit einem Weißen herein und erklärte: »Das ist mein Mann, und deshalb kann er teilnehmen.« Dieser weiße Bursche war wie ein Hippie herausstaffiert. Er hatte lange Haare und trug überall Perlen. Angezogen war er wie ein Indianer. Er nahm etwas von der Medizin und schien davon berauscht zu werden. Jedenfalls spielte er den Betrunkenen. Mitten im Meeting stand er plötzlich auf, um nach draußen pinkeln zu gehen; als er ins Tipi zurückstolperte, bückte er sich nicht tief genug, um durch das Eingangsloch zu kommen. Sein langes Haar verfing sich und wurde ihm vom Kopf gezogen. Es war eine Perücke. Darunter hatte er kurzgeschnittene Haare. Und auf einmal sagte er: »Ich bin der Sheriff von Holbrook, ich verhafte den ganzen Haufen hier.« Das war so grotesk, daß alle Indianer in Gelächter ausbrachen.

Als es zur Verhandlung kam, lautete eine der Anklagen, daß die Indianer einen Weißen hätten teilnehmen lassen. Sicher, Leonard war nur Gast gewesen, es hatte nicht bei ihm gelegen, den Weißen teilnehmen oder nicht teilnehmen zu lassen. Als Leonard an die Reihe kam, sagte er: »Herr Richter, wenn es einem Weißen verboten ist, diese Medizin zu nehmen, dann hat der Sheriff sein eigenes Gesetz gebrochen. Wir haben das nicht getan, denn es ist uns schon seit langem erlaubt, dieses Kraut als Sakrament zu benutzen. Aber ich denke, der Sheriff hat kein Gesetz verletzt, weil das ein religiöses Treffen war und auch ein Weißer das Recht hat teilzunehmen, wenn wir es gestatten – jedenfalls solange die Zeremonie den Regeln entsprechend gehalten wird. Religionsfreiheit hört nicht am Eingang eines Peyote-Tipis auf. Außerdem und zuallererst hatte der Sheriff auf Indianerland keine Rechtsgewalt. Innerhalb des Reservats war er nur Tourist. Allein die Stammespolizei hätte das Recht zu einer Verhaftung gehabt. Das ist alles, was ich zu sagen habe.« Wir gewannen den Prozeß, und das war eine Grundsatzentscheidung zugunsten der Peyote-Kirche.

Zu den Peyotegärten fahren wir gewöhnlich mit vier bis fünf Autos oder Lastwagen. Es bedarf einer ziemlichen Zahl von Leuten, um die Ernte einzubringen. An der Grenze gibt es »Verteiler«, die Peyote-Dealer. Beim letzten Mal mußten wir für tausend Kugeln über hundert Dollar bezahlen. Fünf Jahre zuvor waren es nur fünfundzwanzig Dollar gewesen. Das ist die Inflation. Bei den letzten paar Fahrten aber gingen wir zu keinem Dealer, wir ernteten selbst. Die Medizin auf die rechte, fromme Art zu erlangen ist nicht nur billiger, sondern auch sehr viel passender, als sie wie Aspirin oder Hustenbonbons zu kaufen.

Wir fanden eine Stelle, an der die Wüste mit Peyote übersät war. Peyote ist eine Art Kaktuspflanze. Bei Sonnenaufgang standen wir auf, und Leonard hielt eine Gebetszeremonie, die uns – wie er sagte – dazu verhelfen sollte, viel Medizin zu finden, weil uns das Gebet an die richtigen Stellen leiten würde. Dann schwärmten wir aus und sahen uns um. Die ganze Fläche war mit Kakteen, mit Joshua-Bäumen, Brombeergestrüpp und Kreosotbüschen bedeckt. Einige Kakteen waren riesig, bis zu zwanzig Fuß hoch. Der Peyote saß zwischen all diesen Dornen und Stacheln, es war wirklich schwer heranzukommen. Ich hatte das Gefühl, daß es gut wäre, dafür zu arbeiten und zerkratzt zu werden, das gab in meinen Augen der Ernte eine besondere Bedeutung.

Zufällig fand Barbara den Hauptpeyote. Er war groß, in sechzehn Abschnitte unterteilt – viermal die heilige Zahl der vier Himmelsrichtungen. Wenn man einen Hauptpeyote findet, dann betet man für ihn, zu ihm und mit ihm. Wir meinen, daß jedes einzelne Mitglied und jede Familie der Kirche der amerikanischen Ureinwohner einen Hauptpeyote im Hause haben sollten. Findet ihn also jemand, einer, der noch keinen hat, dann graben wir ihn mit der ganzen Wurzel und dem Ballen aus und nehmen ihn mit. Barb hatte noch keinen, also half ihr Leonard beim Ausgraben, gab ihn ihr und sagte: »Nimm diesen Peyote und bete mit ihm, wann immer du Hilfe brauchst.« Die Pflanze gedieh gut. Barb hielt sie feucht, und sie wuchs heran. Jede Woche war eine kleine Blüte an dem Hauptpeyote. Jedesmal, wenn ich ihn sah, schien er wieder gewachsen zu sein. War Barb nicht zu Hause, goß ihn Großmutter und paßte auf, daß er genug Licht bekam. Als meine Mutter eines Tages bei ihr zu Besuch war, meinte sie: »Warum wirfst du das Ding nicht hinaus?« Großmutter aber antwortete: »Mary und Barb halten sehr viel von dieser Pflanze, ich muß mich um sie kümmern, wenn die beiden nicht da sind.« Das zeigt, daß Großmutter viel mehr Indianerin war als Mam, und es zeigt auch die Kluft zwischen unserer Mutter und uns.

Manche Leute nehmen die ganze Peyotepflanze, aber wir beschlossen, nur die Spitzen zu nehmen und die Wurzeln nicht anzutasten, so daß die Pflanze wieder wachsen konnte. Es kostete uns etwas über zwei Wochen, fast fünfunddreißigtausend Peyotes zu ernten, genug für den ganzen Stamm und für ein Jahr. Als wir unsere Medizin einsammelten, kam der Rancher, dem das Land gehörte, und fragte, was wir da auf seinem Besitz trieben. Als wir es ihm erklärten, grinste er und sagte, daß wir jederzeit wiederkommen könnten. Wenn wir für das alles den Preis hätten zahlen müssen, den die Dealer damals gerade verlangten, dann hätte das bedeutet, auf Schuhe für die Kinder verzichten zu müssen. Wir hätten für den Rest des Jahres an Essen und allem anderen sparen müssen. Fünfunddreißigtausend Kugeln! Möglicherweise hatte diese viele Medizin auf seinem Land den Mann nachdenklich gemacht, ihn »sensibilisiert«, wie die Burschen von der AIM sagen würden. Diese erste Ernte war für mich eine neue Erfahrung. Ich wünschte mir, wieder hinauszugehen und es jedesmal etwas besser zu machen, auf frommere, verständigere Weise zu sammeln.

Einmal gingen wir nach Old Mexico ernten. Als wir in die Staaten zurückfuhren, lagen im ganzen Auto kleine Peyotes, all diese kleinen Kugeln überall, sogar auf dem Armaturenbrett. Irgend jemand sagte: »Jesus, es ist illegal, das über die Grenze zu bringen. Man wird uns verhaften und die Medizin wegnehmen.« Ich wollte aber unsere Medizin nicht aus dem Auto werfen, also entschloß ich mich, zusammen mit einem anderen Mädchen, sie zu verschlucken. Es schien uns, die Medizin hätte diese Achtung verdient. Als wir wieder in unser Motel in Texas zurückkamen, waren wir völlig aufgeputscht. Mein Kopf zersprang fast. Nimmt man die Medizin bei einer Zeremonie ein, dann hat sie nicht diese Wirkung. Da saß ich nun in unserem Zimmer auf dem Teppich und hatte Power in mir. Später erfuhren wir, daß die Zollbeamten Bescheid gewußt hatten, sie hatten Crow Dogs Bescheinigung gesehen und die anderen Autos vor uns mit einem Lächeln durchgewinkt – mit den Kugeln und allem anderen. Und ich hatte mit mir gekämpft, um eine Rekordmenge unserer Medizin in einer Rekordzeit in meinen Magen zu bekommen – umsonst. Später aber, im Motel, fühlte ich mich sehr gut!

8. Kapitel
Cankpe Opi Wakpala

> Als ich meinen Leib hierherbrachte,
> wußte ich, daß er zum Fraß
> für Würmer und Elstern werden kann.
> Ich habe meinen Leib weggeworfen,
> ehe ich hergekommen bin.
>
> Junger Mann vom Eagle Butte

Ich halte mich nicht für radikal oder revolutionär. Solche Etiketten heften uns die Weißen an. Alles, was wir immer wollten, war, allein zu sein und unser Leben so zu leben, wie wir es für richtig halten. Uns selbst zu regieren, und zwar in Wirklichkeit und nicht nur auf dem Papier. Dafür zu sorgen, daß unsere Rechte respektiert werden. Wenn das revolutionär ist, dann freilich paßt dieser Begriff auf mich. Wirklich, ich habe große Sehnsucht nach einem normalen, friedlichen Leben – normal im Sinne der Sioux. Ich hätte unsere dürftige Hütte, unser stinkendes Klo und unsere Armut hinnehmen können – aber nur zu meinen Bedingungen. Ja, ich hätte Armut akzeptiert, eine würdevolle Armut ohne jegliche Einmischung, aber nicht diese betrunkene, herabwürdigende und demütigende Armut, die wir ertragen mußten. Die Normalität aber hatte lange auf sich warten lassen. Selbst heute habe ich noch nicht den Frieden, nach dem ich mich sehne.

Als mein Mann in einem Hochsicherheitsgefängnis in Lewisburg, Pennsylvania, war, verbrachte ich viele Monate bei weißen Freunden in New York, um in seiner Nähe zu sein. Zum ersten Mal führte ich ein Leben, wie es weiße Amerikaner als »normal« betrachten. Und ich muß zugeben, daß ich daran durchaus Geschmack gefunden habe. Für eine junge indianische Landstreicherin wie mich war es ein neues, bequemes, aufregendes Leben. Ich wurde eine richtige New Yorkerin. Ich nahm meinen kleinen Pedro mit ins Village hinunter und kaufte wundervoll schmekkende Nachos für ihn und für mich Virgin Coladas. Schaufensterbummel liebte ich. Alles war so viel billiger als im Reservat, wo die Handelsposten keine Konkurrenz haben und die Preise verlangen, die ihnen passen. Wenn man arm ist, ist alles viel teurer. Ich ging zu Greene's in der 38. Straße, im Putzmacherviertel, und kaufte Perlen zu einem Sechstel des Preises, den der weiße Händler in Rosebud von den indianischen Kunsthandwerkern verlangt. Und man hatte eine viel größere Auswahl, Perlen, wie ich sie seit Jahren nicht mehr gesehen hatte, kaum zu unterscheiden von den alten aus dem neunzehnten Jahrhundert, wie etwa winzige, abgenutzt erscheinende grüne und gelbe Perlen oder geschliffene Glasperlen, wie sie die Kiowas für Peyotestäbe und Rasseln nehmen. Ich lernte die pikanten Gerichte aus Szechuan und Hunan schätzen, lernte, mit weißen Freunden zu reden, und verlor meine Schüchternheit, so daß ich sogar öffentlich Reden für meinen inhaftierten Mann halten konnte. Ich schwelgte in Badewannen mit fließend heißem und kaltem Wasser und gebe gern zu, daß mir moderne WCs sehr viel besser gefallen als unsere windschiefen Häuschen, obwohl die WCs Produkte der weißen amerikanischen Technologie sind, die ich normalerweise verurteile. Einmal verpulverte ich in einem Anfall von absoluter Verantwortungslosigkeit 99,99 Dollar bei einem Sonderverkauf bei Macy's für einen imitierten Persianerpelz. Ich nahm das Ding mit nach Hause, breitete es auf dem Fußboden unserer Hütte aus und kam mir wie ein saturierter Bürger vor. Das Fell hielt nicht lange, was kein Wunder war bei den Hunden, den Kindern und den vielen Leuten, die dauernd mit ihren Problemen zu mir kamen. Einmal zwängte sich sogar ein Pferd durch die unverschlossene Tür und ließ sich auf diesem meinem stolzen Besitz nieder. Dieses Fell war ein Symbol für die gute kleine Hausfrau, die ich hätte sein können. Es ist die Regierung, die mich so streitbar gemacht hatte. Geht man mit dem Hut in der Hand zu ihnen, als ein »verantwortungsbewußter, achtbarer« Apfel, außen rot und innen weiß, dann erreicht man nichts. Geht man als Kämpfer zu ihnen, erreicht man ebenfalls nichts, liefert ihnen aber eine Entschuldigung dafür, daß sie einen zugrunde richten. Aber wenigstens fühlt man sich nicht so beschissen. Wounded Knee entsprang ja nicht den Hirnen wilder Streithammel mit Schaum vorm Maul, sondern war die Idee von gesetzten, völlig unpolitischen, traditionalistischen Sioux, zumeist alten Sioux-Damen.

Der Ärger fing mit Dicky Wilson an oder eigentlich schon lange vorher, mit dem Gesetz über die indianische Reorganisation, aus dem Jahre 1934. Damals hatte ein Regierungsjurist gefunden, man müsse etwas für »Lo, den armen Indianer«, tun, und hatte eine Verfassung für alle Stämme geschrieben. Indianer sollten nach dem Muster der Regierung des Großen Weißen Vaters in Washington ihre eigenen kleinen Regierungen haben. Jede indianische Nation sollte einen gewählten Stammespräsidenten und einen Rat bekommen. Der arme unwissende Mr. Lo sollte teilhaben an den Segnungen der Demokratie, die ihm von allwissenden weißen Wohltätern beschert wurde. Die Leute, die sich das alles ausgedacht hatten, glaubten wahrscheinlich wirklich, uns damit etwas Gutes zu tun. Manchmal denke ich, daß uns die Wohlmeinenden mehr Leid zufügen als die General-Custer-Typen. An diesem plötzlichen Demokratiegeschenk waren zwei Dinge absolut falsch. Das schlimmste war, daß das Reorganisations-Gesetz die alte traditionelle Form der indianischen Selbstverwaltung zerstörte. Die Sioux hatten immer ihren Häuptlingsrat gehabt; andere Stämme wurden von ihren Clan-Müttern geführt oder – wie bei den Pueblos – von ihren Kaziken und Kikmongwis, den Priestern. Jede traditionelle indianische Führung gründete sich auf Religion. Das Reorganisations-Gesetz setzte eine Schicht von halb- und viertelblütigen Politikern ein, die im wesentlichen Washington verpflichtet waren. Die reinblütigen Traditionalisten erkannten diese Marionettenregimes niemals an und sahen in ihnen ein Werk der Weißen, das zum Vorteil der Weißen installiert wurde. Damit wollten sie nichts zu tun haben, und deshalb weigerten sie sich häufig, an den Stammeswahlen teilzunehmen. Die Folge war, daß in vielen Stämmen die an die Macht gekommenen Vorsitzenden nur von einer kleinen Minderheit von Onkel Tomahawks gewählt worden waren, die nicht das bodenständige Volk vertraten, sondern nur die ausgebildeten, wohlhabenden, landlosen Teil-Indianer. Eine ganze Reihe von Stämmen wurde durch das Reorganisations-Gesetz in »kooperationsbereite Anhänger« und »widerspenstige Gegner« gespalten. Die ersteren belegten gewöhnlich das Administrationszentrum eines Stammes mit Beschlag und die letzteren die abseits liegenden Siedlungsgebiete. Diese Spaltung, die 1934 geschaffen wurde, hat an manchen Orten bis heute gedauert.

Als zweites war an dem ganzen System falsch, daß die Stammesregierungen – so wie sie waren – nur sehr wenig tatsächliche Macht besaßen. Die Macht verblieb immer in den Händen des weißen Inspektors und der weißen BIA-Bürokraten. Es war der

Inspektor, der über das Geld verfügte und die wenigen Jobs verteilte, die es gab. Er hatte die Unterstützung Washingtons. Bei einem Konflikt zwischen dem Stammespräsidenten und dem Inspektor war es immer der weiße Inspektor, der sich durchsetzte. Das gleiche war der Fall bei den Stammesgerichten, die nur geringfügige Vergehen verhandeln durften – Gewalt gegen Ehefrauen, Geschwindigkeitsüberschreitungen, Trunkenheit, Ordnungswidrigkeiten und solche Sachen. Die sogenannten zehn Hauptverbrechen, die alles außer den einfachen Vergehen umfaßten, wurden außerhalb des Reservats vor Bundesgerichtshöfen mit weißen Geschworenen verhandelt. Es gab ein paar gute Stammesvorsteher, viele aber waren korrupt. Der typische schlechte Stammesvorsteher trieb Vetternwirtschaft und besetzte alle erreichbaren Ämter mit seinen Verwandten. Sein Bruder wurde Polizeichef, die Neffen Stammespolizisten, die Schwäger Stammesrichter und sein Onkel Vorstand des Wahlbüros. Man erkennt die Absicht. Wenn sich so ein Bursche erst einmal eingerichtet hat, ist es unmöglich, ihn loszuwerden.

Dicky Wilson in Pine Ridge war so ungefähr der übelste Stammesvorsteher dieser Art. Pine Ridge ist unser Nachbarreservat. Zusammen mit unserem, Rosebud, umfaßt es einen sehr großen Happen Land, etwa zwei oder drei Millionen Acres. Beides sind Sioux-Reservate. Die Leute sprechen die gleiche Sprache, haben die gleichen Rituale und Bräuche und heiraten untereinander. Die meisten Rosebud-Leute haben Pine-Ridge-Verwandte. Die Pine-Ridge-Sioux sind Oglalas – das Volk von Red Cloud und Crazy Horse. In den frühen sechziger Jahren mußten Wilson und seine Frau das Reservat verlassen, nachdem man ihn beschuldigt hatte, seine Arbeit als Klempner für das Wohnungsamt von Pine Ridge zum eigenen Vorteil ausgenutzt zu haben. Ein paar Jahre später kam er zurück und wurde zusammen mit einem anderen bezichtigt, unrechtmäßig Stammesgelder verwendet zu haben. Als er Stammespräsident wurde, hob er die Rede- und Versammlungsfreiheit im Reservat auf. Er verteilte Literatur der John-Birch-Society und führte Filme dieser Gesellschaft vor, die voller Haß und Feindseligkeiten waren. Er veruntreute Stammesgelder. Die Urnen von der Stammeswahl nahm er mit in seinen Keller und »zählte« dort die Stimmen aus. Am schlimmsten aber war, daß er seine Herrschaft mit Hilfe seiner Privatarmee durchsetzte, die als bezahlte Schlägertruppe bekannt und gefürchtet war. Gegnern seines Regimes wurden Sprengladungen an die Häuser gelegt und die Autos und Fenster mit Kugeln durchlöchert. Leute wurden geschlagen und erschossen. Pine Ridge erlebte eine rasante Zunahme an gewaltsamen Todesfällen, die nicht untersucht und aufgeklärt wurden. Die Leute hatten Angst, ihre Häuser zu verlassen. Einem kleinen Mädchen wurde ein Auge ausgeschossen. Die meisten der Opfer waren Leute, die gegen ihn opponiert oder ihn anderweitig beleidigt hatten. In seiner Gegenwart wurden Leute getreten und zusammengeschlagen. Die Dinge gerieten derart außer Kontrolle, daß sogar die geduldigen Vollblutindianer aus dem Hinterland zu murren anfingen, die ja sonst dafür bekannt sind, alles schweigend zu ertragen. Schließlich gründeten die alten Häuptlinge, die die Verträge unterzeichnet hatten, die Medizinmänner, die Stammesdolmetscher und die Traditionalisten eine Organisation, die als OSCRO bekannt ist – Oglala-Sioux-Bürgerrechtsorganisation. Ihr Kopf war Pedro Bissonette, ein enger Freund, der später unter mysteriösen Umständen von Wilsons Schlägern umgebracht wurde.

Während im Pine-Ridge-Reservat eine Art unerklärter Bürgerkrieg tobte, hatte sich im nahe gelegenen Rapid City, das von einigen Indianern die »rassistischste Stadt der Vereinigten Staaten« genannt wurde, die AIM durchgesetzt. Sie demonstrierte gegen die Wohnverhältnisse in den indianischen Slums, gegen Diskriminierung und gegen die Brutalität der Polizei. Und während in den Straßen und Bars von Rapid City Kämpfe zwischen den Indianern und Weißen entbrannten, wurde vor einem Saloon in Buffalo Gap, einem kleinen Nest unweit von Rapid City, Wesley Bad Heart Bull, ein Sioux, von einem Weißen erstochen. Verhandelt wurde der Fall in Custer, das tief in den Paha Sapa – unseren heiligen Black Hills – liegt, und dorthin strömten die AIM-Leute und auch viele Sioux aus Pine Ridge, Rosebud und Cheyenne River, die sich unter die AIM- und die OSCRO-Leute mischten. Zu den AIM-Führern gehörte Russel Means, der selbst aus Pine Ridge stammte, ein geborener und eingetragener Oglala. Sein Haus stand in Porcupine, etwa zehn Meilen von Wounded Knee entfernt. Wilson hatte angekündigt, er würde »Russel Means eigenhändig die Zöpfe abschneiden, wenn der je einen Fuß ins Reservat setzen sollte«. Er verbot Means, in Pine Ridge zu sprechen. Aber Russel ging doch dorthin, und Wilson ließ ihn zusammenschlagen. Russel landete mit einem Schädelbruch im Hospital, wurde aber bald wieder entlassen. In dieser explosiven Situation bat die OSCRO die AIM um Hilfe gegen die Schläger. Die Bühne war also vorbereitet.

Für mich begann Wounded Knee in Rapid City. Das ist John-Wayne-Land. Jeder versucht auszusehen wie der Bursche auf den Marlboro-Plakaten. Damals war ich noch nicht Crow Dogs Frau. Ich war mit einem jungen Mann zusammen gewesen, der nicht das Zeug zum Ehemann, geschweige denn zum Vater hatte. Er war aus meinem Leben verschwunden, aber ich war schwanger. Ich war im achten Monat und sehr dick. Daß ich klein bin, hob meinen enormen Bauch noch mehr hervor. Es schien, als ob die ganze Nation der Sioux, alle Sieben Lagerfeuer, nach Rapid City gekommen wäre, um gegen den Rassismus zu demonstrieren, für den die Stadt bekannt war. Mein Bruder war da und Barb, also war auch ich dort. Wir wohnten alle im Mutter-Butler-Seminar, einem Treffpunkt für indianische Aktivisten. Eines Nachts, ich versuchte zu schlafen, kam in heller Aufregung ein Mädchen namens Tooney herein, eine gute Freundin von mir, und sagte: »Diese ganze gottverdammte Stadt kann jeden Augenblick hochgehen!« Geschäftig holte sie ihren Rucksack herunter, zog ein Messer heraus und steckte es in den Stiefelschaft. Ihre Cowboystiefel waren mit Eisen beschlagen. Sie streckte sie vor und sagte: »Das sind meine ganz speziellen Treter. Ich bin auf dem Kriegspfad.«

Ich fragte: »Was ist los? Kann ich mit?« – »Nein«, meinte sie, »du nicht, keinesfalls. Nicht in deinem Zustand.«

Draußen drillten Russel und Dennis ein paar Burschen in gewaltlosen Taktiken. Wenn sie einmal pfeifen würden, sollten alle auf die Straße laufen. Bei einem zweiten Pfiff müßten alle wieder zurück zu Mutter Butler. Die meisten Jungs faßten das als Riesenspaß auf. Indianer lassen sich nicht gut drillen – nicht einmal von ihren eigenen Führern.

Von den Bars in Rapid City wußte man, daß sie für Indianer gefährlich waren. Die unausgesprochene Regel lautete: Betreten für Indianer auf eigene Gefahr. Man formierte Gruppen von Rothäuten, die die Saloons aufmischen sollten. Mich wollte niemand dabei haben, aber ich ging sowieso mit. Wir zogen von Bar zu Bar, und wo immer wir waren, verursachten wir einen Krawall. Ein Weißer sagte zu mir: »Gleich machen wir gute Injuns aus euch.« Da trat ich ihn vor das Schienbein, und er versetzte mir einen schweren Schlag auf die Brust. Blindlings griff ich an, und wir wälzten uns auf dem Boden. Sicher war das kein Benehmen für eine Lady in meinem besonderen Zustand. Aber eine Art von irrsinniger Wut schien von uns Besitz zu ergreifen, nicht nur von mir, von jedem. Rapid City war für uns schon immer ein schlimmes Pflaster gewesen, seit die Stadt – nachdem Custer in den Black Hills Gold gefunden hatte – auf uns gestohlenem Land gegründet worden war. Es gab nicht einen einzigen Sioux in Rosebud, Pine Ridge, Standing Rock, Cheyenne River oder Oak Creek, der keine Narben davongetragen hatte, Narben von Demütigungen, ungerechtfertigten Verhaftungen oder von Schlägen, die er in dieser Stadt bekommen hatte, in der die Jagd auf Indianer stets der wichtigste Sport war. Die Wut, die achtzig Jahre lang nur geschwelt hatte, kochte endlich in einer einzigen wilden Nacht über. Die Polizisten wurden zu Berserkern und tobten sich mit ihren Schlagstöcken aus, die sie jedem über den Kopf droschen, der indianisch aussah. Wahllos verhafteten sie Indianer, stopften sie in einen großen alten Überlandbus und karrten fast zweihundert von uns in das kleine, enge und altersschwache Gefängnis von Pennington. Diejenigen, die nicht verhaftet worden waren, tanzten in einer langen Reihe um das Gefängnis herum, trommelten und sangen Kriegslieder.

In diesem Augenblick sagte uns Dennis Banks, daß Wesley Bad Heart Bull von einem Weißen erstochen worden war und daß die Verhandlung in Custer stattfinden sollte, in den Black Hills und fünfundvierzig Meilen von Rapid City entfernt. Custer! Schon der Name war eine Provokation. Custer, eine Stadt, die an einem Ort errichtet worden war, den unsere Legenden als die Heimat der heiligen Donnervögel beschreiben und der jetzt durch Touristenfallen entweiht ist, zum Beispiel durch ein »nachempfundenes« Indianerdorf mit dem Schild: Seht, wie sie leben!

Ein paar Hundert von uns stellten eine Kolonne von dreißig Autos zusammen, um nach Custer zu fahren. Es war Anfang Februar 1973, es war bitterkalt und schneite heftig. Als wir ankamen, war das erste, was ich erblickte, ein riesiges Schild »Willkommen in Custer – der Stadt, in der es nach Pulver riecht«, und auf einem anderen Schild stand »Besuchen Sie die Schau: Wie der Westen erobert wurde!«. Der Pulvergeruch würde bald etwas strenger werden. Wir waren nicht hergekommen, um Krawall zu machen, sondern wir wollten sehen, wie Gerechtigkeit geschah. In South Dakota wurde der Totschlag an einem Indianer als einfaches Vergehen behandelt und blieb unbestraft, brachte aber ein Indianer einen Weißen um, dann wurde er zum Tode verurteilt und konnte sich glücklich schätzen, wenn sich das Urteil auf lebenslänglich herunterhandeln ließ. Diese Art von Gerechtigkeit, die mit zweierlei Maß mißt, hatten wir gründlich satt.

Wir sammelten uns vor dem Gerichtsgebäude. Zuerst ging alles würdevoll zu, sogar heiter. Eine Delegation von vier oder fünf Sprechern ging in das Gericht. Kurz darauf kam der Distriktstaatsanwalt lächelnd auf die Treppe heraus, um zu uns zu sprechen. Soweit ich mich erinnere, ging das ungefähr so: »Meine indianischen Frrrreunde! Ich verspreche euch, daß der Gerechtigkeit Genüge getan wird. Verlaßt euch darauf. Der Mann, der Wesley Bad Heart Bull getötet hat, wird mit der ganzen Strenge des Gesetzes bestraft werden – wegen fahrlässiger Tötung.«

Bei den Worten »fahrlässige Tötung« erhob sich heftiges Murren, sie waren wie ein Messer, das man uns in den Leib gestoßen hatte. Das bedeutete doch, daß wieder ein Indianerkiller ungeschoren davonkommen würde. Dennis, Russel und Crow Dog debattierten mit dem Distriktstaatsanwalt und forderten ihn auf, die Anklage nicht zu spezifizieren, sondern die Geschworenen entscheiden zu lassen, ob es sich um Mord oder nur um Totschlag handelte. Der Staatsanwalt wies das zurück. Danach ging es weder würdevoll noch heiter zu. Die Highway-Patrouille versuchte, die Sioux aus dem Gerichtsgebäude herauszuhalten. Es brach eine Schlägerei aus. Darauf hatten die Polizisten aber bloß gewartet – mit Helmen, Schußwaffen und langen Schlagstöcken. Sie knüppelten die Mutter des ermordeten Indianers, Sarah Bad Heart Bull, nieder und würgten sie, indem sie ihr einen Schlagstock auf den Hals preßten. Auch unsere Delegation im Gerichtsgebäude wurde attackiert. Ich sah, wie Russel herausgeschleift wurde – auf dem Boden sitzend, mit Handschellen gefesselt, betäubt und blutend. Er sagte zu den Polizisten: »Wir kämpfen um unser Leben, ihr kämpft bloß für euer Geld.« Crow Dog sprang durch ein zerschlagenes Fenster im Erdgeschoß, Dennis kam mit einem breiten Grinsen hinter ihm her: »Ich folge meinem geistigen Führer.«

Und dann war die Hölle los. Die Polizei setzte Tränengas, Rauchbomben und Wasserwerfer ein, um uns vom Gerichtsgebäude zu vertreiben. Einige ältere Männer und Frauen versuchten immer noch, sie zu überzeugen: »Das ist doch alles nicht nötig. Wir wollen nur angehört werden.« Aber es war zwecklos. Polizei und Indianer begannen, um die Straße vor dem Gericht zu kämpfen. Einem jungen Indianermädchen waren bei dem Gerangel die Kleider vom Leibe gerissen worden. Ich sah, wie zwei behelmte Schweine sie mit riesigen Stöcken fast nackt durch den Schnee schleiften. Sie blutete. Ein Mann, der vor Barb gestanden hatte, war bewußtlos geschlagen worden und lag wie ein Haufen alter Lumpen mitten auf der Straße. Eins der Schweine schrie uns an: »Ihr verfluchten Indianer habt hier genug angerichtet, wir werden euch in den Arsch treten! Ihr werdet keine Chance bekommen, diesen Ort zu zerstören, eher spalten wir euch eure gottverdammten Schädel!«

Da stießen die Sioux ihren Kriegsruf aus und griffen an. Sie machten sich daran, ein Polizeiauto, das auf der Straße geparkt war, zu zerstören. In ihrer Erbitterung sprangen sie auf ihm herum, traten dagegen und schlugen mit Fäusten darauf ein. Irgend jemand strich ein Streichholz an und warf es in den Benzintank. Es zündete nicht. Da goß ein anderer Benzin rund um den Wagen aus und versuchte, es anzustecken. Seine Streichhölzer wollten nicht brennen. Der Schnee hatte alles durchnäßt. Nun versuchten die Burschen, den Streifenwagen umzukippen und schaukelten ihn hin und her. Er rührte sich nicht von der Stelle. Jedermann ließ seine Wut an ihm aus, aber das Ding schien unzerstörbar. Barb lachte: »Diese vielen Indianer, und sie können nicht einmal ein lausiges Schweine-Auto fertigmachen!«

Leute liefen von Laden zu Laden, nahmen alles mit und zertrümmerten die Schaufenster. Zwei junge Männer kamen mit einer alten Blechbüchse voll Benzin an. Sie liefen die Stufen des Gerichtsgebäudes hinauf, begossen die Tür und schütteten etwas Benzin durch ein zerschlagenes Fenster. Ein paar andere Jungen rasten von der Tankstelle her mit brennenden Fackeln heran, solchen, die man auf die Straße legt, wenn man nachts ein Rad wechseln muß. Sie schleuderten die Fackeln gegen die Eingangstür, wo das Benzin eine Pfütze gebildet hatte, aber sie trafen nicht. Harmlos verzischten die Fackeln auf den Stufen. Weitere Fackeln wurden geholt. Ein Sheriff, der aussah, als wäre er einem zweitklassigen Westernfilm entstiegen, legte das Gewehr auf einen unserer Männer an: »Wenn du diese Fackel wirfst, erschieße ich dich, so wahr mir Gott helfe!« Die Schwestern schrien: »Mach es doch, schieß, schieß! AIM, AIM, AIM, jedes Ziel zählt!« Auch ich schrie. Ein Mädchen hatte eine Kerze, eine andere eine Petroleumlampe. Die jungen Männer bastelten Molotow-Cocktails und schleuderten sie. Die Polizisten brüllten: »Wir bringen jeden um, der eine Fackel wirft!«

Plötzlich ertönte ein gewaltiger Schrei: »Aaaaaahhhhhhh!« Es war der alte Bärenschrei, den die Sioux ausstoßen, wenn sie rasend werden. Das Benzin hatte Feuer gefangen. Ein Feuerwehrauto kam um die Ecke gebraust, und während die Feuerwehrleute und die Polizisten versuchten, das Gerichtsgebäude zu retten, legten wir an der Handelskammer – dem Nachbau eines Blockhauses – Feuer. Sie ging in Flammen auf, und es gab einen riesigen Brand, dessen Funken in alle Himmelsrichtungen flogen. Auch das Schild »Willkommen in Custer – der Stadt, in der es nach Pulver riecht« brannte hell. Die Frauen stießen den markerschütternden Tapferkeitsschrei aus. Plötzlich tauchte wie aus dem Nichts ein Tankwagen auf und hielt direkt vor der brennenden Handelskammer an. Der Fahrer war wie erstarrt. Er konnte sich kein Bild davon machen, was hier vorging. Er saß in seinem Fahrerhaus, die Augen aufgerissen und vor Angst wie versteinert, und wußte nicht, was er tun sollte. Mit offenem Mund starrte er in die Flammen. Wir winkten ihn weiter, aber er saß einfach nur da. Einer unserer Jungen steckte seinen Kopf in die Kabine und schrie ihn an: »Schaff deinen Arsch hier weg! Was hast du vor, willst du uns alle in die Luft jagen?« Er war so verstört, daß er uns fast leid tat. Gleichzeitig aber mußten wir lachen, so drollig war das. Schließlich wachte er auf und machte sich wie der Teufel davon, so schnell es sein Truck zuließ.

Der Kampf dauerte von morgens bis in den Nachmittag hinein, zum Glück wurde nicht geschossen, sondern nur mit Steinen, Fäusten und Schlagstöcken gekämpft. Viele Indianer wurden verhaftet und später vor Gericht gestellt. Sarah Bad Heart Bull wurde wegen Aufruhr und Brandstiftung angeklagt und mußte mit einer Höchststrafe von vierzig Jahren rechnen. Der Mörder ihres Sohnes wurde freigesprochen und brauchte überhaupt nicht einzusitzen, während Sarah tatsächlich ein paar Wochen im Gefängnis zubrachte, weil sie wegen ihres toten Sohnes zu einem Ärgernis geworden war. Barb war verhaftet worden, und man hatte ihr gesagt, daß sie zehn Jahre bekommen könnte, aber dann kam doch nichts nach, und man ließ sie gehen. Mich verhafteten sie nicht. Ich verließ Custer in einem Auto, das ein altes Abziehbild an der hinteren Stoßstange hatte: »Custer hat es bekommen!« Darüber mußte ich lachen. Noch am selben Abend, als wir wieder in Rapid City zurück waren, konnten wir uns im Fernsehen bewundern. Es war ein toller Tag gewesen.

Wir hatten nur wenig Zeit, um wieder zu Atem zu kommen. Die OSCRO-Leute aus Pine Ridge schickten uns dringende Hilferufe. Wilsons Schläger tobten herum und töteten und verstümmelten Leute. Die Alten der Oglala waren der Meinung, daß wir Zeit und Energie in Rapid City und Custer verschwendet hätten, während uns zu Hause das Messer an der Kehle saß. Und so setzte sich schließlich und endlich unsere Kolonne nach Pine Ridge in Bewegung. Wilson erwartete uns schon. Seine schwerbewaffneten Schläger waren durch eine ganze Anzahl Weißer verstärkt worden, die Remington- und Winchesterbüchsen in Halterungen hinter den Fahrersitzen dabei hatten und scharf darauf waren, einen Injun zur Strecke zu bringen. Auch die Marshals und das FBI waren gekommen, mit etwa dreißig gepanzerten Fahrzeugen, die mit Maschinengewehren und Raketenwerfern bestückt waren. Es waren SPWs, Schützenpanzerwagen. Das Stammesbüro hatte man mit Sandsäcken geschützt, und auf dem Dach war ein Maschinengewehr in Stellung gebracht worden. Die Indianer nannten es »Fort Wilson«. Jede unserer Bewegungen wurde beobachtet und mehrmals am Tag weitergemeldet. Noch rückten wir vor.

Um die Wahrheit zu sagen, ich hatte mich der Kolonne keineswegs mit der Absicht angeschlossen, etwas zu tun, was die Leute später dann »große symbolische Tat« nennen sollten. Ich wußte nicht einmal, daß wir uns bei Wounded Knee festsetzen würden.

Niemand wußte das. Ich bin mitgegangen, weil jeder mitging, weil ich jung war und weil es meine Art war vorwärtszugehen. Nie wäre mir eingefallen, nicht zu gehen. Damals war die Stadthalle von Calico, fünf Meilen nördlich von Pine Ridge, Versammlungsort der OSCRO und aller anderen, die gegen Wilsons Regiment waren. Nun schloß sich ihnen noch die AIM an. Die Leute hatten dort ein mehrtägiges Powwow abgehalten und hatten getanzt und gesungen, obwohl es Wilson verboten hatte.

Als wir hinkamen, war die Szene ganz friedlich. Die Kinder spielten Frisbee, die Älteren tranken aus Pappbechern Kaffee. Ein alter Mann sagte mir: »Was soll man machen? Gehörst du zur AIM, bist du ein mieser Renegat. Bist du für Dickie Wilson, dann bist du ein verdammter Schläger. Stehst du zur Regierung, bist du überhaupt kein Indianer mehr.« Alle alten Häuptlinge mit den historisch bedeutenden Namen waren da und auch alle Medizinmänner, Leute wie Fools Crow, Wallace Black Elk, Crow Dog, Chips und Pete Catches. Nur ein bedeutender Mann fehlte, und der war zu alt und zu krank, um dabeizusein. Selbst einige Stammesrichter waren da. Einer von ihnen sagte über das, was in Custer passiert war, zu den AIM- und OSCRO-Burschen: »In meinem Job muß ich wirklich gegen jegliche Zerstörung von Privateigentum sein, aber persönlich hat es mich gefreut, was ihr gemacht habt. Ihr hättet die ganze verdammte Stadt niederbrennen sollen.« Ganz im Gegenteil zu dem, was später die Medien behaupteten, war die überwiegende Mehrheit der Versammelten Sioux geboren und aufgewachsen im Reservat. Russel Means sprach ein paar Worte, an die ich mich noch erinnere, obwohl ich sie nicht genau wiedergeben kann. Der Sinn war etwa der: Wenn ich sterben muß, dann will ich nicht bei einer Kneipenschlägerei oder einem blöden Autounfall umkommen, sondern ich möchte, daß mein Tod einen Sinn hat. Vielleicht ist die Zeit gekommen, wo wir ein paar indianische Märtyrer brauchen. Und ein alter Mann meinte, daß er sein ganzes Leben in Pine Ridge in Dunkelheit zugebracht habe. Daß die Weißen und Männer wie Wilson über das Reservat eine Decke ausgebreitet hätten und daß er hoffe, wir würden die Decke herunterreißen und etwas Sonnenlicht hereinlassen.

Mir begann zu dämmern, daß das, was da geschehen und mich mit einschließen würde, ganz anders sein würde, als alles, was ich bisher erlebt hatte. Ich denke, daß jeder, der dort war, das gleiche empfand – eine Erregung, die uns den Hals zuschnürte. Aber noch immer gab es keinen genauen Plan, was wir tun wollten. Alle hatten angenommen, daß wir nach Pine Ridge gehen würden, dem Verwaltungszentrum des Reservats, dem Sitz von Wilson und der Regierungsgewalt. Wir hatten immer geglaubt, daß das Schicksal der Oglalas dort entschieden würde. Aber mit Fortgang der Gespräche wurde klar, daß niemand wollte, daß wir Pine Ridge stürmten – so besetzt wie es war durch Schläger, Marshals und FBI. Wir wollten nicht abgeschlachtet werden. In unserer Geschichte gibt es schon viel zu viele massakrierte Indianer. Aber wenn nicht Pine Ridge, was dann? Soweit ich mich erinnere, waren es die älteren Frauen wie Ellen Moves Camp und Gladys Bissonette, die zuerst die magischen Worte Wounded Knee aussprachen, die sagten: »Geht und haltet bei Wounded Knee stand. Wenn ihr Männer das nicht tut, dann bleibt hier und redet bis in alle Ewigkeit, dann werden wir Frauen es machen.«

Als ich Wounded Knee hörte, wurde ich sehr nachdenklich. Wounded Knee – Cankpe Opi in unserer Sprache – hat für unser Volk eine besondere Bedeutung. Da gibt es den langen Graben, in den die gefrorenen Leichen von fast dreihundert unserer Leute, meist Frauen und Kinder, hineingeworfen wurden wie Holzbündel. Und die Leichen sind noch immer dort in ihrem Massengrab, das bis auf eine Betoneinfassung nicht zu erkennen ist. Gleich neben dem Graben steht auf einem Hügel die weißgekalkte katholische Kirche und leuchtet im Sonnenschein, das Monument eines fremden Glaubens, der der Landschaft aufgezwungen wurde. Und unter ihr fließt Cankpe Opi Wakpala dahin, der Bach, an dem die Frauen und Kinder wie Tiere entlanggehetzt wurden von Custers alter Siebenter Kavallerie, die sich für ihre Niederlage dadurch rächen wollte, daß sie die Hilflosen abschlachtete. Das geschah vor langer Zeit, aber kein Sioux hat es je vergessen.

Wounded Knee ist Teil unserer Familiengeschichte. Leonards Urgroßvater, der erste Crow Dog, war ein Anführer der Geistertänzer. Er und seine Gruppe hatten den ganzen Winter in den eisigen Hohlwegen der Badlands ausgehalten, aber als sich die Soldaten daranmachten, alle Geistertänzer umzubringen, hatte er sich mit seiner Gruppe ergeben, damit seine Leute nicht getötet wurden. Alte Berichte beschreiben, wie Crow Dog sich einfach zwischen der Reihe der Soldaten auf der einen Seite und der der Indianer auf der anderen Seite, alle bereit und begierig darauf zu schießen, auf den Boden setzte. Er hatte sich mit einer Decke verhüllt und saß nur da. Keiner wußte, was er davon halten sollte. Die Anführer beider Seiten waren so verdutzt, daß sie nicht auf den Gedanken kamen, das Feuer zu eröffnen. Sie gingen zu Crow Dog, hoben die Decke an und fragten ihn, was er vorhabe. Und er sagte ihnen, da unter seiner Decke zu sitzen wäre das einzige, was ihm einfalle, um all die Hitzköpfe, weiße wie rote, so zum Staunen zu bringen, daß sie zu kämpfen vergäßen. Dann überredete er seine Leute, die Waffen niederzulegen. Und damit rettete er sie, nur wenige Meilen von dem Ort entfernt, wo Big Foot und seine Gruppe massakriert wurden. Und der alte Onkel Dick Fool Bull, ein Verwandter sowohl der Crow Dogs als auch meiner Familie, hat mir oft erzählt, wie er als kleiner Junge nur zwei Meilen weiter weg lagerte und das Gewehr- und Kanonenfeuer hörte, das unsere Leute niedermähte. Er hatte auch die Leichen gesehen und beschrieb mir, wie er den Leichnam eines kleinen Mädchens fand, dessen winziger Kopfputz mit einer amerikanischen Fahne geschmückt war.

Bevor wir nach Wounded Knee aufbrachen, beteten Leonard und Wallace Black Elk mit der Pfeife für uns. Ich zählte etwa fünfzig Autos voller Leute. Wir fuhren direkt durch Pine Ridge. Die Mischlinge und die Schläger, die Marshals und die Regierungsscharfschützen auf den Dächern beobachteten uns, weil sie annahmen, daß wir halten und eine Auseinandersetzung vom Zaun brechen würden, aber unsere Kolonne fuhr an ihnen vorbei und ließ sie verwundert hinter sich. Von Pine Ridge waren es nur achtzehn Meilen bis zu unserem Ziel. Leonard war im ersten Wagen, ich war weit hinten.

Am 27. Februar 1973 standen wir schließlich auf dem Hügel, auf dem das Schicksal der alten Sioux-Nation, des Volkes von Sitting Bull und Crazy Horse, entschieden worden war und auf dem wir unserem eigenen Schicksal von Angesicht zu Angesicht gegenübertreten wollten. Schweigend standen wir da, einige in ihre Decken gehüllt, jeder mit seinen Gedanken und Empfindungen allein und doch mit den anderen vereint, erschauernd vor Erregung und zitternd im Frost des dahinscheidenden Winters. Fast konnte man unsere Herzen schlagen hören.

Es war nicht sehr kalt an diesem vorletzten Februartag – jedenfalls nicht für einen Februar in South Dakota. Die meisten von uns hatten sich nicht einmal die Mühe gemacht, Handschuhe anzuziehen. Ich spürte, wie ein leichter Wind durch mein Haar strich und mir sanft ins Gesicht wehte. Ein paar Schneeflocken tanzten in der Luft. Wir alle empfanden die Gegenwart der Geister jener, die nahebei in dem langen Graben lagen, und wir fragten uns, ob wir uns zu ihnen gesellen würden, fragten uns, wann die Marshals kämen. Wir wußten, daß wir nicht lange auf sie würden warten müssen.

Die jungen Männer befestigten Adlerfedern an ihren Zöpfen, sie waren keine müßigen Kinder mehr, keine jugendlichen Verbrecher oder Alkoholiker – sie waren Krieger. Ich dachte an unsere alten Kriegerbünde – die Kit Foxes, die Strong Hearts, die Badgers, die Dog Soldiers. Die Kit Foxes, die Tokalas, pflegten lange Schärpen zu tragen. Manchmal stieg ein Tokala mitten im Kampf vom Pferd und befestigte das Ende seiner Schärpe am Boden. Damit bekundete er die Absicht, dort stehenzubleiben und auf dem auserkorenen Fleck kämpfen zu wollen, bis ihn der Tod ereilte oder ein Freund herbeigeritten kam und ihn losband oder bis zum Sieg. Jung oder alt, Mann oder Frau – wir alle waren Kit Foxes geworden, und Wounded Knee war der Ort, an dem wir uns selbst festgebunden hatten. Schon bald würden wir eingekreist sein, einen Rückzug würde es nicht mehr geben. Ich konnte mir nichts und niemanden vorstellen, die uns »losbinden« würden. Irgendwo da draußen auf der Prärie, die uns umgab, sammelten sich die Truppen der Regierung, die Truppen der größten Macht der Erde. Damals und dort entschloß ich mich, mein Baby in Wounded Knee zu bekommen – geschehe, was wolle.

Plötzlich war der Bann gebrochen, alle wurden geschäftig. Die Männer hoben Gräben aus und bauten Bunker, schichteten niedrige Wälle aus Schlackesteinen auf und schufen so rund um die Sacred Heart Church eine letzte Verteidigungslinie. Die wenigen, die Waffen besaßen, zumeist kleinkalibrige 22er und alte Jagdflinten, checkten sie durch. Wir hatten nur eine einzige automatische Waffe, eine AK-47, die ein Oklahoma-Boy als Souvenir aus Vietnam mitgebracht hatte. Insgesamt verfügten wir über sechsundzwanzig Schußwaffen – nicht viel im Vergleich zu dem, was die andere Seite gegen uns aufbieten würde. Keiner von uns gab sich der Illusion hin, daß wir Wounded Knee besetzen könnten, ohne auf Gegenwehr zu stoßen. Unsere Botschaft an die Regierung lautete: Kommt und diskutiert mit uns über unsere Forderungen oder tötet uns! Über das Telefon im Handelsposten rief jemand irgendeinen anderen draußen an, und ich konnte hören, wie er immer wieder stolz rief: »Wir halten Knee!«

9. Kapitel
Die Belagerung

Nach Wounded Knee zu kommen,
das war die natürlichste Sache der Welt.

Häuptling Frank Fools Crow

Ich fürchte mich nicht vor dem Sterben,
wenn ich in Wounded Knee sterbe.
Ich werde dahin gehen,
wo Crazy Horse und Sitting Bull
und unsere Väter sind.

Crow Dog

Die drei Zentren, um die sich die einundsiebzigtägige Belagerung von Wounded Knee drehte, waren die Sacred Heart Church, der Gildersleeve-Handelsposten und das Museum. Für uns war der Laden am wichtigsten, der ein kleines Reich für sich darstellte. Er bestand aus einem Laden für indianisches Kunsthandwerk und Gebrauchsgegenstände, einer Abteilung für Westernraritäten, einem Supermarkt, einer Cafeteria, die die miesesten vorgefertigten Tiefkühlpizzas anbot, die ich je gekostet habe, aus einer Tankstelle und der Wohnung für die Familie des Managers – das Ganze war ein Durcheinander von Anbauten über Anbauten. Das kreisförmige Museum war Teil des Handelspostens, war aber ein einzeln stehendes Gebäude, etwas weiter entfernt. Gildersleeve war immer bestrebt gewesen, den Ort unserer größten Tragödie gewinnbringend zu nutzen, und hatte daraus eine Touristenattraktion gemacht. Im Umkreis von fünfundsiebzig Meilen hatte er Tafeln aufgestellt: »Besuchen Sie den Ort des Massakers von Wounded Knee. Besuchen Sie das Massengrab. Postkarten, Raritäten. Lassen Sie sich das nicht entgehen!« Auf einigen der bewußten Postkarten waren unsere abgeschlachteten Männer und Frauen zu sehen, die in grotesken Verrenkungen steifgefroren waren. Andere Karten zeigten grinsende Soldaten vor den Leichen. Gildersleeve und sein Imperium, das Dollar für Dollar auf unserer Armut errichtet worden war, war uns stets bitter aufgestoßen.

Meine erste Nacht verbrachte ich in der Kirche unter den Augen der Jungfrau Maria und einiger Gipsheiliger. Ein paar junge Leute hatten die Kirchenbänke beiseite geschoben, eine Trommel geholt und angefangen, nach Indianerart zu tanzen. Der ältliche Priester begriff nicht, was vorging. Irgend jemand sagte zu ihm: »Sie sind Kriegsgefangener.« Da fing er an zu zittern. »Nee«, sagte ein anderer, »wir wollen bloß, daß Sie nach hinten gehen, falls geschossen wird. Wir möchten nicht, daß Sie verletzt werden.« Wie betäubt ließ er sich wegbringen. Dabei murmelte er vor sich hin, daß unser Tanz und unsere Trommel seine Kirche entweiht hätten. Eine Frau sagte ihm, daß er das falsch sähe, daß seine Kirche nämlich eine Entweihung für das Grab unserer hingeschlachteten Leute sei, die keine Christen gewesen wären. In den Hohlwegen heulten Koyoten.

Am Morgen wimmelten alle durcheinander. Stan Holder wurde zum Chef der Sicherheitstruppe ernannt, Bob Free zum Leiter der Techniker, die für Strom zu sorgen hatten. Crow Dog war der geistige Führer. Die Gewehre wurden gezählt. Irgend jemand maß die Benzinmenge, die in den Tanks der Tankstelle übriggeblieben war. Einige von uns Frauen gingen zum Laden hinunter, um die Bestände an Lebensmitteln und Konserven festzustellen. Unterwegs trafen wir eine ganze Safari, die Essen aus der Cafeteria heranschleppte, um für die Leute in der Kirche und die Krieger in den Bunkern Frühstück zu machen. Am Horizont tauchte ein Auto mit Schlägern auf. Ein paar Männer schossen danach, und es drehte hastig ab. Auf der Straße sah ich ein FBI-Auto herankommen, es hielt aber in sicherer Entfernung an. Wir wurden also beobachtet.

Dennis Banks hatte uns gesagt: »Nehmt nichts aus dem Laden.« Aber das hätte er sich sparen können, dort war schon alles vollkommen ausgeräumt. Ein junger Mann schien mit einem 30-30er-Gewehr glücklich zu sein, das er »freigesetzt« hatte. Schon hatten einzelne Indianergruppen ihr Territorium abgesteckt, Trennwände aufgestellt und sich häuslich in Kämmerchen eingerichtet – Sioux hier, Oklahoma-Boys da drüben, AIM-Burschen eine Tür weiter. Aus Resten von Bauholz fertigte man Tische und Betten an. Und ein paar Leute hängten indianische Plakate auf. Ein Junge malte Parolen an die Mauer. Eine davon lautete: »Belohnung! Die Zöpfe von Russel Means. Ein Zopf – 50 Dollar. Beide Zöpfe – 300 Dollar. Mit Means' Kopf 1000 Dollar.

Auszahlung im Stammesbüro!« Das war auf Wilsons Ankündigung gemünzt, Russel Means eigenhändig die Zöpfe abzuschneiden – ein Versprechen, das er nicht hielt. Ein anderes Schild versprach zwei Päckchen Bull Durham-Tabak für Wilsons Leiche – eingepökelt.

Kurz nachdem ich mein Lunch gegessen hatte – gebackene Bohnen aus der Büchse – kamen Flugzeuge tief über den Ort. In einigen saßen Fotografen. Am späten Nachmittag hatten dreihundert Marshals und FBI-Agenten einen lockeren Ring um uns geschlossen, und ihre gepanzerten Fahrzeuge blockierten die wenigen Straßen von und nach Wounded Knee. Im Gegenzug bauten wir eigene Straßensperren. Unseren ersten Unfall hatten wir auch schon. Ein Junge, der mit Schußwaffen nicht vertraut war, hatte sich einen Finger abgeschossen.

Wounded Knee dauerte einundsiebzig lange Tage. Diese Tage wurden nicht alle mit Heldentaten oder Medienspektakeln für die Reporter zugebracht. Die meiste Zeit hatte man Langeweile und versuchte eben, sich warmzuhalten oder etwas zu essen zu finden. Wounded Knee war ein Ort, der einem hin und wieder Furcht einflößte, ein Ort, an dem sich Leute liebten, auf indianische Art heirateten, Kinder bekamen und starben. Die ältesten Besetzer waren über achtzig, die jüngsten noch keine acht Jahre alt. Es war ein Heyoka-Ort, ein Ort der heiligen Clowns, die unter Tränen lachten. Ein junger Mann stand mitten in einem Feuergefecht auf, um für die Presse zu posieren. Und Russel Means sagte zu den Fotografen: »Paßt auf, daß ihr meine gute Seite erwischt.«

Wir richteten uns ein. Der größte Raum des Ladens wurde der Versammlungsraum. Das Haus eines Weißen, das einzige mit Heizung und fließendem Wasser, wurde Krankenstation, die von Frauen geleitet wurde. Aus dem Museum wurde unser Sicherheitsbüro. Reihum kochten wir, nähten Hemden und machten Schlafsäcke für die Männer in den Bunkern. Auf regenbogenfarbene Stoffstreifen stickten wir die Worte Wounded Knee, und jeder bekam einen als Ehrenzeichen, »damit ihr ihn manchmal euren Enkeln zeigen könnt«, sagte Dennis. Wir teilten alles. Wir waren füreinander da. Einmal beschimpfte uns eine weiße freiwillige Schwester dafür, daß wir die Sklavenarbeit machten, während die Männer den Ruhm ernten würden. Wir verrieten die Sache der Frauen, behauptete sie. Wir aber meinten, daß ihre Art der Frauenemanzipation etwas Weißes, Bürgerliches sei und daß wir in dieser kritischen Situation andere Prioritäten hätten. Wenn unsere Männer erst einmal ihre Rechte wiedererlangt hätten und mit sich selber klarkämen, dann würden wir uns schon mit ihnen darüber auseinandersetzen, wer den Abwasch macht. Nicht vorher.

Tatsächlich spielten unsere Frauen bei Wounded Knee eine wichtige Rolle. Wir hatten zwei oder drei schießwütige Mamas, die mit an den Hüften baumelnden Revolvern herumstolzierten, auch in die Feuerlinie gingen, wenn sie an der Reihe waren, und sich Schießereien mit den Bundestruppen lieferten. Die indianischen Krankenschwestern, die im Feuerhagel die Verwundeten hereinholten, waren tapferer als mancher Krieger. Aber auch die Männer leisteten ihren Teil an der schmutzigen Arbeit. Bob Free, unser erster Chef der Techniker, hatte eine Mannschaft, die zwölf befestigte Bunker baute, aus dem Handelsposten ein Apartmenthaus machte, Latrinen aushob und hölzerne Klos errichtete, die Stromerzeugung in Gang hielt, Autos reparierte, den Gabelstapler und eine Planierraupe bediente. Die Männer hatten auch einen Hygienetrupp gebildet, der die Abfälle sammelte und Gräben aushob, um den ganzen Unrat unter die Erde zu bringen. Eines Tages gab Bob die Anweisung aus: »Okay, es ist soweit. Wir erzeugen nur noch Strom für die Kühlschränke, um das Fleisch lagern zu können, für die Benzinpumpen und für drei Lampen. Das ist alles!« Und das hielt er auch ein.

Ich blieb für eine Weile im Handelsposten. Aber es war zu viel für mich. Zu viele Leute und zu wenig Privatsphäre. Ich rechnete mir aus, daß ich mein Baby in zwei Wochen bekommen würde. Also zog ich in einen Wohnanhänger am Rande von Wounded Knee. Zu diesem Zeitpunkt waren täglich Feuerwechsel üblich geworden. Die Kugeln flogen, und ich wurde dicker und dicker. Eines Tages rief die Regierung eine Feuerpause aus, damit Frauen und Kinder abziehen könnten. Ein AIM-Führer kam zu mir und sagte: »Du gehst. Du bist schwanger, also mußt du gehen.« Ich erwiderte ihm: »Nein, ich gehe nicht. Wenn ich sterben soll, dann will ich hier sterben. Hier ist alles, was mir etwas bedeutet. Da draußen habe ich nichts, wofür es sich lohnt zu leben.«

»Das ist egal, ob du willst oder nicht, du mußt gehen. Alle Frauen und Kinder gehen.«

Aber wir gingen nicht. Ich blieb, alle älteren Frauen blieben, die meisten der jungen Mütter mit Kindern blieben, die Freundinnen der Krieger blieben. Nur eine Handvoll nutzte die Feuerpause und verschwand. Die Frist verstrich, und wieder setzte die Schießerei ein. Schwere MGs, automatische Gewehre, Leuchtkugeln, die durch Stolperdrähte ausgelöst wurden, einzelne Schüsse der Scharfschützen. Ein paar von unseren Männern brannten die Holzbrücke über den Bach ab, damit die Bundestruppen nicht heimlich gegen uns vorrücken konnten. Irgend jemand sagte: »Jetzt haben wir die Brücke hinter uns verbrannt.«

Eines Morgens war ich zeitig auf den Beinen und brachte den Sicherheitsleuten Kaffee in die Bunker, da eröffneten die Bundespolizisten das Feuer auf mich. Ein junger Apache, Carlos, sprang herzu, stieß mich auf die Erde herunter und deckte mich mit seinem Leib. Ich bin schon klein, aber er war noch kleiner. Als die Schießerei aufgehört hatte, zerrte er mich in den Bunker und schrie mich an: »Bist du wahnsinnig? Du sollst drin bleiben, da draußen hast du nichts zu suchen!« Ich lachte ihn aus: »Ich werde bald Mutter, und du bist noch ein Kind. Du willst mir sagen, was ich tun soll?« Aber ich war gerührt. So viel älter als er war ich ja nicht. Die meisten Männer waren fürsorglich und machten sich Gedanken um mich. Bis auf trockene Bohnen und etwas Mehl waren unsere Vorräte aufgebraucht. Kein Kaffee, kein Zucker, keine Zigaretten. Der Chef der Marshals hatte öffentlich verkündet: »Wir werden ihnen die Kost etwas umstellen!«

Dennis hatte ein Auge auf unsere schwindenden Vorräte. Für den Ostersonntag hatte er etwas Schinken und Kartoffeln aufgehoben. So gab es also in der zweiten, der kleineren Kirche, auf der anderen Seite von Wounded Knee, so etwas wie ein Festmahl. Als ich mit einem schweren Rucksack voll Essen dort hinging, kam Stan Holder auf mich zu: »Stimmt es bei dir nicht ganz? Weißt du es wirklich nicht besser?« Und ein paar Freunde fielen mit ein: »Leg den Rucksack hin! Wir sind verantwortlich, wenn du dich übernimmst.«

Ich sagte ihnen: »Verschwindet! Ihr seid für mich nicht verantwortlich. Der einzige, der für mich verantwortlich ist, das bin ich selber.« Ich machte meine Arbeit weiter, kochte und brachte Kaffee in die Bunker. Pedro Bissonette zog mich immer auf, wenn wir uns begegneten. Er zeigte auf meinen Bauch und sagte: »Der kleine Krieger da drin ist hungrig. Hier ist eine Kleinigkeit für ihn.« Und damit drängte er mir einen Bissen auf, der – wie ich wohl wußte – von seiner eigenen kleinen Ration stammte. Oder er kam und fragte, ob ich Basketball spielen wolle, und erntete jedesmal großes Gelächter, weil ich so dick war. Wir lachten und verkohlten uns tatsächlich, wo es nur ging. Das half, so lange standzuhalten.

Als wir nicht mehr in der Lage waren, Lebensmittel auszugeben, schickten wir junge Jäger aus, die einen »langsamen Elch« holen sollten, das heißt eines von den in der Nähe grasenden Rindern der weißen Rancher. »Bringt eine junge, zarte Kuh«, hatte ihnen Dennis gesagt. Statt dessen brachten sie einen zähen alten Bullen. Dieser arme alte Bulle wollte nicht sterben. Man mußte fast zwanzigmal auf ihn schießen, bis er endlich am Boden lag und seinen Geist aufgab. Dann stellte sich heraus, daß unsere jungen Männer nicht wußten, wie man ihn zerlegt. Das waren vielleicht Jäger! Nun ja, sie alle waren Stadtkinder aus St. Paul, Denver oder Rapid City. Ein weißer Reporter mußte ihnen zeigen, wie man das macht. Die Frauen klopften das Fleisch und klopften und klopften. Danach kochten sie es stundenlang. Aber es blieb hart wie Stein. Als ich meine Zähne daran versuchte, war es mir, als ob ich auf einem Tau herumkaute. Nach diesem Reinfall stellte Dennis eine große Tafel auf. Sie zeigte das Hinterteil eines Bullen mit riesigen Eiern, und darunter standen die Worte: DAS IST EIN BULLE. Daneben war der Arsch einer Kuh mit Euter gemalt und dazu die Erklärung: DAS IST EINE KUH. Und über dem Ganzen stand sehr groß: KUH – JA, BULLE – NEIN!

Die dreihundert Bundespolizisten, die Schläger und die BIA-Polizei waren nicht in der Lage, uns völlig abzuriegeln. Pedro Bissonette meinte: »Das Land ist auf unserer Seite.« Die ganze Gegend war ein einziges Durcheinander von Hügeln, Schluchten, Hohlwegen, trockenem Schwemmland, Gestrüpp und Pappelgruppen. Da drin verliefen sich die Marshals. Sie verspürten auch so gar keine Neigung dazu, nach Guerillamanier nachts und Mann gegen Mann zu kämpfen. Sie beherrschten nur die

Technik, auf große Entfernungen zu töten. Da man also durch die Linien schlüpfen konnte, gab es ein emsiges Kommen und Gehen. Indianer aus Denver, New Mexico und Los Angeles sikkerten herein, manchmal ein halbes oder gar ein ganzes Dutzend gleichzeitig. Eine Gruppe Irokesen aus New York blieb sogar eine ganze Weile bei uns. Die meisten wurden von ortsansässigen Sioux eingeschleust, die jeden Busch und jedes kleine Hügelchen um uns herum kannten und ihren Weg mit verbundenen Augen finden konnten. Gewöhnlich begannen die Leute ihren Marsch zu uns im Gebiet von Porcupine, etwa acht oder neun Meilen entfernt. Einige schleppten schwere Packen mit Essen mit. Die Regierung hatte ihre SPWs, ihre Schützenpanzerwagen, draußen und erleuchtete die Nächte mit Scheinwerfern. Man hielt auch das ganze Gebiet ständig unter Beschuß, indem man blindlings herumballerte. Fortwährend fegten rotglühende Leuchtspurgarben kreuz und quer über die Prärie um uns. Aber das hielt die Brüder und Schwestern nicht davon ab, zu uns zu kommen. Bei den Gruppen, die sich hereinschlichen, waren auch ein paar Leute von der Nordwestküste, Pullayups und Nisquallies, hergeführt von Sid Mills, der so lange für die Fischereirechte der Ureinwohner im Staate Washington gestritten hatte. Sie gehörten zu unseren härtesten Kämpfern.

Einmal gingen Sid und zwei oder drei Burschen hinaus, um Lebensmittel zu holen. Sie liefen die ganze Nacht hindurch und kamen nicht an ihr Ziel. Als die Morgendämmerung anbrach, entdeckten sie, daß sie nur wenige hundert Yards vor der Sacred Heart Church standen. Sie waren die ganze Nacht im Kreis gelaufen und hatten sich nur einen Steinwurf weit entfernt. Dennis hielt für sie eine Ehrenzeremonie ab. Statt einer Adlerfeder bekam Sid einen Kompaß. Die Adlerfeder verdiente er sich auf andere Weise.

Ein anderes Mal machte ein junger Indianer in unserem kleinen Datsun Jagd auf eines der riesigen gepanzerten Fahrzeuge der Regierung. Mit einem Stock schlug er auf die Panzerung ein. Der SPW wußte nicht, was er tun sollte – er rumpelte davon, und der kleine Datsun attackierte ihn den ganzen Weg bis zur Straßensperre.

Ein paar Jungen aus Oklahoma landeten einen großen Coup, als sie einen Regierungsbunker überfielen und die gesamten Vorräte stählen – Kaffee, Eier, Zigaretten, K-Rationen, Brot und

Würstchen. Die Marshals müssen betrunken gewesen sein oder geschlafen haben. Bei einer anderen Gelegenheit zogen ein paar Burschen eine große Show ab, als sie eine Anzahl großer, leerer Filmbüchsen vergruben, die ein TV-Team zurückgelassen hatte. Sogleich konnte man die Warnungen hören, die die Bundespolizisten über Kurzwelle verbreiteten: »Die Indianer legen Tellerminen!« Die SPWs rasten davon, und wir hatten wieder einmal Punkte gemacht. Die Belagerung hatte auch komische Seiten.

Die ganze Zeit über standen wir mit der anderen Seite in Verbindung, wir zogen uns gegenseitig auf, beschimpften uns und hatten eine Menge Spaß. Plötzlich aber vernahmen wir die Stimme des Chef-Marshals: »Der Spaß ist nun vorbei!« Der Ring um uns wurde dichter. Teile des 82. Luftgeschwaders wurden herangebracht und warteten im nahegelegenen Hot Springs auf ihren Einsatz – nur für den Fall, daß ...! Ein Hubschrauber, wir nannten ihn Schnüffler, hatte auf einmal einen Scharfschützen an Bord, der gezielt auf uns schoß. Schwere MGs, Kaliber 50, eröffneten das Feuer auf unsere Linien. Die Telefonverbindungen zur Außenwelt wurden unterbrochen – bis auf die, die Wounded Knee mit dem Hauptquartier der Marshals verband. Man flog Teams ein, die auf Töten und Zerstören spezialisiert waren, Kampfhunde hatten und Gewehre mit Infrarot-Zielfernrohren, die es den Scharfschützen möglich machten, uns auch bei Dunkelheit zu erkennen. Das ganze Gebiet um uns herum war mit Leuchtraketen versehen worden, die durch Stolperdrähte ausgelöst werden konnten. Berührte man den Draht, schoß eine Leuchtkugel hoch, die die Landschaft in ein merkwürdig gespensterhaftes Licht tauchte. Die Presse war nicht mehr zugelassen. Einer der letzten scheidenden Reporter fragte Russel: »Denken Sie, daß Sie morgen noch hier sein werden?« Russel Means antwortete ihm: »Das liegt bei der Regierung.«

Verstärkungen und Nachschub kamen nur noch tröpfchenweise. Die Szenerie vor unserer Verteidigungslinie hätte direkt aus einem billigen Film über den Ersten Weltkrieg stammen können. Die Bundespolizisten bauten sich regelrechte Sandsackstellungen, mit Öfchen und allem häuslichen Komfort. Sie hatten Radios und sogar Fernseher zur Unterhaltung, die Rock 'n' Roll-Musik aus ihren Bunkern drang bis zu uns herüber. Sie trugen hellblaue Springeranzüge – wie Marsmenschen – oder Tarnzeug. Ihre Stellungen waren umgeben von ständig wachsenden Wällen aus leeren Kartuschen und Bierbüchsen. Die gepanzerten Fahrzeuge wurden mit lichtstarken stroboskopischen Suchscheinwerfern und mit M-79-Granatwerfern ausgerüstet.

Dieser Art Kriegstechnologie hatten wir nur wenig entgegenzusetzen. Munition war ebenso knapp wie Essen. In einem der typischen Feuergefechte überschütteten uns die Bundespolizisten mit etwa fünf- bis zehntausend Schuß, während wir ihnen mit vielleicht fünfundzwanzig oder dreißig Schuß antworten konnten. Was immer wir an Munition zusammenkratzen konnten, wurde auf dem Altar der Sacred Heart Church aufgehäuft. Von Zeit zu Zeit kamen die Männer aus ihren Schützenlöchern und füllten sich die Taschen mit Patronen. Dumm war nur, daß sie lange suchen mußten, um die passende Munition für ihre wunderlichen Waffen zu finden, von denen einige wahre Antiquitäten waren, die ins Museum gehörten. Irgendwie hatte ich aber das Gefühl, daß die Bundespolizei trotz all ihrer modernen Bewaffnung seltsamerweise Angst vor uns hatte. Während wir entspannt waren, wie es Indianer normalerweise sind, waren sie nervös und schießwütig. Eines Abends, als wir indianische Musik machten – Grastanzlieder und Powwow-Sachen –, nahmen die Polizisten an, wir spielten unsere Totenlieder, und gerieten in helle Aufregung, weil sie einen Verzweiflungsangriff erwarteten. Eines Tages fand Dennis ein altes Ofenrohr und befestigte daran etwas, was wie ein Visier aussah. Wir stellten es auf und setzten das Gerücht in Umlauf, daß wir einen Raketenwerfer bekommen hätten. Auch das brachte die Polizisten aus der Fassung. Wir waren immer die moralisch Überlegenen, die Waffen aber hatten sie.

Ich komme noch einmal auf das alte Cheyenne-Wort zurück: Ein Volk ist so lange nicht verloren, solange die Herzen seiner Frauen nicht besiegt sind. Je länger die Belagerung dauerte, um so stärker wurden unsere Frauen. Da war ein Bunker mit einem Ehepaar besetzt. Als der Mann von mehreren Kugeln getroffen wurde, bestand die Frau darauf, die Stellung allein zu halten. Andere Frauen, die einen Bunker »bemannten«, gerieten über Funk in Streit mit mehreren Marshals. Schließlich nahmen die Mädchen ein Megaphon und riefen – daß es jeder hören konnte – über das Niemandsland hinweg: »Wenn ihr Hundesöhne nicht das

Maul haltet, sagen wir es den Männern!« In der weißen Kirche wurde ein Mädchen verwundet. Ein Querschläger hatte ihre Hand getroffen, es war nur eine Fleischwunde. Sie machte weiter, als ob nichts geschehen wäre. Bei einem Feuergefecht hielt eine einzige junge Frau sieben Marshals in Schach, während ein paar Männer in Deckung gingen. Dabei war alles, was sie hatte, eine alte Pistole. Und die benutzte sie, um die Marshals zu verscheuchen. Das war die Frau von Gray Fox, mit einer Waffe war sie wirklich gut. Ich schätze, daß einige Männer sie deswegen gar nicht mochten, vor allem die nicht, denke ich mir, die in Dekkung krochen, während sie sie deckte.

Unter anderem hatte ich in Wounded Knee auch das Glück, Annie Mae Aquash kennenzulernen, eine Micmac-Indianerin aus Nova Scotia, mit der ich enge Freundschaft schloß. Sie war eine bemerkenswerte Frau, tapfer und willensstark, und hatte großen Einfluß auf mein Denken und meine Lebensauffassung. Das erste Mal fiel sie mir auf, als unter einigen Frauen ein Streit entstand. Es gab eine Gruppe, die sich – wenn ich mich recht erinnere – »Pastetenpatrouille« nannte. Warum, weiß ich nicht. Pasteten gab es keine, und viel patrouillieren gingen sie auch nicht, soweit ich sehen konnte. Sie waren großspurige Städterinnen, sehr medienbewußt, und hielten sich für den Mittelpunkt. Sie waren auch anmaßend und versuchten, uns herumzukommandieren. Ständig posierten sie für die Fotografen und die TV-Teams, beanspruchten alles Ansehen und allen Ruhm für sich, während wir die Dreckarbeit machten, Geschirr abwuschen oder aus alten Jacken Schlafsäcke nähten.

Annie Mae sagte diesen Frauen ihre Meinung, und ich pflichtete ihr bei. Wir verstanden uns auf der Stelle und wurden sofort Freundinnen. Annie Mae brachte mir eine Menge bei. Sie konnte aus nichts etwas machen. So kochte sie schöne Gerichte nur aus trockenen Bohnen und gelben Erbsen. Als ich entbunden hatte, machte sie für Klein-Pedro einen winzigen Wounded-Knee-Anstecker. Sie war älter als ich und schon Mutter, aber geschieden von einem Mann, dessen Herz für sie nicht groß genug gewesen war. Annie Mae fand bei uns Sioux die indianische Kultur, die ihr Stamm bereits verloren hatte. Sie sagte immer: »Wenn ich sterben soll, dann werde ich sterben. Irgendwann muß ich ja sterben, dann kann es also auch hier sein, wo ich für etwas Vernünftiges sterbe.« Sie hatte so eine Vorahnung, daß ihr streitbares Wesen ihr einen gewaltsamen Tod einbringen würde, und sie hatte damit recht. Sie hatte den Ruf der Eule gehört. Als wir am Ende der Belagerung Wounded Knee verließen, gab sie mir eine Achtunddreißiger und ein Messer – nur für den Fall, daß wir auf die Schläger statt auf die Polizei treffen würden. Wenn wir auf Wilsons Bande stießen, meinte sie, würden wir um unser Leben kämpfen müssen.

Mein Bruder war auch in Wounded Knee. Eines Nachts ging er los, um Essen und Munition zu beschaffen, und wurde geschnappt. Man nahm ihm alle Waffen ab, aber da die Polizei keine Beweise gegen ihn hatte, war er bald wieder in Knee zurück und fing von neuem an, sich hin und her durch die Linien zu stehlen. Mir brachte er immer Geschenke mit, Dinge, für die nur ein Bruder sein Leben riskiert – ein wenig Kaffee, Zigaretten, Zuckerstangen und ähnliches, billige und ganz alltägliche Sachen, aber für eine belagerte Schwangere waren sie kostbar. Zu dieser Zeit machten uns Scharfschützen zu schaffen – mit Kampfhunden, die nicht bellten. Die Polizisten konnten bei Nacht unsere Männer nicht sehen, aber die Hunde konnten sie riechen. Es war ein Vietnam-Veteran, einer unserer wenigen weißen Brüder bei Knee, der uns sagte, wie man diese Spatzengehirne außer Gefecht setzt. Alles was man braucht, ist etwas Pfeffer in der Tasche. Dann muß man irgendwo hinpinkeln, hineintreten und die Füße darin hin- und herreiben. Wenn man jetzt losgeht, legt man für den Hund eine gute heiße Urinspur, die er verfolgt. Nach ein paar hundert Yards streut man einen Haufen Pfeffer auf die Spur, und wenn der Hund davon eine Nasevoll erwischt, ist er für den Rest der Woche nicht mehr zu gebrauchen. Wahre Originale unter unseren Kriegern waren zwei Brüder, Charles und Robert. Sie waren Urenkel von General George Armstrong Custer, den wir Sioux gemeinsam mit unseren Cheyenne-Brüdern 1876 am Little Big Horn vernichtet hatten. Als Custer ein friedliches Cheyenne-Dorf am Washita überraschte und die meisten Männer umbrachte, fiel ihm ein junges Mädchen in die Hände, Maotsi, die Weißen nannten sie Monaseetah. Sie gefiel dem General. Man sagte ihr, sie solle »nett« zu ihm sein, sonst wäre er sehr unfreundlich zu ihren Leuten – und sie hatte gerade erlebt, wie unfreundlich er sein konnte. Als Maotsi schwanger wurde, warf Custer sie hinaus, er hatte kein Interesse mehr an ihr oder an ihrem Kind. Sie bekam einen Sohn, der den berühmten Todesmarsch der Cheyenne überlebte und später eine Sioux heiratete, in deren Stamm er aufgenommen wurde.

Und so war es möglich, daß die Urenkel von Gelbhaar Custer Überfälle auf die Blauröcke von 1973 unternehmen konnten. Für sie war Wounded Knee ein Kampf voller Groll. Einige Reporter, die uns nicht mochten, nannten Wounded Knee ein »Guerilla-Theater«. Nun, ein Theater arbeitet mit Illusionen, die Belagerung aber war sehr real, die Wunden und der Tod auch. Natürlich war Knee dramatisch, sowohl in Hinsicht auf das, was geschah, als auch auf die Menschen, die daran teilnahmen.

Zu Beginn der Belagerung, als die Polizisten noch VIP-Besucher und Reporter durch die Straßensperren ließen, kamen Politiker, Berühmtheiten und Bürgerrechtler nach Wounded Knee. unter ihnen auch die beiden Senatoren von South Dakota, Abourezk und McGovern. Abourezk unterstützte uns, und das machte seine Chancen zunichte, sich für eine zweite Amtsperiode zur Wahl zu stellen. McGovern tat das nicht. Er ist überall ein großer Liberaler, nur nicht in South Dakota, denn zu Indianeraktivisten freundlich zu sein würde ihn die Wiederwahl kosten. Einmal schlug er allen Ernstes vor, Wounded Knee zu stürmen, und das muß seinen weißen Wählern sehr gefallen haben. Zu mir kam er, als ich gerade den Abwasch machte. Er hatte ein mürrisches Gesicht und sagte: »Hallo, ich bin George McGovern.« Ich sah ihn bloß an, sagte: »Aha«, drehte mich wieder um und wusch weiter ab.

Im Vertrag vom Fort Laramie aus dem Jahre 1868 waren die Sioux als unabhängiges Volk anerkannt worden. Die Regierung hatte diesen Vertrag einseitig aufgehoben, ohne die Indianer, die ja Vertragspartner waren, gefragt zu haben. Am 12. März 1973, einem großen Tag, wurde Wounded Knee zum unabhängigen Territorium des freien Volkes der Oglala ausgerufen. Jedermann, der guten Willens war, konnte Mitbürger werden – ob Indianer oder Weißer. Was immer man auch gegen die AIM sagen mag, rassistisch war sie nicht. Crow Dog sagte: »Wir wollen nicht den weißen Mann bekämpfen, sondern nur das weiße System.«

Um eine friedliche Regelung zu erreichen, gab es zwischen unseren Sprechern und den Regierungsbeauftragten regelmäßige Treffen. Gewöhnlich fanden sie in einem Tipi im Niemandsland statt. Bevor die Gespräche begannen, wurde immer ein Altar errichtet und die Pfeife geraucht. Ein paar Regierungsvertreter konnten sich damit nicht anfreunden. Einer sagte einmal: »Man stelle sich das vor, da muß man auf der Erde sitzen, rings um einen Büffelschädel herum, nur um mit diesen Leuten zu reden.« Die Gespräche drehten sich immer darum, was zuerst da war, die Henne oder das Ei. Die Regierungsbevollmächtigten sagten: »Legt die Waffen nieder und ergebt euch, dann werden wir eure Beschwerden prüfen.« Und wir antworteten stets: »Wir wollen zuerst über unsere Beschwerden reden, und dann werden wir die Waffen niederlegen und herauskommen.« Crow Dog schlug einen Kompromiß vor. Statt unsere Waffen auf der Stelle auszuliefern, würden wir sie – solange die Verhandlungen andauerten – im Tipi aufstapeln. Der Eingang sollte durch die heilige Pfeife versperrt werden, dann würde niemand die Waffen anrühren. Die Regierungsleute lehnten den Vorschlag ab. Sie hatten kein Vertrauen zur Pfeife. Es gab in der Tat nur wenig, was ihnen heilig war. Außer dem Glauben an nackte Gewalt, Zahlen und Paragraphen hatten sie keine sehr starken Überzeugungen. Und so ging die Belagerung weiter.

Zwei der erinnernswertesten Ereignisse bei Wounded Knee waren die beiden Lufttransporte. Der erste brachte vierhundert Pfund Lebensmittel über die Linien – Trockenmilch und Similac für die Kinder, getrocknete Bohnen, Mehl, Reis, Kaffee, Tee, Zucker, Backpulver, Zigaretten und außerdem Binden, Antibiotika und Vitamine. Das Flugzeug kam sehr niedrig herein. Es verfing sich beinahe in einem Telefondraht, brachte es aber fertig, darunter durchzutauchen und hart auf der Straße zu landen, ganz in der Nähe des Handelspostens. Sobald es unten war, rannte jedermann hin und entlud es. Ich hatte den Eindruck, als ob das binnen einer Minute oder noch weniger getan war. Es ging so schnell, daß das Flugzeug wieder startete, ehe die Polizisten überhaupt reagieren konnten. Diese Landung war für sie absolut überraschend. Wir sahen sie herumlaufen, gestikulieren und die Fäuste schütteln. Pilot und Co-Pilot waren beide Vietnam-Veteranen. Der Co-Pilot war fast einen ganzen Monat als Arzt bei uns gewesen und konnte dem Piloten anhand von

Merkmalen am Boden den Weg zeigen. Er war weiß, mit einer Winzigkeit Mohawk-Blut. Vor Antritt dieser Mission hatte er nach Sioux-Art ein Fleischopfer gebracht.

Die zweite Luftaktion wurde von drei Maschinen ausgeführt, von Piper Cherokees, ein guter Name für Flugzeuge, die zur Unterstützung von Indianern flogen. Jede Maschine hatte vier Fallschirme an Bord, und an jedem Fallschirm hingen zwei große Segeltuchsäcke mit Lebensmitteln. Insgesamt warfen die Flugzeuge eine Tonne Nachschub ab. Sie kamen am 17. April, mit dem ersten Licht. Die Männer, die diese kleinen Maschinen flogen, waren sehr mutig. Sie flogen ganz niedrig bei Nacht und schlechtem Wetter, immer in der Erwartung, durch Regierungsflugzeuge abgefangen zu werden. Einer von den Schirmen öffnete sich nicht. Ich konnte sehen, wie er auf dem Boden aufschlug. Er war mit Mehl beladen, und als er aufprallte, gab es eine riesige weiße Wolke, so daß ein paar Überängstliche aufkreischten, wir würden bombardiert. Der ganze Abwurf dauerte vielleicht fünf Minuten, dann verschwanden die Maschinen. Der Tag dieser Aktion war derselbe Tag, an dem Clearwater getötet wurde.

In Wounded Knee wurden zwei unserer Männer getötet und viele schwer verwundet. Auf der Gegenseite gab es keinen Toten, nur einen verwundeten Marshal. Und nach allem, was ich weiß, ist es durchaus möglich, daß er ins eigene Kreuzfeuer geraten ist. Auf die zweite Luftaktion reagierten die Polizisten sehr rasch. Im Handumdrehen überflog uns ein Helikopter, aus dem heraus ein Scharfschütze auf unsere Leute schoß, die noch immer Lebensmittel zum Handelsposten schleppten. Unsere Männer beschossen den Helikopter, der daraufhin ein Feuergefecht eröffnete, das fast zwei Stunden dauerte. Frank Clearwater war erst am Vortag mit seiner schwangeren Frau Morning Star angekommen. Sie war Apachin und er Cherokese. Er ruhte sich gerade auf einem Bett in der Kirche aus, als eine Kugel die Wand durchschlug und ihn in den Kopf traf. Als bekannt wurde, daß einer unserer Brüder schwer verwundet worden war, baten wir die Marshals über Sprechfunk um Feuereinstellung. Sie sagten zu, und so gingen zwei unserer Männer und ein paar Schwestern auf den Hügel, um ihn zu holen. Sie schwenkten eine weiße Fahne. Die Schwestern trugen ihre Armbinden und hatten auf ihre Hauben ein rotes Kreuz gemalt. Trotzdem wurden sie von den Marshals sofort beschossen und für etwa zwei Stunden festgenagelt, bis es dunkel wurde. Dann erst hörte das Feuer auf. Drei Brüder aus einem nahegelegenen Bunker schafften es schließlich, Clearwater auf eine Decke zu legen und hinunterzutragen. Auf dem ganzen Weg wurden sie beschossen. Man brachte Clearwater an die Straßensperre, und nach zähen Verhandlungen stellten die Polizisten einen Helikopter zur Verfügung, der ihn nach Rapid City flog, wo er ein paar Tage später starb, ohne das Bewußtsein wiedererlangt zu haben. Seine Frau wurde die Nacht über im Gefängnis festgehalten. Sie wollte, daß er in Wounded Knee begraben wird, für das er sein Leben gegeben hatte, aber Wilson und die Regierung erlaubten das nicht, »weil er kein Sioux aus Pine Ridge war«. Schließlich begrub ihn Crow Dog auf seinem Land – nach indianischer Sitte mit der Pfeife und dem Großen Vater Peyote.

Am 27. April wurde Buddy Lamont, einunddreißigjähriger Oglala-Sioux, Ex-Marine-Soldat und Vietnam-Veteran, während eines schweren Feuergefechts ins Herz getroffen und war sofort tot. Buddy wurde in einem verlassenen Haus in der Nähe des Community Center erschossen. Ich vermute, daß ihn ein Scharfschütze aus einem der Polizeibunker unter Beschuß hielt. Er verlor die Geduld und lief aus dem Gebäude, wohl um das Feuer auf sich zu ziehen, so daß er vielleicht hätte zurückschießen können, und genau in dem Augenblick, als er aus dem Haus kam, wurde er getroffen. Wieder beschoß man die Sanitäter. Und wieder wurden die Angehörigen, als sie mit seiner Leiche nach draußen kamen, verhaftet und ins Gefängnis von Pine Ridge gebracht. Buddy wurde gerade zu der Zeit ehrenvoll aus dem Marine-Corps entlassen, als ihn eine Regierungskugel tötete. Er ist auf dem Hügel neben dem Graben beerdigt und hat sich den Geistern all der anderen Sioux angeschlossen, die bei Wounded Knee umgebracht wurden. Auf seinem Grabstein steht: »1973 kamen zweitausend nach Wounded Knee. Einer blieb da.«

10. Kapitel
Die Geister kehren zurück

> Vor fünfundachtzig Jahren
> glaubten die Geistertänzer,
> sie könnten durch ihren Tanz
> die Welt verändern.
> Wir tanzen, um uns zu verändern.
> Und erst wenn das erreicht ist,
> können wir versuchen, die Welt zu ändern.
>
> Crow Dog 1974

Es war die Geistertanz-Religion, der das erste Wounded Knee galt, und auch beim zweiten Wounded Knee, 1973, ging es um indianische Religion ebensosehr wie um Politik. Nach einhelliger Meinung war Crow Dog der geistige Führer innerhalb des Belagerungsringes, und so leitete er zusammen mit dem Medizinmann Wallace Black Elk alle Zeremonien. Crow Dogs Einfluß auf das geistige und körperliche Wohlbefinden der Besetzer war sehr groß. Draußen und gar nicht weit von Wounded Knee entfernt, unterstützte uns der älteste und am höchsten geachtete heilige Mann der Sioux, Frank Fools Crow, von seinem Wohnort Kyle aus und tat für das Volk der Sioux draußen ebensoviel wie Crow Dog drinnen. Alle Medizinmänner der Sioux besuchten und halfen uns, aber es war Crow Dog, der den mehr als achtzig Jahre lang verbotenen Geistertanz wieder aufleben ließ, gerade in Wounded Knee und während der Belagerung.

Leonard tat so vieles. Er leitete die Rituale und Gebete, spielte bei allen Verhandlungen eine Hauptrolle, operierte Schußverletzungen, behandelte Kranke und war eine Zeitlang sogar Cheftechniker. Die Feuer für die Badehütte wurden vierundzwanzig Stunden am Tage unterhalten, und fast jede Nacht gab es eine Zeremonie, ein Yuwipi etwa oder einige Male ein Peyote-Meeting. Bei feierlichen Anlässen brachten Männer und Frauen Fleischopfer dar, indem sie sich Hautstücke aus dem Arm schnitten, wie es Sitting Bull 1876 wenige Tage vor der Schlacht mit Custer getan hatte. Einige Anführer durchstachen sich die Brust, so wie man es beim Sonnentanz tut, weil sie glaubten, daß ihr Leiden durch geistige Kräfte den Menschen helfen könnte.

Ich ging jeden Abend zu einer Zeremonie. Diese Rituale waren still, sehr still. Eines Abends, ich wanderte nach einer Zeremonie zur anderen Seite von Wounded Knee zurück, hörte ich den ganzen Bach entlang Frauen weinen, Babys schreien, hörte Kanonendonner und Pferdehufe auf dem Boden dröhnen. Ich ging am Cankpe Opi Wakpala entlang, wo 1890 unsere Frauen und Kinder umgebracht worden waren. Es war seltsam, diese Tragödie im Halbtraum wiederzuerleben, dieses Wiederauftauchen einer Vision, die ich als junges Mädchen nach einem Peyote-Meeting hatte. Ich weiß heute noch nicht, was ich davon halten soll. War das die Vision von einer bevorstehenden Tragödie – Geschichte, die sich wiederholt?

Jeden Abend nahmen die Krieger Schwitzbäder, um sich zu reinigen. Die meisten dieser Inipi-Zeremonien ließ Leonard von seinem Freund Wallace Black Elk leiten. Eines Nachts aber tat er es selbst, und als er und die anderen aus der Hütte kamen, eröffneten die Polizisten das Feuer auf sie und trafen mit ihren M-16-Gewehren die Hütte und das Tipi. Ein paar Männer sprangen in den flachen Unterstand daneben, Crow Dog aber wurde zwischen Feuerstelle und Unterstand festgenagelt und mußte dort, ziemlich exponiert, etwa zwei Stunden liegen bleiben, ehe er die Chance zu einem Sprung in die Deckung hatte. Es war ein Wunder, daß an diesem Tag niemand getötet wurde.

Vor unserem ersten Treffen mit Regierungsvertretern, bei dem wir eine Übereinkunft aushandeln wollten, wurde Leonard von allen Seiten gebeten, an Big Foots Grab eine Sonnenaufgangszeremonie abzuhalten. Er stellte einen Altar auf und sagte: »Unser heiligster Altar ist diese Hemisphäre, ist dieser Boden, auf dem wir stehen, dieses Land, das wir verteidigen. Das ist unser heiliger Ort, unser grüner Teppich. Der Mond ist das Licht unserer Nächte, und unser Führer, unser Großer Geist, ist die Sonne.«

Leonard war unser Chefarzt, und alle weißen Mediziner und freiwilligen Ärzte fügten sich ihm. Die weißen Doktoren waren in der Annahme nach Knee gekommen, es gelte Kinderkrankheiten und Erkrankungen der oberen Luftwege zu behandeln. Sie hatten sich einfach nicht vorstellen können, daß es dort Feuergefechte geben würde. Also verfügten sie über keinerlei chirurgisches Instrumentarium. Deshalb operierte Leonard alles selbst. Als Buddy Lamont getötet wurde, waren noch drei Männer mit ihm im Bunker. Einer wurde viermal getroffen, dreimal am Arm und einmal am Fuß. Der zweite bekam einen Schuß in die Hand und der dritte, Milo Goings, eine Kugel ins Knie. Leonard verarztete alle. Um eine Kugel herauszuholen, brauchte er weniger Zeit als ein weißer Arzt, und Infektionen hat es nie gegeben. Zur Behandlung der Wunden setzte er indianische Medizin ein. Wenn er eine Kugel herausholte, nahm er zunächst Stacheln vom Stachelschwein und ein Kraut, das Rotholz, um das Fleisch zu betäuben. Wenn diese Art der indianischen Anästhesie erst einmal zu wirken anfing – und das tat sie sehr schnell –, ging er mit einem Messer hinein, mit demselben Messer, mit dem er die Sonnentänzer durchbohrte. Er nähte die Wunden mit Rehsehne und stillte die Blutung mit heiligem Erdhörnchenpulver – einer Medizin, die Crazy Horse allem anderen vorgezogen hatte. Um Infektionen vorzubeugen und den Heilungsprozeß zu beschleunigen, wandte er Taopi Tawote an, eine Wundmedizin, die in der weißen Botanik, glaube ich, Schafgarbe heißt. Er setzte auch ein Kraut ein, das Wina Wazi Hutkan genannt wird, Klettenwurzel, um innere Blutungen zu stillen. Erkältungskrankheiten behandelte er mit Schwitzbädern und mit Tees, die aus verschiedenen Arten des Salbei bestanden, während er das Fieber mit Hehaka Pejuta, dem Elchkraut, herunterdrückte, das die Weißen Roßminze nennen. Übrigens ist das auch eine kräftige Liebesmedizin. Soviel zu einigen indianischen Kräutern, die Leonard benutzte. Pat Kelly, ein weißer Arzt aus Seattle, der, um uns zu helfen, nach Knee gekommen war, hatte zu Leonard vollkommenes Vertrauen. Er sagte immer, daß Wunden, die Leonard behandelt hatte, doppelt so schnell heilten als die, die von weißen Medizinern mit modernen Medikamenten versorgt worden waren.

Rocky Madrid, ein Chicano-Arzt, erhielt einen Bauchschuß. Es war ein Wunder, daß ihm nicht die Gedärme herausgeblasen wurden. Er schaffte es, zum Hospital zurückzukommen, und Crow Dog holte ihm die Kugel heraus. Sie hatte zum Glück auf ihrem Weg nicht alles zerstört. Rocky sagte hinterher, daß Leonard mit seinem Messer drin und wieder draußen war, fast ehe er es bemerkte, und daß er dank der indianischen Anästhesie nichts gespürt habe. Leonard lehrte die weißen Ärzte, seine Naturmedizinen zu nutzen und die richtigen Gebete zu sprechen, bevor sie einen Patienten behandelten.

Es war merkwürdig, daß Crow Dog gleichermaßen dazu berufen schien, Maschinen wie auch Menschen zu kurieren. Nachdem Bob Free als Cheftechniker aufgegeben hatte, übernahm Leonard auch diesen Job. Ging etwas kaputt, richtete er es wieder her. Er hatte eine echte Begabung für solche Arbeiten. Als Kind hatte er Autos zu reparieren gelernt. In Knee flickte er die Benzinpumpen und hielt die Stromversorgung in Gang. Sie war während der letzten paar Wochen unterbrochen gewesen, so daß wir uns mit Kerosinlampen behelfen mußten, die wir im Laden gefunden hatten. Zu Leonards Job gehörte auch die Errichtung der Verteidigungsanlagen, und so überwachte er den Bau von Bunkern, die alle einen Namen bekamen, zum Beispiel »Starkes Herz« oder »Sitting-Bull-Bunker«. Er entwarf auch einen Verteidigungsring aus Minen. Dazu ließ er von einigen Jungen einen Zentner Kohlen aus dem Laden zu Kohlenstaub zerstampfen. Dann nahm er – ebenfalls aus dem Laden – etwa tausend Glühbirnen und füllte sie mit Kohlenstaub und Schwefelsäure aus Batterien. All diese kleinen Lampenbomben verband er rund um die Verteidigungslinie mit einem Kabel, das an eine Batterie angeschlossen war. Nun wurden sie mit einem Draht versehen, und wenn ein Polizist den berührte, löste das einen Funken aus, der die Bomben zur Explosion brachte. Im einzelnen konnten diese winzigen Minen keinen großen Schaden anrichten, aber sie waren gut genug, um die Marshals auf respektvolle Distanz zu halten. Eines tat Leonard nicht, nämlich ein Gewehr in die Hand nehmen und schießen. Als Medizinmann war ihm das verboten.

Das denkwürdigste aber, was Leonard tat, war, daß er den Geistertanz wieder einführte. Ich glaube, er tat das nicht nur für uns, die Lebenden, sondern ebenso auch für die Geister derer, die im Massengrab lagen. Wie ich schon erwähnte, gab es in unserer Familie immer eine ausgeprägte Geistertanz-Tradition. Leonards Urgroßvater, der erste Crow Dog, war nicht nur einer der ersten Geistertänzer bei den Sioux, sondern auch einer der bedeutendsten Führer dieser Tänzer.

Damals, 1889, kam ein Mann und sprach zu Crow Dog: »Eine neue Welt zieht herauf. Eine neue Macht wird unsere Welt, die die Wasičuns ausgeplündert und verdorben haben, wie eine Decke abstreifen, und darunter wird die neue Welt zum Vorschein kommen, unbefleckt und grün. Und in dieser Welt werden wir unseren toten Ahnen begegnen, die von den Wasičuns umgebracht worden sind; sie sind wiederauferstanden und kommen uns begrüßen. Die Büffel, die in einem großen Loch im Berg verschwanden, um den Wasičuns zu entgehen, werden aus ihren Höhlen unter der Erde hervorkommen und die Prärie wieder mit ihren riesigen Herden füllen. So spricht der Vater.« Dieser Mann war Short Bull aus unserem eigenen Stamm der Brule, ein berühmter Krieger, der gegen Custer gekämpft hatte.

Und bald machten sich viele Männer heimlich bei Nacht auf den Weg – zu Fuß, zu Pferd und in Viehtransporten verborgen, legten sie Hunderte von Meilen zurück, überquerten die neuen Eisenbahnstrecken, die Stacheldrahtzäune, wanderten wie Gespenster, ungesehen und ungehört von den Wasičuns, und verbreiteten die Botschaft von Stamm zu Stamm.

Short Bull und seine Freunde Kicking Bear und Good Thunder hatten diese Botschaft von Wovoka selbst empfangen, vom heiligen Mann der Paiute, dem die Geistertanzreligion im Traum eingegeben worden war, und zwar an dem Tag, an dem die Sonne starb. Wovoka hatte sie in seinen schwarzen Onkel-Joe-Hut schauen lassen, und darin hatten sie das Universum gesehen. Sie hatten in den Hut geschaut und verstanden. Der Paiute-Träumer ließ sie sterben und in der kommenden Welt herumgehen. Dann erweckte er sie wieder zum Leben. Wovoka hatte ihnen einen neuen Tanz geschenkt, neue Lieder und neue Gebete. Er gab ihnen eine heilige Adlerfeder, einen Adlerflügel und rote Gesichtsfarbe. Von den vier Liedern, die er ihnen schenkte, brachte das erste Nebel und Sprühregen, das zweite Schnee und Eiseskälte, das dritte warmen Regen und das vierte Sonnenschein und Wärme.

Das Leben war schwer für unsere Leute – sie litten Hunger, waren eingezäunt und hatten weder Pferde noch Waffen. Da gab ihnen die Botschaft Hoffnung. Und so fingen sie an zu tanzen und zu singen, um den Büffel wieder zurückzuholen und die alte Welt der Indianer, die die Wasičuns zerstört hatten, die Welt, die sie so geliebt hatten und um deren Wiederkehr sie beteten.

Zusammen mit seinen Freunden und Verwandten Two Strikes und Yellow Robe schloß sich Crow Dog dem Geistertänzerlager Short Bulls an und brachte alle seine Anhänger mit. Sie gingen nach Pass Creek, wo ein heiliger Baum stand, um den es sich gut tanzen ließ. Auch in Sitting Bulls Lager bei Standing Rock tanzten sie, in Big Foots Lager in der Nähe des Cheyenne River, und sie tanzten sogar in Pine Ridge, direkt vor der Nase der Wasičuns. Der Geistertanz war eine Religion der Liebe, aber die Weißen verstanden das nicht und sahen in ihm das Signal für einen großen Indianeraufstand, der – wie ihnen ihr schlechtes Gewissen sagte – ganz sicher kommen würde. Die Weißen hatten Angst, und die Agenten warben für die Armee, um diese neue Religion zu unterdrücken.

In Pass Creek tanzten Crow Dogs Leute im Kreis, hielten sich bei den Händen und waren zum Zeichen ihrer Verzweiflung in umgekehrte amerikanische Fahnen gehüllt, dem Symbol für die Wasičun-Welt aus Zäunen, Telegrafenmasten und Fabriken, in der ebenfalls das Oberste nach unten gekehrt war. Sie trugen auch besondere Geistertanzhemden, die mit den Abbildern von Mond und Sternen, Adlern und Elstern bemalt waren. Diese Hemden sollten, so glaubten die Leute jedenfalls, kugelfest machen. Wenn sie nun so Stunde um Stunde herumwirbelten, fielen einzelne Tänzer in Trance, sie »starben« und wandelten im Tode unter den Sternen, sprachen mit ihren schon lange toten Verwandten und erlebten wundervolle Dinge, von denen sie dann später berichteten.

Großvater Dick Fool Bull war noch ein Kind, als er den Geistertanz erlebte, aber er konnte sich gut daran erinnern. Wenige Jahre bevor er – mehr als hundertjährig – starb, machte Leonard eine Tonbandaufzeichnung mit ihm. Dick Fool Bull sagte da folgendes:

»Zuerst werde ich euch erzählen, womit – soweit ich mich erinnere – der Kummer anfing, die große Not. Ich war zufällig in Rosebud und lagerte dort unter Bewachung – Soldaten, Kavallerie –, sie kreisten die Väter und Großväter ein, um abzusichern, daß diese nicht entkommen und sich mit dem feindlichen Haufen zusammentun.

Mein Vater holte gerade mit seinem Ochsengespann Fracht aus Valentine. Er war am Morgen heruntergefahren, hatte dort kampiert und wollte dann nach Rosebud zurückkommen und abladen. Wir hörten, daß ein Geistertanz stattfinden sollte, nördlich von uns, an den Wasserfällen bei einem indianischen Dorf, das Salt Camp hieß. Der jüngste Bruder meiner Mutter war krank geworden und wollte nun den Tanz sehen, weil er glaubte, daß ihn das kurieren würde. Also spannte er den Bockwagen an, und ich fuhr mit meinem Onkel, meiner Mutter und meinen Schwestern hinüber. Wir kamen hin, und als wir ebenen Boden erreicht hatten und das Dorf sehen konnten, bemerkten wir große Aufregung, ein Haufen Leute auf Pferden, andere rannten umher. Als wir näher kamen, entdeckten wir einen großen Kreis von Frauen und Männern, keine Kinder, nur Frauen und Männer, die sich an den Händen hielten, so wie man es jetzt bei einem Rundtanz macht.

Sie alle singen das Geisterlied und gehen immer rundherum. Ich erinnere mich an einen Burschen, der einen Patronengürtel und ein Fleischermesser hatte und an jeder Seite eine Frau. Er bewegte sich wie betrunken, wiegte sich vor und zurück, dann fiel er um und stürzte aufs Gesicht. Er drehte sich herum. Dann lag er da wie tot, und zwei Männer, die Anführer des Tanzes, gingen zu ihm. Einer mit einem Feuer, einer Pfanne voll glühender Kohlen, und mit einem großen Adlerflügel. Er tat etwas in das Feuer, was einen duftenden Rauch erzeugte, und diesen Rauch fächelte er mit seinem großen Flügel über den Tänzer, also über den, der auf dem Rücken lag. Und wie er so fächelte, kam der Mann wieder zu sich, setzte sich auf. Da fragte ihn der Anführer, was er erlebt hätte. Und er erzählte: ›Ja, da war eine Straße von hier nach da drüben, eine Geisterstraße. Sehen konnte ich sie nicht, aber ich habe gewußt, daß sie da war, und ich bin auf ihr gegangen. Ich kam zu einem Hügel, da stand ein einzelner Mann. Als er mich sah, setzte er sich hin und winkte mir zu, ich solle mich neben ihn setzen. Ich ging den Hügel hinauf, und er zeigte mir ein großes Indianerlager – Tipis, Büffel, Pferde, jagende Männer, gerbende Frauen, wie in den alten Tagen. Und dann sagte dieser Mann zu mir: Das da drüben ist dein Volk, dort solltest du sein. So solltest du leben. Geh jetzt zurück. Sei für deine Leute ein Lehrer. Zeige ihnen, wie man auf althergebrachte Weise lebt.‹ Und dieser Tänzer bekam ein neues Lied geschenkt, damit er sich an alles erinnere, wenn er aufwachte.

Und dann war da noch ein Tänzer, keiner aus unserem Stamm, ein Arapaho, glaube ich, und auch er fiel in Trance. Er war wie hypnotisiert, so als wäre er ganz woanders. Damals hatte man Gewehre und trug Hemden aus Segeltuch. Und auf jedes waren auf den Rücken die Sonne und der Halbmond gemalt. Und die

Fransen waren bunt. Diese Hemden hängten sie an Pfosten auf, nahmen ihre Gewehre und schossen danach. Und die Kugeln durchbohrten die Hemden nicht, sondern fielen auf den Boden. Und ein Mann zog ein Geisterhemd an und sagte: ›Los, schießt auf mich.‹ Sie taten es, und wenn die Kugeln das Hemd trafen, fielen sie ganz harmlos herunter, der Mann wurde nicht verletzt. Und da sagte er den Leuten: ›Mit diesem heiligen Hemd kann euch, wenn ihr es anhabt, keine Kugel verwunden.‹ Ja, so war das alles.« Soweit die Erinnerungen von Dick Fool Bull.

Wenn man im Bett des Little White River nach Parmelee geht, kommt man an einen Platz, an dem Leonards Urgroßvater 1890 einen Geistertanz abhielt. Immer noch kann man den Kreis erkennen, den die vielen Füße hinterlassen haben. Bei diesem Tanz wurde ein alter Mann, Black Bear, ohnmächtig und fiel in Trance. Eine ganze Zeit lang lag er wie tot. Dann kam er plötzlich zu sich. Sie sahen den Mann dastehen, die Arme erhoben und ausgebreitet. Und im hellen Tageslicht konnte man Blitze in seine Hand fahren sehen, und als sie ihn mit Zedernholz beräucherten, kam er zu Bewußtsein und hatte einen kleinen Stein in der Hand, einen Stein von den Sternen.

Die Soldaten machten Jagd auf die Tänzer und trieben Crow Dogs Gruppe bis tief in die Badlands hinein, wo sie Zuflucht suchte auf einem schneebedeckten Berg, der mit den Knochen von längst ausgestorbenen Tieren übersät war. Zu essen gab es dort nichts. Sie froren und hungerten. Die Kinder weinten, und die wenigen Ponys waren so abgemagert, daß sie kaum aufstehen konnten. Crow Dog tanzte im Schnee, nackt bis auf ein Lendentuch. Dabei sang er:

> Man schlachtet hier Kühe,
> man tötet Büffelkühe.
> Richtet die Pfeile.
> Macht Pfeile.

Er schoß einen heiligen Pfeil hoch in den Himmel. Und dann hatte er die Vision, daß er sich für seine Leute opfern müsse. Die Toten aber und die Büffel kehrten nicht zurück. Ihre Zeit war noch nicht gekommen. Die Soldaten fanden Crow Dog und seine Leute in ihrem Versteck, und Crow Dog ergab sich, um die ihm anvertrauten Leben zu retten. Sie kamen davon. Andere hatten nicht soviel Glück. Sitting Bull und seine Gefährten wurden bei einem großen Feuergefecht mit der Stammespolizei umgebracht – das Blut der Toten beider Seiten färbte den Schnee rot. Big Foot ergab sich ebenfalls, trotzdem aber wurden er und seine Leute ermordet.

Leonard war immer der Meinung gewesen, daß die Tänzer von 1890 Wovoka und seine Botschaft falsch verstanden hätten. Sie hätten nicht erwarten dürfen, die Toten wiederzuerwecken, sondern durch Ausübung der indianischen Religion ihren alten Glauben zurückzugewinnen. Für Leonard war das Tanzen im Kreis, bei dem man sich an den Händen hält, die Wiederkehr des heiligen Ringes – es bedeutet, Hand in Hand mit Bruder und Schwester die Wiedergeburt der indianischen Einheit zu spüren, durch die Haut hindurch im Fleisch zu fühlen. Er glaubte auch, daß die Wiederbelebung des Geistertanzes eine Verbindung zu unserer Vergangenheit schaffen würde, zu den Großvätern und Großmüttern der Vorzeit. Und so beschloß er, wieder an dem Ort zu tanzen, wo dieser Tanz umgebracht worden war und wo er jetzt wiedererweckt werden mußte. Er kannte alle Lieder und Rituale, sein Vater Henry hatte sie ihn gelehrt, und der hatte sie wiederum von seinem Großvater. Die ganze Nacht hindurch fertigten Frauen originalgetreue Geistertanzhemden an – aus Vorhängen, Leinwandsäcken und was immer sie fanden. Man bemalte sie nach traditioneller Art, und sie waren schön.

Am Abend vor dem Tanz wandte sich Leonard an die Leute. Wir nahmen das auf Band auf. Er sagte folgendes: »Morgen werden wir den Geistertanz tanzen. Sage keiner von euch: Ich muß mich ausruhen. Es wird keine Ruhe geben, keine Unterbrechung, keine Kaffeepause. Wir werden auch kein Wasser trinken. Er wird stattfinden, ob es schneit oder regnet. Wir werden uns zusammentun, gleichgültig von welchem Stamm wir sind. Wir werden weder sagen ›Ich bin aus einem anderen Stamm‹ noch ›Der ist ein Schwarzer, der ein Weißer‹. Diese Haltung der Weißen machen wir uns nicht zu eigen.

Wenn einer von uns in Power gerät, in geistige Power, dann werden wir uns bei den Händen halten. Fällt er hin, laßt ihn. Bekommt er Krämpfe, habt keine Angst. Einen Arzt holen wir nicht. Der Geist wird sein Arzt sein.

Es gibt ein Lied, das ich singen werde, ein Lied vom Geist. Mutter Erde ist die Trommel, und die Wolken werden die Visionen sein. Die Visionen werden in euren Verstand eingehen. Es kann sein, daß ihr eure Brüder, eure Verwandten seht, die der Weiße umgebracht hat.

Wir wollen uns aus dieser Welt erheben in eine andere Welt, von der aus man erkennen kann. Aber was wir ergründen wollen, das ist hier. Der Geistertanzgeist wird in uns sein. Die Friedenspfeife wird da sein. Feuer wird da sein und Tabak. Wir werden mit dem Körper anfangen, mit dem Geist fortfahren, und dann werdet ihr Power bekommen. Wir werden gerade hier anfangen, in Wounded Knee, 1973.

Jeder hat vom Geistertanz gehört, aber keiner hat ihn je gesehen. Die Vereinigten Staaten haben ihn verboten. Es durfte keinen Geistertanz geben, keinen Sonnentanz, keine indianische Religion.

Aber der Ring ist nicht zerbrochen. Entscheidet also heute nacht – für alle ungeborenen Generationen. Wenn ihr mit mir morgen tanzen wollt, dann seid bereit!«

Für den Tanz hatte Leonard eine Mulde zwischen Hügeln ausgewählt, in der die Polizei die Tänzer weder sehen noch auf sie schießen konnte. Und er hatte diesen Ort geheiligt. Und so tanzten die Sioux wieder den Geistertanz, zum erstenmal nach über achtzig Jahren. Sie tanzten vier Tage lang, fingen morgens um fünf Uhr an und tanzten von der Morgendämmerung bis in die Nacht. Dieser Tanz fand um den ersten Tag des Frühlings statt, eines neuen Frühlings für das Volk der Sioux. Wie die alten Geistertänzer tanzten viele Männer barfuß im Schnee um eine Zeder. Leonard hatte etwa dreißig oder vierzig Tänzer. Nicht jeder, der wollte, konnte auch tanzen. Schwestern und Ärzte mußten auf ihren Posten bleiben. Das Leben mußte weitergehen und die Verteidigungsstellungen behauptet werden.

Am ersten Tag fiel eine der Frauen in den Schnee und wurde in das Museum zurückgebracht. Man rauchte die Pfeife, und Leonard beräucherte sie, indem er mit seinem Adlerflügel fächelte. Allmählich kam sie zu sich. Die Frau sagte, daß sie nicht ausdrücken könnte, was ihr geschehen war, daß sie aber die Power gehabt und eine Vision empfangen hätte. Es dauerte lange, bis sie das sagen konnte, weil sie noch in Trance war – von ihren Augen war nur das Weiße zu sehen. An einem der vier Tage unterbrach ein Schneesturm das Tanzen, aber er konnte es nicht auf Dauer anhalten. Später dankte Wallace Black Elk den Tänzern für ihre Ausdauer, und Russel Means hielt eine gute Rede darüber, wie wichtig die Wiedergeburt des Geistertanzes sei.

Der heilige Mann der Oglala, Black Elk, der vor ungefähr fünfzig Jahren starb, sagte über Wounded Knee in seinem Buch: »Ich kann noch immer die abgeschlachteten Frauen und Kinder daliegen sehen, in Haufen und über die ganze krumme Schlucht verstreut, ebenso deutlich, wie ich sie gesehen habe, als meine Augen noch jung waren. Und ich kann noch etwas anderes sehen, was da in dem blutigen Schlamm gestorben ist und vom Schneesturm zugedeckt wurde. Dort starb der Traum eines Volkes. Es war ein schöner Traum.

Und ich, dem in seiner Jugend eine so große Vision eingegeben wurde – ich bin jetzt ein armseliger alter Mann, der nichts getan hat, denn der Ring des Volkes ist zerbrochen und verstreut. Da gibt es keinen Mittelpunkt mehr, und der heilige Baum ist tot.«

In diesem Hohlweg, bei Cankpe Opi, sammelten wir die Stücke des heiligen Ringes ein und fügten sie wieder zusammen. Alle, die wir bei Wounded Knee waren, Buddy Lamont, Clearwater und unsere Medizinmänner – wir alle stellten den Ring des Volkes wieder her. Der heilige Baum ist nicht tot!

11. Kapitel
Die Geburt

> Ho! Sonne, Mond und Sterne,
> Ihr alle, die ihr euch
> Am Himmel bewegt,
> Hört mich an!
> In eure Mitte
> Ist neues Leben getreten
> Ebnet ihm den Weg.
>
> Omaha-Gebet für ein Neugeborenes

Am Freitag, dem 5. April, verließ Crow Dog Wounded Knee für etwa eine Woche. Er war in eine vierköpfige Abordnung gewählt worden, die nach Washington gehen sollte, um vielleicht den Präsidenten zu treffen und eine Vereinbarung zu erreichen, mit der wir leben konnten. Wie sich herausstellte, war der Versuch, in Washington zu einer Vereinbarung zu kommen, ebenso nutzlos wie in Wounded Knee. Zu dieser Zeit war Crow Dog noch nicht mein Mann und Liebhaber, aber ich hatte großes Vertrauen zu ihm und seinen Fähigkeiten als Medizinmann, und ich hatte gehofft, er würde in der Nähe sein, wenn ich mein Baby bekam. Jetzt ging er fort, gerade in dem Augenblick, wo ich entbinden sollte, und ich fühlte mich im Stich gelassen. Ich war sehr egozentriert oder eher bauchzentriert. Meinetwegen hätten Washington und Nixon von einer Überschwemmung oder einem Erdbeben verschlungen werden können. Mein Baby war verdammt viel wichtiger.

Die Sprache der Sioux kennt eine ganze Anzahl von Bezeichnungen für Schwangerschaft. Eine heißt »dick werden«. Eine andere »überladen sein«. Ich fühlte mich beides, dick und überladen. Zwar wollte ich mein Baby in Wounded Knee bekommen, aber ich war nicht sicher, ob das möglich sein würde, weil immer wieder einmal jemand kam und sagte: »Die Verhandlungen laufen wirklich gut. In ein oder zwei Tagen sind wir alle draußen. Dann gehen wir nach Hause.« Und ich entgegnete immer: »Entweder kommen wir hier raus oder wir sterben. Aber wie auch immer, ich werde mein Baby hier bekommen, auf indianische Art.« Ich war allerdings weitaus weniger zuversichtlich als meine Worte.

Ich war fest entschlossen, nicht ins Hospital zu gehen. Ich

wollte keinen weißen Arzt, der auf mich herabsah. Ich wünschte nicht, von einem weißen Arzt berührt zu werden. Ständig ging mir durch den Kopf, wie sie meine Schwester sterilisiert hatten und ihr Baby sterben ließen. Mein Baby sollte leben! Ich wollte es nach alter indianischer Sitte bekommen – na ja, nach alter schon, aber nicht nach ganz alter Sitte. Nach wirklich alter Tradition bohrten unsere Frauen genau in der Mitte des Tipi einen taillenhohen Pappelholzstab in den Boden. Hingekauert hielten sie sich an dem Stab fest und ließen das Baby auf ein viereckiges Stück weiches, gegerbtes Rehfell gleiten. Sie schnitten selbst die Nabelschnur durch und streuten dem Baby Bovist-Pulver auf den Nabel. Manchmal hockte eine Freundin hinter ihnen und drückte auf den Leib oder schob das Kind mit einer Art Gurt nach unten. Man rieb das Baby mit Wasser und Süßgras ab und wischte es mit Büffelfett sauber. Ich war nicht davon überzeugt, daß ich ganz so tapfer oder traditionsbewußt war, um das alles ebenso zu machen. Und woher hätte ich Büffelfett bekommen sollen?

Irgend jemand hätte mir auch eine mit Perlen und Stachelschweinborsten besetzte Wiege schenken müssen und zwei Schildkröten- oder Eidechsenamulette, in die man die Nabelschnur hineinlegt – eines versteckt man irgendwo in der Wiege, das andere zeigt man ganz offen, so daß die bösen Geister denken, in diesem wäre die Nabelschnur. Wenn sie dann versuchen, sie zu verhexen, sind sie an der Nase herumgeführt worden. Keha, die Schildkröte, und Telanuwe, die Sandeidechse, sind nur schwer umzubringen. Sie haben ein zähes Leben. Und noch lange nach ihrem Tode schlagen ihre Herzen weiter. Deshalb schützen diese Fetische und verleihen langes Leben. Meine Tante Elsie Flood, die Schildkrötenfrau, hätte mir einen solchen Zauber gemacht, aber das ging ja nicht.

Ich hätte auch einen Winkte finden müssen, einen Schwulen, damit er meinem Baby einen Geheimnamen gibt. Von Winktes glaubt man nämlich, daß sie ein hohes Alter erreichen. Gaben sie nun einem Neugeborenen einen Geheimnamen, einen, den nicht jeder kennt, dann übertrug sich die Langlebigkeit der Winktes auf das Kleine. So ein Winkte-Name war immer spaßig-obszön, zum Beispiel Che Maza, das bedeutet Eiserner Ständer und man mußte den Namensgeber gut dafür bezahlen. Nun hatte ich aber kein Geld, und wie sollte ich in Wounded Knee einen Winkte auftreiben? Ich konnte ja nicht gut zu jedem einzelnen Krieger hingehen und ihn fragen: »Bist du vielleicht zufällig schwul?« Damit will ich gar nichts gegen Winktes sagen. Wir Sioux glauben von jeher daran, daß ein Mensch die Freiheit hat, das zu sein, was er oder sie sein möchte. Ich kenne einen Winkte, der unglaublich tapfer ist. Beim Sonnentanz wählt er immer die qualvollste Art, sich Schmerzen zuzufügen. Er durchbohrt sich gleichzeitig an jeweils zwei Stellen vorn und hinten. Dann steht er wie festgenagelt zwischen vier Pfählen und hat kaum Platz, sich zu bewegen. Er kann sich nicht dadurch losreißen, daß er ein paar Schritte läuft und dann plötzlich einen Sprung nach vorn macht. Er muß sich die Spieße langsam und qualvoll durch das Fleisch hindurcharbeiten. Aber irgendwie kann ich nicht daran glauben, daß Winktes über lebensverlängernde Kräfte verfügen. In den alten Zeiten lebte der Winkte deshalb so lange, weil er Frauenkleider trug und gerbte und stickte und kochte, während die anderen Männer auf den Kriegspfad gingen und natürlich auch selbst getötet wurden. Ich habe so den Verdacht, daß Winktes heutzutage auch nicht länger leben als jeder andere.

Aus all diesen Gründen konnte ich also nicht ganz so traditionsbewußt sein. Wenn ich sage, daß ich entschlossen war, mein Baby nach Sioux-Art zu bekommen, dann hieß das einfach nur, es mit einem indianischen Gebet unter Abbrennen von Süßgras und mit indianischen Freundinnen als Hebammen auf ganz natürliche Weise auf die Welt zu bringen – ohne Injektionen oder Anästhesie. Ich wollte mein Baby im Zeremonien-Tipi bekommen, wurde aber überredet, das nicht zu tun. Das Tipi war zu exponiert und lag oft unter Beschuß.

Nun hatte ich in der letzten Woche, bevor die Wehen einsetzten, keineswegs etwa ständig erhabene Gedanken über traditionelle Entbindungen im Kopf. Viel öfter war ich mit sehr viel irdischeren Dingen beschäftigt, zum Beispiel damit, wie ich sicher zur Toilette kam. Da ich im neunten Monat war, mußte ich häufig Wasser lassen. Die Frauen hatten eine Garage saubergemacht und mit Hilfe von ein paar Männern in eine Toilette für jeweils vier Frauen verwandelt. Es war ganz merkwürdig. Immer fand man eine Anzahl Mädchen vor, die in einer Schlange warteten, bis sie an der Reihe waren. Wenn sie meinen dicken Bauch sahen, ließen sie mich gewöhnlich vor. Manchmal, wenn die Kugeln den Staub zu unseren Füßen aufwirbelten, waren um uns herum Leuchtspuren wie von Glühwürmchen. Aber auf die eine oder andere Art schien diese Schießerei irgendwie unwirklich zu sein. Die Mädchen blieben in der Reihe und schwatzten und kicherten weiter. Nie hat es Panik gegeben. Manchmal kam jemand und rief: »Alles in Ordnung? Braucht jemand Beruhigungspillen?« Man stelle sich vor, an einem Ort zu sein, wo man Beruhigungspillen braucht, wenn man aufs Klo geht! Wir haben jedenfalls keine genommen. Mein Problem war allerdings, daß ich in meinem Zustand zwei- oder dreimal öfter als die anderen gehen mußte, manchmal in allerhöchster Eile.

Eines Abends war ich im Handelsposten. Ich hatte eben saubergemacht, da kam dieser Pine-Ridge-Mann herein und setzte sich hin. Er sah mich lange an und fragte schließlich: »Willst du dein Baby hier kriegen?«

Ich antwortete: »Ja, ich muß. Wirst du bis zum Schluß hierbleiben?«

»Nein«, sagte er, »ich habe draußen zu tun.«

»Ach nee«, erwiderte ich. »Du bist ein Oglala, das hier ist dein Land. Du solltest es verteidigen. Ich bin aus dem nächsten Reservat, aus Rosebud, ich bin eine Brule und schwanger. Aber ich bleibe. Viel bringst du nicht zu Ende.«

Sein Blick ruhte lange auf mir. »Wow! Du wirst dein Baby hier auf indianische Art kriegen. Das ist toll!« Ich konnte ihm nur beipflichten.

Bei einer anderen Gelegenheit sagte mein Bruder zu mir: »Du solltest nicht hier sein – schwanger, wie du bist. Ich müßte dich übers Knie legen und dafür durchprügeln.« Aber ich erwiderte nur, er solle sich um seine Angelegenheiten kümmern und ob er nicht eine Zigarette habe.

Es gab in Wounded Knee außer mir noch eine Schwangere, Cheryl Petite. Auch sie hatte vor, ihr Kind innerhalb des Verteidigungsringes zu bekommen. Sie war eine große, kräftige Frau. Ein paar der jungen Burschen schlossen Wetten ab, wer von uns beiden zuerst auspacken würde. Ihre Wehen setzten am Sonntag ein, drei Tage eher als bei mir. Ihr Mann war ein Aufschneider, er kam zu mir und sagte: »Sie schlägt dich. Wir werden unser Baby zuerst haben.«

Ich antwortete ihm, daß es mir egal sei, wer sein Baby zuerst bekommt. Das wäre keine Sportveranstaltung und ich nähme an keinem Rennen teil. Er aber quatschte weiter im ganzen Ort herum, daß Cher dabei sei, mich zu schlagen. Da hatte sie erst seit zwei Stunden Wehen. Als die dann im Abstand von zehn Minuten auftraten, fing er an, sich Sorgen zu machen: »Vielleicht wäre es doch besser, ins Hospital zu gehen. Kann sein, sie ist zu eng. Vielleicht liegt es auch nicht richtig. Vielleicht wird ein Kaiserschnitt nötig.« So machten sie sich selbst verrückt, und er begann, an der Straßensperre zu verhandeln. Die Marshals ließen sie durch, damit sie das Kind im Pine-Ridge-Hospital bekommen konnte. Die Menschen im Ort fühlten sich dabei schlecht. Viele kamen zu mir und sagten: »Mary, du bist jetzt unsere letzte Chance, ein Baby zu bekommen, das in Wounded Knee geboren worden ist.« Und ich wollte sie nicht enttäuschen.

Kurz bevor Crow Dog nach Washington aufbrach, hielt er ein Peyote-Meeting ab. Ich war glücklich, daran teilnehmen zu können, gerade jetzt, vor der Entbindung – wie sich später herausstellte, war das genau eine Woche, bevor die Wehen einsetzten. Ich nahm von der Medizin. Als die heiligen Gegenstände herumgereicht wurden, ergriff ich den Stab und betete mit ihm, betete, daß mein Kind und ich alles heil überstehen möchten. Und zur Zeit des Mitternachtstrunks stand Leonard auf und sagte: »Alles kommt in Ordnung. Dir wird Gutes widerfahren.« Und ich erzählte ihm, wieviel Kraft mir das Meeting gibt. Als ich gebetet hatte, war Regen niedergegangen, so ein dunstiger Sprühregen. Aber dann hörte er auf, und als das Meeting zu Ende ging, war der Himmel klar. Ich ging zuversichtlich und mit einem guten Gefühl in mein Quartier.

Am Montag, als eben der Morgenstern herauskam, platzte die Fruchtblase, und ich ging zur Badehütte, um zu beten. Ich wollte ein Schwitzbad nehmen, aber Black Elk ließ es nicht zu. Vielleicht gab es da ein Tabu, so wie es ja auch einer Frau, die die Regel hat, nicht gestattet ist, an einer Zeremonie teilzunehmen. Ich war enttäuscht, hatte ich doch nicht das Gefühl, dadurch, daß mir das Wasser abgegangen war, in ritueller Hinsicht unrein geworden zu sein. Als ich von der Hütte wegging, hörte ich – nun schon zum drittenmal – aus dem Hohlweg, wo das Massaker stattgefunden hatte, dieses gespenstische Weinen und Klagen einer Frau und eines Kindes. Auch andere haben das gehört. Ich spürte, daß überall um mich herum Geister waren. Später erzählte man mir, daß das auch einige Marshals in den Sandsackstellungen gehört und es ein paar nicht ertragen hätten und verschwunden wären.

Danach geschah nichts mehr, bis am Dienstagmorgen irgendwelches Zeug abging. Um vier Uhr nachmittags bekam ich im Abstand von einer halben Stunde Krämpfe. Da legte man mich hin. Um neun Uhr abends wurden die Krämpfe qualvoll. Die Wehen dauerten die ganze Nacht. Mittwoch früh wurden sie schwerer. Draußen begann eine Schießerei, aber ich war viel zu sehr mit mir beschäftigt, um dem irgendwelche Beachtung zu schenken. Meine Freunde paßten auch sehr auf mich auf. Pedro Bissonette, der später von der BIA-Polizei umgebracht wurde, tigerte auf dem Korridor hin und her. Alle Augenblicke schaute er zu mir herein, um zu sehen, wie es mir ging, und er versuchte, mich zu beruhigen: »Ein Krankenwagen steht bereit. Nur für den Fall, daß irgend etwas schiefgeht. Er kann dich sofort durch die Straßensperre zum Hospital bringen, du brauchst es nur zu sagen.«

»Nein«, sagte ich, »es ist alles in Ordnung.« Aber das war es durchaus nicht. Die Wehen waren schlimm und dauerten schon so lange. Und sie waren so wirklich, daß sie alles andere auslöschten. Außerdem fühlte ich mich so einsam. Ich vermißte meine Mutter, mit der ich nie ausgekommen war, vermißte meine Schwestern, meine Großmutter. Ich wünschte mir, daß es da einen Vater gäbe, der auf mich und das Baby wartete. Und doch war ich froh darüber, aufopferungsvolle Freundinnen zu haben, die mir beistanden, mir halfen. Josette Wawasik war die Haupthebamme. Sie war eine zweiundsiebzigjährige Potawatomy aus Kansas, die in Wounded Knee von Anfang an dabei war und auch an der Besetzung des BIA-Gebäudes vor einem halben Jahr teilgenommen hatte. Ellen Moves Camp und Vernona Kills Right halfen ihr, und natürlich war auch Annie Mae Aquash da. Mrs. Wawasik hatte bisher dreizehn Babys entbunden und Ellen Moves Camp drei oder vier, so daß sie wußten, was zu tun war. Ellens Fall war tragisch. Sie war eine so tapfere Frau und mußte später mit ansehen, wie ihr Sohn zu einem Informanten gegen uns wurde. Ihre Hände waren sanft. Ich bekam keine Injektion oder Betäubungsmittel, nur Wasser. Die Entbindung ging in einem Wohnwagen vor sich. Ich wollte ja im Tipi entbinden, wie ich schon sagte, aber das hätte unser aller Leben aufs Spiel gesetzt. Meine Wehen dauerten bis dreiviertel drei Uhr nachmittags, und dann ging es ruckzuck – leicht, wie nur etwas.

Ein paar Stunden, bevor Pedro geboren wurde, brachte eine Kuh ein Kalb zur Welt. Die Sioux sind sprichwörtliche Spieler, und sie hatten gewettet, wer das Rennen machen würde, die Kuh oder ich. Die Kuh hatte mich um eine Länge geschlagen.

Als das Baby da war, konnte ich die Leute draußen hören. Alle außer den Sicherheitskräften in den Bunkern waren gekommen, und als sie das erste winzige Krähen meines kleinen Jungen vernahmen, stießen die Frauen den grellen, vibrierenden Tapferkeitsschrei aus. Ich blickte aus dem Fenster und konnte erkennen, wie Frauen und Männer mit erhobenen Fäusten dastanden, und in diesem Augenblick glaubte ich tatsächlich, daß ich etwas für mein Volk vollbracht hatte. Und das tat sehr, sehr gut – es war, als breite sich langsam Wärme über mich aus.

Dennis Banks kam zu mir, umarmte mich und sagte: »Recht so, Schwester!« Dabei weinte er, und da mußte auch ich weinen. Und dann kamen Carter Camp und Pedro Bissonette mit tränenüberströmten Gesichtern herein. Alle diese harten Burschen weinten. Und schließlich kamen meine Freundinnen und hielten der Reihe nach das Baby im Arm. Großmutter Wawasik ging zum Fenster und hob das Baby hoch, und da brach ein großer Jubel aus. Man schlug die große Trommel und sang das AIM-Lied. Das führte zu einem anderen Lied, zu vielen Liedern, und mein Herz schlug mit der Trommel. Sie wickelten mein Baby ein und legten es neben mich. Dann brachte man die Pfeife, und wir beteten mit ihr, beteten für meinen kleinen Jungen, den ich Pedro nannte. Ich bin froh, das getan zu haben, weil auf diese Weise Pedro Bissonettes Name weiterlebt. Und gleich nach seiner Geburt hob mein kleiner Sohn seinen kleinen, schwachen Kopf, und da wußte ich, daß ich ein kräftiges Kind hatte, denn das tun Neugeborene eigentlich erst, wenn sie etwa zwei Wochen alt sind. Und die Sioux-Machos sagten: »Na klar, das ist ein Krieger.« Als ich ihn so ansah, da wußte ich, daß ich in einen neuen Abschnitt meines Lebens eingetreten war und daß nichts mehr so wie früher sein würde, sein konnte. Immer mehr Leute drängten herein, schüttelten mir die Hand und knipsten mich, und ich war doch noch gar nicht fertig. Großmutter Wawasik und Ellen Moves Camp mußten alle hinauswerfen, um Ruhe für die Nachgeburt zu haben. Durch das Fenster erkannte ich Rauch. Die Bundespolizisten brannten das Gestrüpp ab, um unseren Wachen die Deckung zu nehmen. Die ganze Prärie um Wounded Knee brannte. Vernona sagte: »Sie schicken für dich ein Rauchsignal in den Himmel.« Ich war sehr, sehr müde und schlief endlich ein.

Das Trommeln und Singen und Jubeln hatte die Marshals in Aufregung versetzt. Wie von ihnen nicht anders zu erwarten, glaubten sie, daß wir uns auf einen Banzai-Angriff vorbereiteten. Sie liefen in alle Himmelsrichtungen und fuchtelten mit ihren M-16-Gewehren. Und bald rumpelte auch ein halbes Dutzend SPWs heran, näherte sich unseren Stellungen und fing an herumzuschießen. Zum Glück wurde niemand getroffen. Das hätte dem Tag die Freude genommen, diesem elften April, einem guten Tag für uns alle. Und so war ich, obwohl selbst kaum erwachsen, Mutter geworden.

Einige Tage nach der Geburt des Babys kam der Luftabwurf, und ich bekam unter anderem eine Zwiebel. Ich war so glücklich, nach zwei Monaten in Wounded Knee wieder eine richtige frische Zwiebel zu sehen. Aber meine gute Laune hielt nicht lange an. Ich hörte, wie ein Bursche über Sprechfunk meldete: »Ein Mann hat eine Kopfverletzung. Er blutet, er wird wohl nicht durchkommen. Stellt das Feuer ein, daß wir ihn hereinholen können, wir müssen ihn ins Hospital bringen.« In diesem Augenblick wurde ich traurig und hatte gleichzeitig das Gefühl, daß ich auf irgendeine geheimnisvolle Weise nur deshalb ein neues Leben in die Welt gesetzt hatte, um das verlorengegangene zu ersetzen. Der so schwerverwundete Bruder war Clearwater, ein Cherokese.

Als an diesem Tag die Schießerei anfing, war ich zufällig im Handelsposten, wohin ich und das Baby gebracht worden waren. Die Kugeln flogen direkt durch ihn hindurch, sie schlugen durch die eine Wand ein und gingen durch die andere wieder hinaus. Jedermann sagte mir, ich solle meinen Jungen nehmen und – zum Teufel noch mal! – von dort an einen sicheren Ort verschwinden. Man befahl mir, mit Roger Iron Cloud zu den Wohnungen hinüberzulaufen und mich in einem Keller zu verstekken. Also wickelte ich mein Baby ein, packte seine Windeln zusammen, und dann rannten wir los. Wir gerieten ins Kreuzfeuer und mußten uns dreimal in den Dreck werfen. Ich hatte Angst, richtiggehend Angst, übrigens das einzige Mal während der Belagerung – nicht so sehr um mich als um mein Baby. Ich betete: »Wenn jemand sterben soll, Großer Vater, dann will ich es sein, aber rette ihn!« Ich konzentrierte mich aufs Überleben, darauf, lebendig aus dieser Situation herauszukommen. Um es zu schützen, legte ich mich auf mein Baby. Manchmal schob Iron Cloud seinen Körper dazwischen, dahin, wo er nach seiner Meinung mir und dem kleinen Pedro am meisten nützen konnte. Das ist der Typ Sioux-Macho, den ich achten kann. Wir gelangten sicher in den Keller. Ich hatte einen Augenblick der Panik erlebt und geglaubt, daß die Stimmen, die ich gehört hatte, und die Vision, die mir vor Jahren erschienen war, bedeuten könnten, daß ich und mein Baby zu den Geistern auf dem Hügel gehen müßten. Diese Bastarde! Zwangen mich, vier Tage nach der Entbindung wie ein Sprintstar zu rennen! Meine Knie zitterten noch eine ganze Weile. Aber mehr vom Rennen, will ich mal ein bißchen angeben, als von irgend etwas anderem. Ja, das war Pedros Feuertaufe.

Ein paar Tage nach Pedros Geburt schlich sich Leonard wieder nach Wounded Knee herein und gab ihm einen indianischen Namen. Er veranstaltete für uns auch ein Peyote-Meeting. Ich nahm Medizin, und all die Schmerzen, die ich immer noch verspürte, verschwanden. Auch dem Baby gab ich ein kleines bißchen Peyote-Tee. Irgendwelche Leute aus Kalifornien schickten meinem Kind eine heilige Pfeife und einen wunderschön verzierten Pfeifenbeutel – mich machte das glücklich, und ihn stattete es für die Straße des Lebens gut aus.

Ich verließ Wounded Knee an dem Tag, an dem Buddy Lamont erschossen wurde, ungefähr eine Woche vor Ende der Belagerung. Ich ruhte mich gerade mit meinem Baby in meinem Zimmer aus, als ein Bursche hereinkam und sagte: »Es ist jemand erschossen worden.« Was er genau wisse, fragte ich ihn, und wer es sei. Da erzählte er, es sei Buddy, und ich sagte: »O nein, das ist mein Onkel!« Ich ging zu Kamook hinüber, zu Dennis' Frau, und fand sie weinend in Dennis' Armen. Ich war so erschüttert, daß ich nicht weinen konnte. Ich wollte es einfach nicht glauben. Ein Freund begleitete mich zu unserem improvisierten Hospital hinüber, damit ich Buddy noch einmal sehen und seine Hand halten konnte. Sie war noch warm. Seine Verwandten baten mich, mit ihnen zusammen Wounded Knee zu verlassen und ihnen bei der Beerdigung zu helfen. Arm war ich nach Wounded Knee gekommen, arm verließ ich es wieder. Alles, was mein Baby und ich besaßen, waren die Kleider, die ich anhatte, ein Packen Windeln und eine Decke für das Kind. Natürlich, wir hatten auch die Pfeife, aber ein verheißungsvoller Anfang für einen Mutter-Kind-Haushalt war das nicht.

Mir war zugesagt worden, daß ich nicht verhaftet würde, aber in dem Augenblick, als ich die Straßensperre passierte, wurde ich in das Gefängnis von Pine Ridge geschleift. Man trug mich nicht als Zugang ein, sondern nahm mir nur alle Sachen weg und wollte auch das Baby haben. Sie sagten mir, ich müßte warten, weil man mich nicht ins Kittchen stecken könnte, bevor die Fürsorge das Baby abgeholt hätte. Ich wäre arm, unverheiratet und eine üble Hetzerin aus Wounded Knee – als Mutter also ungeeignet. Das Kind käme in ein Waisenhaus. Aber ich war nicht willens, mein Baby herzugeben. Ich würde es nie wiedersehen. Ich war bereit, bis in den Tod um mein Kind zu kämpfen, der Fürsorge-Lady den Quatsch mit Fußtritten auszutreiben und den Wachleuten, falls notwendig, die Augen auszukratzen. Glücklicherweise erschien gerade in diesem Augenblick Cheyenne, Buddys Schwester, und überredete sie, ihr das Baby zu geben, bis ich herauskommen würde. Ich weiß nicht, was ich ohne sie getan hätte. Anstatt daß ich ihr in ihrem Schmerz zur Seite stand, half sie mir. Dann kam einer der Marshals in seiner schmucken blauen Uniform herein und sagte: »Warum bist du so normal? Versuch doch mal, ein bißchen nett zu mir zu sein.«

Ich sagte ihm, daß ich mich mit Schweinen nicht unterhalte, und davon war er so bedient, daß er mich in Ruhe ließ. Weil ich nicht stillen konnte, schwollen meine Brüste an, wurden hart und schmerzten. Allzu glücklich war ich also nicht in diesem Gefängnis, das die Schläger mit ihrem seltsamen Humor »Hotel Herzeleid« nannten. Man teilte mir mit, daß ich wegen Verhören und spezieller Befragungen festgehalten würde, aber ich sprach nicht mit ihnen. Ich durfte nicht telefonieren, keine Nachrichten nach draußen geben und auch mit keinem Rechtsanwalt sprechen. Nach vierundzwanzig Stunden ließ man mich endlich gehen, weil das Baby gestillt werden mußte. Einer der Presseoffiziere der Regierung meinte, daß es in der Öffentlichkeit einen schlechten Eindruck mache, eine stillende Mutter festzuhalten. Als ich aus dem Gefängnis kam, erwartete mich meine Mutter. Ich hatte sie lange nicht gesehen. Sie weinte und sagte mir wieder und wieder, daß ich nicht nach Wounded Knee hätte kommen dürfen oder doch wenigstens rechtzeitig wieder hätte gehen müssen, ehe die Dinge sich zum Schlechten wandten und ich verhaftet wurde. Ich sagte ihr, daß es keinen Grund zum Weinen gebe. Aber sie meinte: »Diese militanten Typen, mit denen du zusammen bist, taugen nichts. Derentwegen wirst du noch umkommen. Warum kannst du dich nicht irgendwo niederlassen, ein hübsches Heim haben und ein friedliches Leben führen?« Dann aber hörte sie plötzlich auf zu weinen und fuhr in einem ganz anderen Ton fort: »Diese gottverdammten Hundesöhne! Meiner Tochter und meinem Enkelkind so was anzutun! Das ist nicht ihre Aufgabe, dich gleich nach der Entbindung einzusperren und dir das Baby wegzunehmen. Warum schießt nicht mal jemand zur Abwechslung ein paar von ihnen zusammen?«

Ich sagte: »Ja, ich bin jetzt Mutter und habe dich zur Großmutter gemacht.« Und plötzlich kamen wir gut miteinander aus und verstanden uns. Ihr Ärger dauerte nicht lange, und irgendwie ging es danach besser mit uns beiden.

Fortgehen durfte ich aber noch nicht. Ich und das Baby wurden nach Rapid City in das alte verlauste Pennington-County-Gefängnis gebracht, allerdings nur für ein paar Stunden, weil man merkte, daß aus mir nichts herauszuholen war. So hielten der Staat und die Bundespolizei ihr Versprechen, mich nicht zu verhaften. Das verwunderte mich aber gar nicht. Sie gaben schließlich auf und ließen mich gehen. Als ich freigekommen war, mußte ich ungefähr hundertfünfzig Meilen weit trampen, um nach Hause nach Grass Mountain zu kommen. Ein Schlägertyp namens Big Crow nahm mich mit und versuchte, mich zu sich nach Hause und ins Bett zu kriegen. Ich hielt das Baby fest, sprang aus dem Auto, überschlug mich, rannte wie der Teufel ins Gestrüpp und versteckte mich in einem Abzugskanal. Da er fett und kurzatmig war, entkam ich ihm. Außerdem war es dunkel, so daß er mich nicht finden konnte. Ich hörte ihn vor sich hinmurmeln und fluchen, bis er schließlich wegfuhr. Zwei Stunden lang wagte ich mich nicht aus meinem Versteck, weil ich Angst hatte, daß er mich austricksen wollte und zurückkommen würde. Es war dunkel, unheimlich und sehr kalt in dem Graben, und ich hatte Mühe, das Baby am Weinen zu hindern, weil uns das verraten hätte. Es war wie in den alten Zeiten, als sich unsere Frauen mit ihren Babys vor der Kavallerie verstecken mußten – Abzugskanäle gab es damals freilich noch nicht. Schließlich nahm mich ein netter alter Vollblutindianer mit, und das war für mich das Ende von Wounded Knee.

Für Crow Dog kam das Ende etwa eine Woche später, als endlich eine Übereinkunft erzielt worden war. Einige Krieger in Wounded Knee weinten, als das Abkommen unterzeichnet wurde, und sagten: »Noch ein Vertrag, der gebrochen wird. Wir sind eine Verpflichtung eingegangen, das ist ein Rückzieher.«

Ein Mann meinte: »Warum bringt ihr uns nicht um und sprecht unsere Leichen schuldig?« Bei der Übergabe waren es nur noch etwa hundertzwanzig Leute, die anderen waren alle gegangen – vierzig von ihnen in der letzten Nacht, auf einem Weg, der nicht bewacht wurde, weil er so offen dalag, daß es fast Selbstmord war, ihn zu benutzen. Und sogar an diesem letzten Abend gab es noch ein Feuergefecht. Die hundertzwanzig, die geblieben waren, hätten auch hinausgehen können, aber sie entschieden sich, bis zum Ende dazubleiben. Leonard war unter den Anführern, die bis zum Schluß geblieben waren. Ich glaube, er war der letzte, der herauskam. Er wurde in Handschellen mit dem Helikopter ins Gefängnis von Rapid City gebracht. Die Bundespolizei war mit den zwanzig alten Gewehren, die ihr ausgeliefert wurden, nicht zufrieden, und der Führer der Regierungskommission verkündete: »Sie haben nur eine Menge alten Schrott übergeben. Ich habe das Gefühl, daß wegen dieses Vertragsbruchs das Weiße Haus seine Verpflichtungen gegenüber der AIM nicht einhalten muß.«

Zwei Jahre später sahen sich sieben von uns, die wir in Wounded Knee dabei waren, im Kino den Film »Billy Jack« an. Oberflächlich gab es eine gewisse Ähnlichkeit mit Wounded Knee – ein Indianer verteidigte sich in einer weißen, schindelgedeckten Kirche, die von einer Menge Staatspolizisten umzingelt war.

Crow Dog sagte anschließend im Scherz: »Dieser Billy Jack hatte es leicht. Er wurde bloß vierundzwanzig Stunden lang belagert, und schwere MGs und SPWs gab es auch nicht. Und er wurde nur in Handschellen herausgeholt, während man uns mit Handfesseln, Fußeisen und Hüftketten zusammengeschlossen hatte, wie in einem mittelalterlichen Folterfilm. O ja, Billy Jack hatte es leicht.«

Die kleine weiße Kirche auf dem Hügel brannte durch ein nie aufgeklärtes Feuer nieder; ich habe aber gehört, daß sie wieder aufgebaut sein soll. Der Handelsposten wurde plattgemacht wie eine zertretene Blechbüchse. Das Museum ist fort. Von dem großen Gildersleeve-Handelsimperium blieb lediglich ein riesiger, offener, verrosteter Safe übrig, in dem sich Wespen eingenistet haben. Er ist das einzige Anzeichen der »Zivilisation« der Weißen. Alles ist weg. Kein Grenzstein blieb übrig. Die Bundespolizei hat unsere Bunker ebenso wie ihre eigenen mit Bulldozern eingeebnet, und nur die Geister auf dem Hügel sind noch da und irren nachts durch ihren Graben. Wenn man Glück hat, findet man vielleicht noch eine Patronenhülse oder einen leeren Kanister im Gestrüpp. Ich glaube, die Regierung hat versucht, alle Spuren zu beseitigen, die daran erinnern könnten, daß hier einmal Indianer Widerstand geleistet haben. Das wird ihnen nichts helfen. In unseren Herzen können sie die Erinnerung nicht auslöschen, eine Erinnerung, die wir an noch ungeborene Generationen weitergeben werden. Heute sieht die Umgebung so aus wie früher, ehe der weiße Mann kam – so wie sie für Sitting Bull, Crazy Horse und Big Foot ausgesehen hat. Vielleicht sollte das so sein.

12. Kapitel
Sioux und Elefanten vergessen nie

> Ein schönes Tipi ist wie eine gute Mutter.
> Es schart seine Kinder um sich
> und schützt sie vor Hitze und Kälte,
> vor Regen und Sturm.
>
> Sprichwort der Sioux

Nach Wounded Knee wurde ich Crow Dogs Frau. Ich glaube, er hatte schon lange ein Auge auf mich, aber ich keins auf ihn. Ich war noch nicht ganz achtzehn, und er war über ein Dutzend Jahre älter. Für mich schien er einer anderen Generation anzugehören. Ich sah auch mit einer gewissen Art Scheu zu ihm auf. Er war Medizinmann und der geistige Führer der Amerikanischen Indianerbewegung. Und ich nannte ihn nach indianischer Sitte Onkel und er mich Nichte. Also betrachtete ich ihn nicht mit den gleichen Augen wie einen der ungebärdigen jungen Krieger, mit denen ich normalerweise umging.

Die Sioux sind in vielerlei Hinsicht prüde. Sie haben einen Horror vor Nacktheit. Auch schüchtern sind sie. Jungen und Mädchen haben Hemmungen, ihre Gefühle füreinander zu zeigen. Ihre Furcht vor Inzest und den damit verbundenen Tabus ist so groß, daß in den traditionellen Familien der Schwiegersohn niemals mit seiner Schwiegermutter spricht und der Schwiegervater nicht zwanglos und vertraut mit seiner Schwiegertochter umgeht. Andererseits ist die Annäherung des Mannes an eine Frau sehr simpel und direkt, und Sex gilt als selbstverständlich, als etwas Natürliches oder sogar Heiliges. Auch von Medizinmännern wird nicht verlangt, daß sie tugendhafter sind als andere Leute oder gar scheinheilig wie weiße Priester. Der alte Lame Deer pflegte immer zu sagen: »Man achtet mich nicht deshalb, weil ich so ein guter Kerl bin, sondern weil ich besondere Kräfte besitze.« Wenn es um Frauen geht, erwartet man von Medizinmännern, daß sie sich genauso verhalten wie jeder andere.

Ich traf Leonard beim Rodeo und Jahrmarkt in Rosebud. Er lud mich zu einer Runde in seinem alten roten Kabrio ein. Plötzlich hatte er den Arm um mich gelegt und küßte mich. Wir wollten zu einer Party. Ich hatte nicht vor, lange zu bleiben, ich wollte nicht mit ihm zusammen sein, ich wollte gehen. Ich hatte nämlich eine Verabredung mit einem jungen Mann aus Oklahoma. Aber Leonard packte mich am Arm und bugsierte mich irgendwie aus dem Haus heraus auf die Weide hinunter und hob mich über den Zaun. Dort waren wir allein. Schließlich ging ich mit ihm nach Hause. Aber ich hatte mich noch nicht für ihn entschieden, ich war noch nicht bereit, mich zu binden. Also sagte ich am nächsten Tag zu seiner Mutter, daß ich wegginge, in einen anderen Staat. Da meinte sie, daß ihr Leonard erzählt habe, ich würde ganz bestimmt seine Frau werden. Ich sagte, daß ich nicht die Richtige für ihn sei. Und ich blieb damals nicht bei ihm. Das kam später.

Zur Zeit des Sonnentanzes kam Leonard zu mir. Er sagte, daß er meine Hilfe brauche und unser Familienauto, um in die Berge nach Tipi-Pfosten zu fahren. Ich ging hin und borgte mir von meinem Schwager das Auto aus. Leonard nahm mich mit auf den höchsten Hügel. Es war hübsch dort oben. Ich stand und sah mich um und bewunderte den herrlichen Blick über das ganze Tal des Little White River, das sich vor uns ausbreitete. Es gab aber weder Tipi-Pfosten auf diesem Hügel noch Fichten für Zeltstangen. Leonard sagte: »Gib deinem Onkel einen Kuß.« Ich küßte ihn. Wir blieben ziemlich lange auf diesem Hügel. Wieder bat er mich, seine Frau zu werden, und noch einmal erwiderte ich: »Nein, ich will nicht.«

Nach Wounded Knee, an dem Tag, als der AIM-Führer Clyde Bellecourt angeschossen wurde, brachten wir ihn in das Hospital von Winner, wo er operiert wurde. Leonard war da und der alte Lame Deer, die für ihn beteten und die Pfeife rauchten. Anschließend fuhren wir in Kolonne nach Rosebud zurück, zum Haus von Crow Dog, wo Leonard für Clydes Genesung eine große Zeremonie abhielt. Alle schworen, nicht mehr zu trinken und das wilde Leben aufzugeben. Nach der Zeremonie bat mich Leonard zu bleiben. Ich sagte: »Nein, ich werde weggehen.« Er drängte mich in eine Ecke und wollte mich nicht fortlassen. Wieder und wieder sagte er: »Werd meine Frau.« Inzwischen war meine Mitfahrgelegenheit weg, und so blieb ich schließlich – für immer.

Old Man Henry, Leonards Vater, war vor Jahren irgendwie zu einem riesigen Lkw-Reifen gekommen, hoch wie ein Mann. Er hatte ihn zum Eingangstor geschafft und mit großen weißen

Buchstaben daraufgeschrieben: CROW DOGS PARADIES. Dieses Paradies, das ihm zugeteilte Land, ist wunderschön. Der Little White River fließt direkt hindurch. Umgeben ist es von fichtenbedeckten Hügeln. Am Himmel darüber sieht man Adler ihre Kreise ziehen. Manchmal fliegen Wasservögel, die den Peyote-Leuten heilig sind, mit langgereckten Hälsen darüber hin. Und Reitpferde gibt es. Überall auf diesem Land ist man der Natur nahe.

Das Paradies bietet nicht nur Platz für die engste Familie, es ist eher die Ansiedlung des ganzen Clans, der Tiyospaye. Als ich 1973 mit Crow Dog dort einzog, gab es zwei Hauptgebäude. Das größere war das Haus, in dem Leonards Eltern wohnten. Old Man Henry hatte es selbst gebaut, aus allen Abfällen und Resten, die er nur finden konnte – aus Baumstämmen, Felsbrocken, Teilen eines alten Eisenbahnwaggons und Teerpappe. Ein paar der Fenster stammten aus Autowracks. Es war groß, mit einem hohen, altmodischen, eisernen Ofen, einem alten holzbefeuerten Küchenherd und einer vorsintflutlichen fußgetriebenen Nähmaschine. Von der Decke, die durch zwei Baumstämme gehalten wurde, hingen Kräuter, heilige Gegenstände und Federbüschel herab. Gleich neben dem Eingang stand der Eimer mit kaltem, frischem Quellwasser und einem Schöpflöffel, so daß sich jedermann bedienen konnte. Kaffee war immer heiß auf dem Herd. Außen hatte Henry das ganze Haus himmelblau angestrichen, mit roten Einfassungen. Nichts war im rechten Winkel, alles war krumm oder hing irgendwie schief. Kein anderes Haus war so wie Henrys. Es stand schon vierzig Jahre, und alle Kinder und die meisten seiner Enkelkinder waren darin groß geworden. 1976, als Leonard im Gefängnis saß, brannte es unter sehr verdächtigen Umständen ab. Außer der Erinnerung gibt es heute nichts mehr davon.

Das andere Gebäude war das, in dem Leonard, ich und unsere Kinder wohnten. Es war ein armseliges Ding, mehr eine Art Bungalow als ein Haus – eine Wohnküche und zwei winzige Schlafräume. Einen Keller gab es nicht. Die Wände waren dünn, und im Winter war es kaum warm zu bekommen. Es sah genauso aus wie ein paar hundert andere Häuser im Reservat, die die Regierung im Rahmen des OEO-Hilfsprogramms bauen ließ. Wir nennen sie Armenhäuser. Es ist leuchtend rot gestrichen und sieht ganz hübsch aus, wenn man nicht zu nahe herankommt.

Es gibt immer ein paar Zelte in der Nähe, in denen Leute wohnen, und irgend jemand, der nicht wußte, wohin er sollte, hat die Kochhütte bezogen. Vor einigen Jahren wurde der Campingwagen eines weißen Freundes zerstört, die Reste benutzt jetzt ein Pärchen als Unterschlupf.

Ich hatte nun also ein Fleckchen Erde und einen Mann, zu denen ich gehörte, aber trotz der Aufschrift auf dem Lkw-Reifen war das durchaus nicht immer das Paradies. Auf meine Rolle als Ehefrau, Mutter und Haushälterin war ich überhaupt nicht vorbereitet. Leonard hatte aus seiner vorigen Ehe drei Kinder – zwei Mädchen, Ina und Bernadette, und einen Jungen, Richard. Die Mädchen waren alt genug, um zu begreifen, daß ich nicht ihre leibliche Mutter war, alt genug, um mein Tun zu beurteilen. Es lag bei ihnen, mich zu akzeptieren oder abzulehnen. Ich konnte nicht kochen. Ich wußte nicht einmal, wie man Kaffee macht. Ich kannte auch nicht den Unterschied zwischen schwachem und starkem Kaffee, der Art, die die Sioux lieben, auf der ein Silberdollar schwimmt.

Sioux besuchen sich ständig gegenseitig und bleiben – einen Tag oder eine Woche, wie der Geist sie eben umtreibt. Die Leute essen, wann immer sie Hunger haben, und nicht wenn die Uhr sagt, daß es Essenszeit ist. Also sind die Frauen ständig damit beschäftigt, zu kochen und sich um die Gäste zu kümmern. Indianische Frauen haben gewöhnlich kein fließendes Wasser, sie kochen auf alten, holzbeheizten Küchenherden, waschen ihre Wäsche auf altmodischen Waschbrettern und in Zubern. Anstelle von Toiletten haben wir Außenklos. Und Wasser wird mit Eimern aus dem Fluß geholt.

Leonard ist sowohl Medizinmann als auch Führer der Bürgerrechtler. Und das bedeutet, daß wir zehnmal mehr Gäste haben als ein normaler Sioux-Haushalt. Das ganze Haus ist wie ein kostenloses Hotel, für jedermann, der vorbeikommt. Das rote OEO-Haus, in dem Leonard und ich wohnen, fing an, durch all das Kommen und Gehen einfach zu zerfallen. Als ich einzog, war es eine Räuberhöhle. Niemand versuchte aufzuräumen oder sauberzumachen. Alle kamen nur, um zu essen, zu essen, zu essen und vielleicht außer einem sauberen Bett auch noch die

Hemden und Socken gewaschen zu bekommen. Ich brachte eine Reihe von Jahren damit zu, Leute durchzufüttern und nach ihnen sauberzumachen. Es sind meist Männer, die zu uns kommen, nur wenige Frauen, und man kann Männern nicht sagen, was sie tun sollen, vor allem Sioux-Männern nicht. Manchmal habe ich sogar mein Bett aus dem Haus geschafft, um ein bißchen schlafen zu können, weil die Männer die ganze Nacht über aufblieben, über Politik redeten, Kaffee tranken und schwatzten. Sioux-Männer sind die übelsten Tratschtanten der Welt. Normalerweise wusch ich um Mitternacht zum letztenmal ab und ging dann ins Bett – am anderen Morgen war das gesamte Geschirr wieder schmutzig.

Die meisten anderen Medizinmänner geben sich nicht soviel Mühe wie Leonard. Sie halten ihre Häuser geschlossen, mehr für sich selbst. Sie tappen nicht in die Falle und machen aus ihren Häusern keine Schlafsäle und kostenlose Hotels. Leonard aber tun die Leute leid. Jedesmal, wenn wir in die Stadt fahren, lesen wir jemanden auf, der zu Fuß geht, und dann haben wir ihn gewöhnlich zum Mittagessen und auch noch zum Frühstück da. Manche kommen und bleiben tage-, wochen-, ja sogar monatelang. Viele Indianer haben keine Bleibe, haben niemanden, der sie durchfüttert, also kommen sie in Crow Dogs Paradies. Treffen wir jemand, der keinen Sprit mehr hat, hält Leonard an und füllt ihm welchen in den Tank, und fünf Meilen vor unserem Haus bleiben wir selber liegen. Bemerkt Leonard, daß jemand Probleme mit seinem Auto hat, hält er, holt sein Werkzeug heraus und repariert den Wagen – in diesem Augenblick ist er vor allem ein Auto-Medizinmann. Geld, das ich für Lebensmittel oder für den Haushalt brauche, gibt er weg, an jeden, der darum bittet. Vor Jahren bekam er fast viertausend Dollar Restzahlung für einen Fernseh-Werbespot, den er gemacht hatte. Mit diesem Geld sollte ein Pick-up-Lkw gekauft werden. Aber natürlich gab es ein großes Schenkungsfest. Freunde und Verwandte kamen, fast hundertfünfzig – Cousins sechsten und siebenten Grades, sehr weit entfernte Verwandte, auch Fremde, die vorgaben, verwandt zu sein. Sie kamen in klapprigen Autos, Einspännern, auf Pferden und Maultieren, zu Fuß und mit Lkws. Einer kam auf einem Motorrad. Ganze Rinderhälften wurden gebraten, die Frauen führten eine wahre Kochorgie auf. Da kamen Leute zu

Crow Dog und sagten: »Kanji, Cousin, ich brauche einen Grabstein für meinen kleinen Jungen, der gestorben ist.« – »Onkel, ich bin ein Krüppel. Ich sitze den ganzen Tag zu Hause, ich brauche einen Fernseher.« – »Neffe, meine Kinder brauchen Schuhe.« Als das Fest vorbei war, hatte Leonard noch zwei Dollar, um dafür ein Auto zu kaufen.

Leonards Urgroßvater hatte sieben Frauen, die kochten und gerbten und für Schenkungsfeste Perlenstickereien anfertigten, und Büffelfleisch war kostenlos, aber diese Zeiten sind vorüber. Natürlich wird Leonard wegen seiner traditionellen Sioux-Großzügigkeit sehr bewundert. Beim Sonnentanz 1977 legte man ihm den Kriegskopfputz an und machte ihn zum Häuptling. Sie nennen ihn Wicasha Wakan – heiliger Mann –, aber im Vertrauen gesagt: für eine Frau kann es die Hölle sein, mit solch einem Heiligen verheiratet zu sein.

Außer daß ich kopfüber in eine solche Situation gestürzt wurde, als Teenager noch, mit einem Neugeborenen und vollkommen unvorbereitet auf die Rolle, die ich spielen mußte, hatte ich noch ein anderes Problem. Ich war ein Halbblut, nicht in der Tradition erzogen, und versuchte nun, innerhalb des reinblütigen Crow-Dog-Clans, der Outsidern nicht gerade freundlich gesinnt war, an meiner Art festzuhalten. Zu Anfang wurde ich nicht gut aufgenommen. Es war sogar ziemlich mies. Ich konnte nicht Sioux sprechen, aber ich wußte, daß all die vielen Crow Dogs und ihre Verwandten aus der berühmten alten Orphan Band ständig über mich redeten, mich beobachteten, aufpaßten, ob ich ihren Maßstäben genügen würde, die sich aus den alten Büffelzeiten herleiteten. Ich könnte ein Lied davon singen, wie sie mich betrachteten, ich sah die Kritik in ihren Augen. Der alte Mann erzählte mir, daß für ihn Leonard immer noch mit seiner früheren Frau verheiratet war, einer Frau, die – wie er wieder und wieder betonte – Indianisch sprechen konnte.

Einmal, als ich zum Haus der alten Leute hinüberging, um ein paar Eier zu borgen, fing mich Henry ab und sagte mir, ich solle fortgehen, ich sei nicht die rechte Frau für seinen Sohn. Leonard erfuhr davon und hatte mit seinem Vater eine lange Auseinandersetzung. Danach war nicht mehr die Rede davon, daß ich fort sollte, aber ich wurde noch lange wie ein Eindringling behandelt. Ich mußte Tag für Tag darum kämpfen, akzeptiert zu werden.

Auch meine eigene Familie war gegen unsere Heirat – aus genau entgegengesetzten Gründen. Leonard wäre nicht der richtige Ehemann für mich. Ich würde zur Wolldecke zurückkehren. Meine Familie habe so hart darum gekämpft, christlich zu sein, um aus mir eine richtige rote, weiße und blaue Lady zu machen, und ich würde mich in eine Squaw zurückverwandeln. Und Leonard wäre zu alt für mich. Ich erinnerte sie daran, daß Großvater zwölf Jahre älter als Großmutter gewesen war und daß sie eine lange und glückliche Ehe geführt hatten. Aber das alles war nicht wirklich der Punkt. Der eigentliche Grund war die kulturelle Kluft zwischen Leonards und meiner Familie. Aber je mehr unsere Eltern gegen die Heirat waren, um so enger wurde der Bund zwischen Leonard und mir.

Ich habe später begriffen, warum es mir die Crow Dogs so schwer gemacht haben, eine von ihnen zu werden. Selbst bei den traditionellen Vollblutindianern draußen im Umland sind die Crow Dogs ein Stamm für sich. Sie haben um sich eine Mauer gegen die Außenwelt errichtet. Drei Generationen lang haben sie freiwillig als Außenseiter gelebt. Um sie zu verstehen, muß man die Crow-Dog-Legende und die Crow-Dog-Geschichte kennen.

Kangi-Shunka, der Begründer des Clans, hatte sechs Namen, bevor er sich Crow Dog nannte. Er war ein berühmter und furchtloser Krieger, ein großer Jäger, Häuptling, Medizinmann, Führer der Geistertänzer, Chef der indianischen Polizei und der erste Sioux – vielleicht der erste Indianer überhaupt –, der einen Prozeß vor dem Obersten Gerichtshof gewann. Leonard beschreibt ihn so: »Der alte Kangi-Shunka war der einsame Mann der Prärie. Er richtete sich nach der Sonne, dem Mond, den Sternen und den Winden. Er lebte von den Früchten der Erde und den Vierbeinern. Er war ein Büffel-Mann, ein Tabak- Mann, ein Pejuta Wichasha. Er sah ein Kraut und hörte es sagen: ›Nimm mich für deine Medizin.‹ Er hatte den Geist und die Worte, aus denen man eine Nation schafft.«

Für die meisten Menschen ist das, was ihre Vorfahren vor über hundert Jahren taten, nur eine alte Geschichte, für die Crow Dogs aber ist es erst gestern geschehen. Was Kangi-Shunka vor langer Zeit getan hat, beeinflußt noch immer die Lebensart und das Handeln der Crow Dogs, der Crow Dogs und ihrer Verwandten, des ganzen Clans – der Tiyospaye, was soviel bedeutet wie »jene, die zusammenleben«. Sioux und Elefanten vergessen nie.

Einige Crow Dogs führen ihre Herkunft auf einen gewissen Jumping Badger zurück, einen Häuptling, der in den Jahren um 1830 berühmt war, weil er mit einem einzigen Pfeil ein Dutzend Büffel getötet, im Krieg vierzehn Überfälle gewagt und sich bei fünfzehn Pferdediebstählen ausgezeichnet hatte. Es gilt als sicher, daß der erste Crow Dog einem kleinen Lager von ungefähr dreißig Zelten angehörte, das sich die Wazhazha oder Orphan Band nannte und von einem Häuptling geführt wurde, der Mato-Iwa, Scattering Bear oder Brave Bear hieß. Kangi-Shunka wurde 1834 geboren und starb 1911. Er wuchs in den Tagen von Pfeil und Bogen auf, als die Prärie von Millionen Büffeln bevölkert war und viele Sioux noch keinen weißen Mann getroffen hatten. Als er starb, besaß er eine 44er Winchester-Repetier-Büchse, aber es gab keinen einzigen Büffel mehr, auf den er sie hätte anlegen können. Er hat es gerade noch erlebt, in einem Auto mitfahren und telefonieren zu können. Eine Zeitlang war er Häuptling der Orphan Band. An der stolzen Geschichte unseres Stammes hatte er seinen Anteil.

Nach Old Man Henrys Erzählungen ist Crow Dog auf folgende Weise zu seinem Namen gekommen: Er wollte seine Leute zur Jagd nach Hante Paha Wakan führen, ins Cedar Valley. Bevor sie aufbrachen, hatte er eine Vision. Er sah in den Wolken ein weißes Pferd, das ihm die Kraft des Pferdes verlieh, und von dem Augenblick an war sein Pferd, Shunkaka-Luzahan, das schnellste Pferd der Gruppe. Und er hörte die Stimme von Shunk-Manitu, dem Koyoten, sagen: »Ich bin der einzige.« Dann stellte sein Pferd auf einmal beide Ohren auf, und der Wind fuhr in die beiden Adlerfedern, die Crow Dog trug, und die Federn sprachen: »Da ist ein Wichasha, ein Mann, da oben auf dem Hügel, zwischen den beiden Bäumen.« Crow Dog und seine Begleiter konnten den Mann deutlich erkennen. Er hob seine Hände und war plötzlich verschwunden. Crow Dog schickte zwei Fährtensucher aus, einen nach Norden und den anderen nach Süden. Sie kamen wieder und berichteten, daß sie niemanden gesehen hätten. War dieser Mann auf dem Hügel ein Wanagi gewesen, ein Geist, der versucht hatte, Crow Dog zu warnen?

Crow Dog befahl seinen Männern, das Lager nahe beim Fluß aufzuschlagen. Er sagte: »Stellt die Tipis dicht ans Ufer, so daß uns der Feind nicht umzingeln kann.« Sie taten es. In der Nacht hörte Crow Dog viermal den Kojoten heulen. Shunk-Manitu sprach zu ihm: »Etwas Schlimmes wird dir geschehen.« Und Crow Dog verstand, was der Koyote sagte. Er holte die Männer seiner Kampftruppe zusammen, die Kit Foxes, und dann sangen sie ihr Lied:

Ich bin ein Fuchs.
Ich fürchte mich nicht vorm Sterben.
Gibt es eine gefährliche Tat
zu vollbringen,
dann werde ich es tun.

Sie malten ihre Gesichter schwarz an und bereiteten sich auf einen Kampf vor, auf den Tod.

Bei Tagesanbruch griff der Feind an – weiße Siedler, angeführt von einem Weißen und einer Anzahl Crow-Fährtensuchern, denen viele Absaroka-Krieger halfen. Bei Crow Dog waren viele berühmte Krieger. Numpa Kachpa war dabei und Two Strikes, der seinen Namen bekommen hatte, weil er zwei weiße Soldaten, die auf einem Pferd ritten, mit einer einzigen Kugel niedergeschossen hatte. Kills in Water war da, Hollow Horn Bears Sohn und Kills in Sight. Kills in Sight war von zwei Crows verwundet und vom Pferd gezogen worden. Da eilte Crow Dog herbei, tötete die beiden Crows und setzte Kills in Sight auf sein Pferd. Dann schlug er auf das Pferd ein, das mit Kills in Sight davonraste. Das Pferd war schnell und brachte ihn sicher nach Hause.

Als sich Crow Dog in der Hoffnung umsah, eines der reiterlosen Crow-Pferde für sich einfangen zu können, trafen ihn zwei feindliche Pfeile, einer oben in die Brust, direkt unter dem Schlüsselbein, und der andere in die Seite. Mit bloßen Händen brach er die Pfeile ab. Hollow Horn Bears Sohn und zwei seiner Männer wollten ihm helfen. Auch sie wurden verwundet und ihre Pferde von Pfeilen getroffen. Da sagte Crow Dog zu ihnen: »Ich bin schwer verletzt, ich komme nicht durch. Es hat keinen Zweck, sich mit mir aufzuhalten. Rettet euch selbst.«

Sie ritten fort. Irgendwie schaffte es Crow Dog, ein Pferd festzuhalten und auf seinen Rücken zu kommen, aber bald verließen ihn die Kräfte. Er wurde so schwach, daß er vom Pony fiel. Da lag er nun im Schnee und war kaum fähig, sein Totenlied zu singen. Plötzlich kamen zwei Kojoten heran und jaulten freundlich. Sie sagten: »Wir kennen dich.« Die ganze Nacht hindurch lagen sie zu seinen beiden Seiten und hielten ihn warm. Sie brachten Crow Dog Wildfleisch, damit er wieder zu Kräften kam, und gaben ihm eine Medizin. Einer der Kojoten sagte: »Leg das auf die Pfeilwunden.« Crow Dog tat, was ihn der Kojote geheißen hatte. Die Medizin machte sein Fleisch geschmeidig und öffnete die Wunden, so daß er die Pfeilspitzen und das, was von den Schäften übrig war, herausziehen konnte. Fast kam es von selbst heraus.

Diese Medizin, die ihm die Kojoten gaben, kurierte Crow Dog. Das Essen, das sie ihm brachten, gab ihm wieder Kraft. Dann begleiteten ihn die Kojoten nach Hause, zu seinem Lager. Und eine Krähe zeigte ihnen den Weg. Crow Dog sagte: »Ich war schon auf der Ta-Chanku, der Milchstraße, auf der Straße ins Land der Geister, aber die Kojoten haben mich zurückgeführt.« Und so nahm er seinen siebenten und letzten Namen an, Kangi-Shunka, Crow Dog. Eigentlich hätte es natürlich Crow Coyote heißen müssen.

Jahre später, als er auf dem Wege zu Sitting Bull nach Kanada war, wurden er und seine Männer in der Nähe der heiligen Medicine Rocks von weißen Soldaten überfallen. Zwei Kugeln trafen Crow Dog. Seine Gefährten banden ihn auf dem Pferd fest und brachten ihn nach Hause. Diesmal rettete ihn ein Medizinmann namens Sitting Hawk. Er sagte zu Crow Dog: »Meine Wundmedizin gebe ich dir, aber die Kugeln hole ich nicht heraus. Du wirst eines Tages sterben und zu Mutter Erde heimgehen, und die Kugeln werden dann immer noch in dir stecken. Dein Leib wird sich auflösen, aber die Kugeln werden ein Beweis dafür sein, was uns die Wasičuns angetan haben.«

Das ist die Legende von Crow Dog, die mir Old Man Henry so manches Mal erzählt hat. Der erste Crow Dog war ein großer Krieger, obwohl er nie an einer so bedeutenden Schlacht wie der am Little Big Horn teilgenommen hat. Er zog es vor, seine Kämpfe als Mitglied einer kleinen Kriegertruppe seiner eigenen Orphan Band auszufechten. Gekämpft hat er gegen die Wasičuns, die Pawnees und die Crows.

Crow Dog war eng mit Crazy Horse befreundet. Zusammen mit Touch the Clouds, White Thunder, Four Horns und Crow Good Voice begleitete er Crazy Horse, als sich dieser große Krieger 1877 in Fort Robinson ergab. Nach dem hinterlistigen Mord an Crazy Horse waren es Crow Dogs kühler Kopf und seine Tapferkeit, die ein allgemeines Massaker verhinderten. Als die aufgebrachten Sioux den Soldaten gegenüberstanden, die nur auf einen Vorwand warteten, um mit dem Morden zu beginnen, da ritt Crow Dog zwischen ihnen auf und ab und stieß die übereifrigen Krieger und Soldaten mit dem Kolben seiner Winchester zurück.

Berühmt war Crow Dog aber vor allem deswegen, weil er Spotted Tail tötete, den höchsten Häuptling der Brule Sioux. Die beiden waren Cousins und in ihrer Jugend auch Freunde. Später aber trennten sich ihre Wege. Spotted Tail sagte immer: »Es ist sinnlos, sich dem Wasičun widersetzen zu wollen.« Und deshalb arbeitete er auch meistens mit den Weißen zusammen. Crow Dog dagegen war wie Sitting Bull, er hing am Althergebrachten. Die sogenannten »Freundlichen« versammelten sich um Spotted Tail und die sogenannten »Feindlichen« um Crow Dog. Das führte zu Rivalität und die Rivalität zu Verdruß, zu großer Verärgerung, die sich allmählich zwischen beide Männer stellte.

Am 5. August 1881, als Crow Dog, seine Frau neben sich, mit dem Pferdewagen Holz fuhr, sah er Spotted Tail aus dem Versammlungshaus kommen und sein Pferd besteigen. Er übergab die Zügel seiner Frau, nahm das Gewehr, das neben ihm im Futteral steckte, stieg vom Sitz und trat dem Häuptling gegenüber. Spotted Tail erblickte ihn und sagte: »Das ist der Tag, an dem wir die Sache zwischen uns wie Männer regeln werden.« Er griff nach seinem Revolver. Crow Dog kniete sich hin, kam ihm zuvor und schoß. Er traf den Häuptling in die Brust. Spotted Tail fiel vom Pferd und starb, den Revolver, den er nicht mehr hatte abfeuern können, in der Hand. Turning Bear schoß auf Crow Dogs Frau, verfehlte sie aber. Crow Dog fuhr mit seiner Frau nach Hause. Ein Mann namens Black Crow richtete ein Schwitzbad her, um Crow Dog zu reinigen. Er lud die Winchester, schoß viermal in die heiligen Felsen und sagte: »Jetzt wird dich Spotted

Tails Geist nicht mehr belästigen.« Dann reinigten sie sich mit Wasser.

Ein Richter in Deadwood verurteilte Crow Dog zum Tod durch Erhängen. Crow Dog bat darum, nach Hause gehen zu dürfen, um sich vorzubereiten. Der Richter fragte: »Und woher sollen wir wissen, daß du wiederkommst?« Da antwortete Crow Dog: »Weil ich es sage.« Der Richter ließ ihn gehen. Einen Monat lang bereitete sich Crow Dog auf seinen Tod vor. Er dachte sich ein Totenlied aus und verschenkte alle seine Sachen. Das wenige, was er besaß – seine Pferde, den Wagen, die Hühner –, gab er den Armen. Seine Frau richtete ihm weiße Wildlederkleidung her, ganz schlicht, ohne Perlen und Stickerei. Darin wollte er gehängt werden. Als alles getan war, spannte er sein letztes Pferd vor einen alten Einspänner und fuhr mit seiner Frau die hundertfünfzig Meilen nach Deadwood zu seiner eigenen Hinrichtung.

Als er in Deadwood ankam, erwartete ihn schon sein Verteidiger und grinste ihn breit an: »Crow Dog, du bist ein freier Mann. Ich bin mit deinem Fall vor das Oberste Gericht gegangen, und das Gericht hat entschieden, daß die US-Regierung im Reservat keine Gerichtsbarkeit besitzt und daß es kein Gesetz gibt, nach dem ein Indianer bestraft werden kann, weil er einen anderen Indianer getötet hat.« Crow Dog sagte: »Sie sind ein verdammt guter Mann. Da bin ich also hundertfünfzig Meilen für nichts und wieder nichts gefahren.« Und dann machte er sich mit seiner Frau auf den Heimweg.

Black Crow meinte zu Crow Dog: »Cousin, die Blutschuld wird vier Generationen lang auf euch lasten. Von jetzt an wirst du nicht mehr mit anderen Männern zusammen die Pfeife rauchen. Du wirst eine eigene kleine Pfeife rauchen, und zwar allein. Du wirst auch nicht mehr aus einer gemeinsamen Schüssel essen, sondern allein aus einem eigenen Napf. Du wirst aus deiner eigenen Tasse trinken und nicht mehr aus der Schöpfkelle, wenn sie herumgereicht wird. Du kannst nicht mehr von den Tellern anderer essen und andere nicht von deinem. Du wirst vom Stamm getrennt leben, Cousin, dein Leben wird einsam sein.«

Kangi-Shunka bezahlte Blutgeld. Er gab der Familie von Spotted Tail viele Pferde und Dollars. Das brachte zwar Frieden zwischen den Familien, nicht aber zwischen den Crow Dogs und den Geistern. Sie ertrugen ihre Ächtung mit einer gewissen Arroganz. Crow Dogs Tat hatte ihnen Leid gebracht, aber gleichzeitig waren sie stolz darauf. Ihre Scham war mit Trotz gemischt. Der erste Crow Dog war ein Ausgestoßener, aber er war auch so etwas wie ein Held. Die Crow Dogs hüllten sich in ihren Stolz wie in eine Decke. Schuld verwandelten sie in Ruhm. Sie fingen an, von ihrer edlen Abstammung zu sprechen. Der erste Crow Dog hatte ihnen den Weg gewiesen. Als Häuptling hatte er das Recht, einen Kriegskopfputz zu tragen, aber er tat das nie. Statt dessen fand er irgendwo eine alte, abgetragene Schirmmütze eines Weißen, an der er eine Adlerfeder befestigte. Und die trug er zu allen Gelegenheiten – zu schlechten wie zu guten. Er pflegte immer zu sagen: »Diese Mütze eines Weißen, die ich trage, bedeutet, daß ich in der Welt des Wasičuns leben muß, unter seiner Regierung. Die Adlerfeder aber zeigt, daß ich, Crow Dog, mich von der Wasičun-Welt nicht besiegen lasse, daß ich Indianer bleibe, bis ich sterben werde.« Seltsamerweise wurde diese alte Mütze in der Vorstellung der Leute kostbarer als jeder Kriegskopfputz. Und dieser Clan war es, in den ich einheiratete.

Der Schock, es gleichzeitig mit dem Mythus und mit der Realität zu tun zu haben, mit dem Versuch, den Wildledervorhang der Crow Dogs zu zerreißen und mich gleichermaßen um die Nöte so vieler Menschen zu kümmern, das war zu viel für mich. Ich brach zusammen und wurde krank. Ich wog nur noch neunzig Pfund. Mein Körper versagte. Ich konnte nicht mehr aufstehen, und wenn ich es versuchte, verkrampften meine Beine und taten weh. Meine Gelenke schmerzten. Ich sagte zu Leonard: »Ich fühle mich nicht. Ich kann nicht schlafen, und wenn doch, dann träume ich von Menschen, die gestorben sind, von meinen toten Freunden und Verwandten. Jedesmal, wenn ich die Augen schließe, sehe ich die Ermordeten. Immerzu bin ich traurig. Ich glaube, ich werde auch sterben.«

Leonard antwortete mir, er wolle für mich eine Heilzeremonie abhalten. Er stellte mir das Peyote-Tipi auf. Ein zweiter kundiger Mann, Estes Stuart, ging ihm zur Hand. Ich aß die heilige Medizin. Ich aß und aß. Dabei war ich so schwach, daß ich mich nicht aufsetzen konnte. Man legte mich auf eine Decke. Leonard gab mir etwas Peyote-Tee zu trinken. Es war alter Tee, und er war sehr stark. Davon trank ich zwei Tassen. Gegen Mitternacht betete Estes, und während das Wasser herumging, erzählte er. Er sagte, daß er Röntgenvisionen habe, seit er Peyote-Mann sei, Röntgenaugen, mit denen er in meinen Körper sehen könne, und daß er keinerlei Krankheit bei mir entdecken könne außer einer – ich sei liebeskrank. Ich fühlte mich so schlecht, daß mir die Tränen in die Augen schossen. Ich dachte: »Da bin ich nun todkrank, und die machen sich einen Spaß mit mir.« Ich glaube, ich war ein bißchen paranoid. Estes hatte durchaus keinen Spaß gemacht. Er erklärte mir später, daß er der Meinung sei, ich hätte keine Krankheit des Körpers, sondern eine der Seele. Ich hätte gespürt, daß mich niemand liebte, Leonard nicht, seine Familie nicht und auch nicht die Leute, für die ich kochte und wusch. Ich sei aus Sehnsucht nach Liebe krank geworden.

Und plötzlich waren die Menschen alle um mich herum, sie sprachen mir zu und trösteten mich. Old Man Henry tätschelte mir die Wangen und nannte mich Tochter. Alle Anwesenden beteten für mich. Die ganze Nacht hindurch aß ich Peyote. Und der Große Vater Peyote nannte mich Tochter.

Als die Sonne aufging, erhob auch ich mich. Plötzlich konnte ich mich aufsetzen, konnte sogar gehen. Ich ging aus dem Tipi und sah überall um mich herum unbekannte tropische Vögel fliegen, Vögel in metallisch schillernden Regenbogenfarben, die goldene und silberne Spuren zogen. Ich ging ins Haus, um mich hinzulegen. Ich trat an mein Bett, zog die Decke beiseite, und da wurden mir die Knie weich. In meinem Bett lag eine fremde Frau, die Hände über der Brust gekreuzt, das Gesicht starr und weiß, die Augen blicklos. Sie war tot!

Ich erschrak wahnsinnig. Mein ganzer Körper blieb plötzlich stehen. Mein Herz hörte auf zu schlagen, mein Blut gefror, ich bekam keine Luft mehr.

Dann erkannte ich, daß die fremde Frau, die da tot in meinem Bett lag, ich war. Ich selbst. Ein großer Druck fiel von mir ab. Ich konnte wieder atmen, mein Herz schlug, ich fühlte mich gut. Was da starb, was gestorben war, das war mein früheres Ich. Ich aber würde weiterleben. Leonard kam herein und fragte, was ich hätte. Er legte seinen Arm um mich und küßte mich. Dann sagte er, ich solle mich ins Bett legen. Und als ich das tat, verschwand die tote Frau. Die Peyote-Power überkam mich, ich begann zu lachen. Ich kicherte und kicherte. Meine Rippen standen heraus, so dünn war ich geworden. Ich war Haut und Knochen, aber ich lachte eine ganze Stunde lang. Es würde mir wieder gutgehen.

13. Kapitel
Zwei abgeschlagene Hände

Sie wollen Indianer wie mich
nicht leben lassen.
Das ist schon in Ordnung.
Ich möchte gar nicht weiterleben,
um eine alte Frau zu sein.

Annie Mae Aquash

Keiner könnte je etwas Schlechtes über meine Freundin Annie Mae sagen, weil sie in ihrem Leben nichts Schlechtes getan hat. Nie hat sie mein Haus gemächlich betreten, immer platzte sie herein, voller Energie. Sie war eine kleine Frau, kaum größer als ein Meter fünfzig, aber mit ihrer starken Persönlichkeit beherrschte sie alle um sich. Sie war auch hübsch mit ihrem breiten, lächelnden Mund, ihren indianischen Augen und Backenknochen und dem langen schwarzen Haar.

Früh war sie immer als erste auf und sorgte dafür, daß auch jeder etwas zu essen bekam. Sie achtete darauf, daß die Männer saubere Kleidung hatten. Oft nahm sie schmutzige Sachen mit an den Fluß und wusch sie selbst. Allen Männern kämmte und flocht sie die Haare. Wann immer sie junge Mädchen sah, die nur so herumsaßen und schwatzten, die den ganzen Tag lang nichts anderes machten, als auf der Couch herumzuliegen und Make-up aufzutragen, forderte sie sie auf, ihre Ärsche in Bewegung zu setzen und etwas Nützliches zu tun. Beim Hausputz war sie glücklich und stellte jeden zum Fegen und Wischen an. Auch eine gute Köchin war sie. Mir und einer Menge anderer Frauen brachte sie ein paar gute indianische Rezepte bei. Einmal schneite sie in meine Küche herein, tanzte um den Tisch herum, mit einem ganzen Korb voller Frösche, die sie am Fluß gefangen und getötet hatte. Und dann kochte sie uns ein paar Froschschenkel nach franko-kanadischer Art. Sie fertigte auch sehr schöne Perlenarbeiten an, man mußte sie nur darum bitten. Von Leonards Mutter lernte sie, Sioux-Mokassins herzustellen. Sie war begabt und hatte ein Talent dafür, Kleider zu entwerfen und eine sehr phantasiereiche indianische Mode zu schaffen, die sie für weiße Kundinnen sogar umarbeitete. Sie war die geborene

Führerin. Als Leiterin der Indianischen Jugend und verschiedener Antialkoholiker-Programme bekleidete sie verantwortungsvolle Positionen. Auch in der Indianischen Bewegung spielte sie eine sehr aktive Rolle, und zwar in den nationalen Hauptquartieren sowohl von Minneapolis wie auch an der Westküste. Für mich war sie wie ein Fels, an den ich mich anlehnen konnte – ein Fels mit viel Herz. Sie hatte es nicht verdient zu sterben.

Annie Mae war eine Micmac-Indianerin, geboren und aufgewachsen in einem winzigen Reservat in Nova Scotia, unweit von Halifax. Und obwohl sie in Kanada lebte, zweitausend Meilen von Rosebud entfernt, war ihr Leben fast eine Kopie von meinem oder dem Tausender anderer junger Indianermädchen und -frauen. Das Reservat nannte man dort Reserviertes Gebiet. Anstelle eines Büros für Indianerangelegenheiten, das sich mit Vorschriften in ihr Leben einmischte, gab es ein Department. Der weiße Boß, der über die Micmacs herrschte, hieß Agent und nicht Superintendent. Und die Männer, die sie schikanierten, waren berittene kanadische Polizisten und keine Angehörigen der Bundespolizei. Sonst aber war nördlich der Grenze alles genauso wie bei uns. Sie wohnte in ebenso einer Teerpappenhütte wie ich. Auch sie mußte ohne Strom, Inneninstallation, Zentralheizung, fließendes Wasser und gepflasterte Straßen auskommen. Auch sie war oft hungrig, hatte nur eine Mahlzeit am Tag und aß alles, was sie finden konnte. Ihre Mutter hatte den gleichen Namen wie ich – Mary Ellen. Alles, was sie über ihren Vater berichten konnte, war, daß er gut Geige spielen konnte und eines Tages durchbrannte. Ihre Mutter heiratete dann einen guten, schwerarbeitenden, einfachen Mann, der aber krank wurde und starb. Daran zerbrach die Mutter, tat außer Spielen und Rauchen kaum noch etwas anderes und verschwand schließlich, um wieder zu heiraten. Ihre halberwachsenen Kinder ließ sie im Stich, die mußten für sich selber sorgen.

Annie Mae hatte zwei Schwestern und einen Bruder. Eine der Schwestern, Mary, stand ihr besonders nahe. Sie erzählte mir, daß Mary ihr sehr ähnlich war. Die Kinder halfen einander, und Annie Mae mußte die abwesende Mutter ersetzen. Annie Mae konnte sich aus dem Meer ernähren, mit Muschelsammeln und Fischen. Für einen Dollar die Stunde hatte sie auch als Beerenpflückerin und Kartoffelleserin gearbeitet. Kartoffellesen ist eine mühselige Arbeit. Mit siebzehn kam sie zu dem Entschluß, daß es nichts gäbe, was sie noch im Micmac-Gebiet halten könnte. Sie war fleißig und entschlossen, etwas aus sich zu machen, etwas zu lernen. Das Mekka für viele Micmacs war Boston, die große Stadt mit dem großen B, und so ging sie nach Boston.

Sie lernte einen jungen Micmac kennen, Jake Maloney, und heiratete ihn. Die beiden bekamen zwei Töchter. Eine Zeitlang lebte sie wie eine gutbürgerliche weiße Hausfrau, in einem gutbürgerlichen Haus. Sie kleidete sich schick, trug sogar gefärbte Bienenkorbfrisuren, aber sie wollte Indianerin bleiben. Sie wollte, daß ihre Töchter als Indianer aufwachsen. Jakes und ihre Ansichten prallten aufeinander, sie begannen, miteinander zu streiten, er schlug sie. Da ging sie fort und ließ sich scheiden. Um das Sorgerecht für ihre Töchter mußte sie mit ihm kämpfen, gewann aber am Ende. Irgendwann einmal sagten ihre eigenen Kinder, daß sie es vorziehen würden, bei ihrem Vater zu leben, weil er ihnen die vielen Sachen geben könnte, die sie sich wünschten, Dinge, die ihnen Annie Mae nicht bieten konnte, weil sie nach indianischer Art lebten und in Bostons übelstem Viertel wohnten. Die Kinder zogen ihre weiße Stiefmutter der leiblichen Mutter vor. Annie Mae wurde zu einer militanten Mitstreiterin der Amerikanischen Ureinwohner. Sie geriet in die gleichen Kämpfe, die Barb und ich ausgefochten hatten. Mit ihrer ganzen Person setzte sie sich für diese Sache ein, und das bedeutete, daß sie ihre Kinder zu ihrer Schwester Mary geben mußte. Das war hart und schmerzlich. Es war das Opfer, das Annie Mae der Bewegung brachte – ihre Mutterschaft. Etwas Gutes hatte ihr die Ehe eingebracht: Ihr Mann hatte sich für Kampftechniken begeistert und war professioneller Karatelehrer, und Annie Mae war seine Trainingspartnerin gewesen und hatte ein paar gute Schläge und Tritte gelernt. Sie wußte, wann und gegen wen sie sie einsetzen mußte.

Ihre erste Begegnung mit AIM-Leuten hatte Annie Mae am 26. November 1970, als Russel Means und zweihundert militante Anhänger den Plymouth Rock unter einer Tonne Sand begruben, als »symbolische Beerdigung des Sieges der Weißen«. Unter den vertretenen Stämmen waren Wampanoags aus New England, Narragansets, Passamaquoddies und auch eine Gruppe Micmacs, Annie Mae mittendrin, die sich die »ersten Opfer des

Zorns der WASP*« nannten. Später gehörte Annie Mae zu denen, die mit Kriegsgeschrei die »Mayflower II« enterten, eine Nachbildung des Schiffes, das die Pilger in die Neue Welt gebracht hatte. Sie sah, wie Russel Means in die Takelage hinaufkletterte, eine Piraten-Donnerbüchse schwang und rief: »Paßt auf, daß wir das nicht wieder hervorholen! Wir wollen das Gewehr nicht wieder in die Hand nehmen. Aber wenn ihr uns dazu zwingt, dann seht euch vor!« Dieses erste Zusammentreffen mit der AIM hatte auf Annie Mae die gleiche Wirkung wie die erste Begegnung auf mich. Es entschied ihr Schicksal. Es entschied darüber, wann und wie sie sterben sollte.

Anfang 1972 ungefähr fand Annie Mae einen Liebhaber, Nogeeshik Aquash. Nogeeshik war kanadischer Indianer und stammte, wie mir Annie Mae erzählte, von einer Insel im Gebiet der Großen Seen. Er sah aus wie ein Indianer und handelte auch so, war aber gleichzeitig keinem anderen Indianer ähnlich, den ich kannte. Sein gutes Aussehen war irgendwie unheimlich. Er hatte ein sehr blasses Gesicht mit einer Art Fu-Manchu-Schnurrbart und einem kleinen dünnen Spitzbart. Dazu war er sehr schlank, von einer fast vornehmen Magerkeit. Seine Bewegungen waren die einer Katze oder eher einer Spinne. Die Blässe kontrastierte mit dem schwarzen Haar, er erinnerte mich manchmal an einen schönen Geist. Er ist ein guter Maler und Lithograph. Nogeeshik kleidete sich indianisch, aber auf eine merkwürdig eigene Art. Ständig trug er einen kleinen flachen schwarzen Hut, an dem eine Feder steckte. Die beiden arbeiteten in der Bewegung zusammen. Nebenbei veranstalteten sie indianische Modenschauen und befaßten sich mit der Ausstellung und Förderung von indianischem Kunsthandwerk. Annie Mae beteiligte sich an der Besetzung des BIA-Gebäudes und ging später mit Nogeeshik nach Wounded Knee. Gleich nachdem mir Annie Mae bei der Entbindung geholfen hatte, wurden sie und Nogeeshik auf indianische Art getraut. Da Leonard damals mit Russel Means in Washington war, um einen Waffenstillstand auszuhandeln, leitete unser Freund, der Medizinmann Wallace Black Elk, die Zeremonie. Sie wurden durch Pfeife und Sternendecke miteinander verbunden, dann mit dem Rauch von Zedernholz befächelt, und während sie den heiligen Tabak rauchten,

* Abkürzung für weiße angelsächsische Protestanten. (Anm. d. Ü.)

brachten vier Männer und vier Frauen ein Fleischopfer für sie. »Eine Ehe wie diese«, sagte Black Elk zu ihnen, »hält für immer.«

Aber so war es dann doch nicht. Ihre Beziehung verschlechterte sich. Für einige Zeit lebten sie in Ottawa, und diese Stadt war nicht gut für sie. Nogeeshik zog ständig durch die Kneipen und nahm manchmal auch Annie Mae mit. Anfangs war er übellaunig, und wenn er betrunken war, wurde er beleidigend. Annie Mae sagte mir: »Er hat mich seelisch gequält. Richtig behandelt hat er mich nicht.« Weiße Frauen fühlten sich von ihm angezogen, und er schmeichelte ihnen in Annie Maes Gegenwart. Einoder zweimal, erzählte sie, hätte er sie geschlagen oder es doch wenigstens versucht. Aber sie konnte sich ihrer Haut erwehren, wenn es zu handgreiflichen Auseinandersetzungen kam. Ein paarmal trennten sie sich, kamen aber immer wieder zusammen, bis Annie endlich an einen Punkt gelangte, wo sie das alles nicht mehr ertragen konnte. Mir hat sie das so geschildert: »Wir hatten einen Streit, und da zerbrach er die Pfeife, die heilige Pfeife, mit der wir bei Knee getraut worden waren. Es gab überhaupt keinen Grund dazu. Da wußte ich, daß alles vorbei war, und habe ihn für immer verlassen.«

Danach war sie von Zeit zu Zeit bei uns in Crow Dogs Paradies. In den Komitees der AIM machte sie rasch Karriere und war schließlich an der Ausarbeitung der Politik dieser Bewegung mitbeteiligt. Mit Männern hatte sie kein Glück. Sie war eine sehr willensstarke Frau, und das war manchen Männern unangenehm. In den Monaten vor ihrem Tod war sie eng mit Leonard Peltier befreundet. Sie bewunderte ihn und konnte nicht genug für ihn tun. Ich glaube jetzt noch, daß er der ideale Mann für sie gewesen wäre, aber für beide endete das alles tragisch.

Annie Mae kam 1974 und 1975 zu uns, um am Sonnentanz teilzunehmen. Sie kam allein, schlug hinter unserem Haus ein Tipi auf und wohnte dort. Mit uns Sioux war sie gern zusammen. Sie versuchte sogar, unsere Sprache zu lernen, und fing an, kunsthandwerkliche Arbeiten in der Art der Sioux herzustellen. Im Kampf hart, war sie freundlich und ermutigend zu jedem, der krank oder verzweifelt war. Jeder mochte sie, und viele waren auf sie angewiesen. Sie beschränkte ihre Existenz auf das Notwendigste, auf die einfachste Art eines Lebens im Tipi.

Damals lagerten außer ihr noch viele andere Leute auf unserem Land, und irgend jemand stahl ihr eine Halskette und Ohrringe im Wert von ungefähr fünf- oder sechshundert Dollar. Sie meinte dazu nur: »Ich brauche solche Sachen nicht mehr. Wer es auch genommen hat, soll er das Zeug behalten. Ich bin nur traurig darüber, daß Indianer Indianer bestehlen.« Sie kam ins Haus herüber, warf alle ihre Kleider und Habseligkeiten auf den Tisch und sagte: »Behalte das, es ist für dich. Ich möchte nichts mehr besitzen außer dem, was ich auf dem Leib trage. Für meine Hinrichtung ist das gut genug.« Seit Wounded Knee hatte sie ständig die Vorahnung von einem nahen Tod. »Ich habe zu viel gekämpft«, sagte sie. »Sie wollen Indianer wie mich nicht leben lassen. Das ist schon in Ordnung. Ich möchte gar nicht weiterleben, um eine alte Frau zu sein.« So sprach sie oft, fast fröhlich und ohne eine Spur von Sentimentalität. Alles, was sie damals besaß, waren ihre Jeans, ein Fransenhemd und eine Levi's-Jacke. Das war alles.

Sie wollte Leonard und mich in das Land der Micmacs mitnehmen, nach Nova Scotia, Shubenakadie, Pictou's Landing, in all die winzigen Micmac-Reservate, die, wie sie im Spaß sagte, nicht viel größer als ein Footballplatz sind – einer von den überlangen. Sie erzählte mir, daß die Micmacs allmählich ihre Kultur und ihre Sprache verlieren würden. Jedes Jahr gingen ihre Leute zwar auf eine Insel und hielten dort Zeremonien ab, aber diese Rituale würden immer mehr christianisiert. Sie wollte Leonard zu ihrem Stamm bringen, damit er die Leute unterweise und ihnen zeige, daß es die alten Indianerbräuche noch immer gebe.

Leonard lehrte sie den Umgang mit dem Großen Vater Peyote. Sie kam gern zu den Meetings und lernte die Lieder. Bei einer Halbmond-Zeremonie hatte sie eine Vision. Als sie ihr erschien, saß sie neben mir. Sie erzählte, daß sie gesehen habe, wie sich der Mond in ein Gefängnis verwandelte, ein Gefängnis mit kreisförmigen Mauern, und darin habe sie die winzigen Gestalten von Indianern gesehen, die dieses Gefängnis verließen und auf ein großes Feuer zugingen, direkt in die Flammen hinein. Und aus dem Feuer habe ihr ein Mann zugewinkt. Also sei auch sie in die Flammen gegangen. Sie sagte mir: »Ich habe Schmerz erfahren und Ekstase und die Herrlichkeit des Feuers, das mich bald verzehren wird. Ein Feuer, das mich befreien wird.«

Annie Mae reiste immer noch viel umher. Wo auch Indianer um ihre Rechte kämpften, da war Annie Mae. Sie half den Menominee-Kriegern, ein Kloster zu besetzen. Wie sie mir erzählte, hatte sie eine Pistole mitgenommen. Sie sagte: »Wenn meine Brüder in die Lage geraten, daß man auf sie schießt oder sie sogar tötet, dann gehe ich dorthin und kämpfe mit ihnen. Lieber sterbe ich, als daß ich dabeistehe und zusehe, wie sie vernichtet werden.« Sooft uns Annie Mae auch verließ, sie tauchte immer wieder bei uns auf.

In einem Anthropologiebuch habe ich irgendwo gelesen, daß wir Sioux »auf einer Kultur der Aufregung gedeihen«. Nun, in den Jahren von 1973 bis 1975 hatten wir mehr als genug Aufregung, mehr, als selbst der größte Macho-Krieger verkraften könnte. Wilson, der Stammesvorsitzende in Pine Ridge, hatte ein Terrorregime errichtet. Daß auf sie geschossen wurde oder daß man ihnen einen Sprengsatz ans Haus legte, das waren Alltäglichkeiten, mit denen die Leute in Pine Ridge leben mußten. Pine Ridge und unser Reservat haben eine gemeinsame Grenze, und die Gewalt schwappte nach Rosebud herüber. Viele, die entweder gegen Wilson waren, zur AIM oder OSCRO gehörten oder in Wounded Knee gewesen waren, wurden brutal ermordet. Manche schätzen, daß in dieser Zeit mehr als zweihundertfünfzig Leute, unter ihnen Frauen und Kinder, umgebracht wurden – und das bei einer Gesamtbevölkerung von achttausend! Vierzig oder fünfzig dieser Morde sind in offiziellen Regierungsakten erfaßt. Die große Mehrheit dieser Todesfälle wurde nie untersucht. Unter den Opfern war einer unserer besten Freunde. Pedro Bissonette, Führer der OSCRO, der Bürgerrechtsorganisation der Oglala-Sioux. Er wurde von Stammespolizisten auf einer einsamen Straße erschossen, weil er – wie sie behaupteten – sich »der Verhaftung widersetzt« hätte. Eine Verwandte von ihm, Jeanette Bissonette, wurde angeschossen und erschlagen, als sie von der Beerdigung eines anderen Opfers nach Hause fuhr. Byron De Sersa wurde wegen eines kritischen Artikels über das Wilson-Regime erschossen, den sein Vater in einem lokalen Indianer-Blatt veröffentlicht hatte. Der Bruder von Wallace Black Elk kam bei einer mysteriösen Explosion ums Leben, als er sein Haus betrat und das Licht einschaltete. Auf unseren ältesten und am meisten geachteten Medizinmann, Frank Fools Crow, wurde ein Sprengstoffanschlag verübt, der seine Pferde tötete und die Badehütte mit allen heiligen Gegenständen vernichtete. Auch Leonards Familie hatte zu leiden. Seine Nichte, Jancita Eagle Deer, kam bei einem nicht aufgeklärten »Unfall« ums Leben, nachdem sie bestialisch geschlagen worden war. Man hatte sie zuletzt im Auto ihres Liebhabers gesehen, der sich später als Informant entpuppte und der sie zuvor schon viele Male brutal mißhandelt hatte. Jancita hatte damals gerade einen hohen Beamten aus South Dakota wegen Vergewaltigung verklagt. Ihre Mutter Delphine, Leonards ältere Schwester, wollte die Klage nicht zurückziehen und wurde von einem BIA-Polizisten totgeschlagen, der als Entlastungsgrund »Trunkenheit« anführte. Ihr zerschundener Leichnam mit gebrochenen Armen und Beinen wurde im Schnee gefunden, die Tränen waren auf den Wangen gefroren. Ein Neffe ging in die Hügel hinauf und kam nie zurück. In seinem Leichnam fand man eine Kugel. Und so ging es immer weiter.

Das alles führte bis zu einem Punkt, von dem an sich niemand mehr sicher fühlte, nicht einmal in seinem eigenen Haus. Als einmal ein Auto in der Nähe unseres Hauses eine Fehlzündung hatte, suchten unsere Kinder augenblicklich Deckung unter den Betten und hinter Wänden. Sie glaubten, die Schläger wären gekommen. Verschärft wurde die Situation noch durch die Tatsache, daß die Bewegung die Aufmerksamkeit des FBI erregte. In die AIM sickerte nun eine ganze Anzahl von Informanten und Provokateuren ein. Ich glaube nicht, daß die AIM soviel Beachtung verdient hatte. Zusammen mit der nicht endenden Gewalt brachte diese Unterwanderung einen allgemeinen Zustand von Paranoia hervor. Die Agenten heizten das Mißtrauen unter uns so an, daß niemand mehr irgendeinem anderen vertraute. Ehemänner verdächtigten ihre Frauen, Schwestern ihre Brüder. Alte Freunde, die viele Bürgerrechtskämpfe gemeinsam ausgefochten hatten, bekamen Angst voreinander. Wer im Gefängnis saß, verdächtigte den, der frei war. Männer, die zu längeren Strafen verurteilt worden waren, mißtrauten denen, die eher freikamen. Selbst einige der Führer begannen, aneinander zu zweifeln – und Annie Mae war zu der Zeit ein Führer.

Es überraschte mich nicht, als das Gerücht aufkam, sie sei ein Undercover-Agent des FBI. Die Leute sagten: »Seht euch diese

Frau an, dauernd reist sie herum. Wo immer irgend etwas vorgeht, da ist sie. Sie muß einfach eine Informantin sein.« Annie Mae kam zu mir und weinte. Sie sagte: »Die Schläger sind hinter mir her. Sie könnten mich ebenso umbringen, wie sie es mit vielen anderen schon getan haben. Ich weiß nicht, was ich machen soll. Wenn ich umkomme, dann möchte ich nicht, daß meine Kinder glauben, ich hätte für den Feind gearbeitet. Versprich mir, daß du, wenn mich die Schläger aus dem Weg räumen, meinen Mädchen erzählst, ich bin für meine Überzeugungen gestorben, im Kampf für mein Volk.«

Eine Zeitlang war Annie Mae in größter Gefahr. Sie unterstützte Sioux-Frauen, die durch die Schläger in Oglala, im Pine-Ridge-Reservat, eingeschüchtert wurden. Dennis Banks hatte dort ein Lager für Wilsons Gegner eingerichtet. Das war, als ginge man in die Höhle des Löwen. Am 26. Juni 1975 drang das FBI unter dem Vorwand, den Diebstahl eines Paars alter Schuhe untersuchen zu müssen, gewaltsam in die kleine Ansiedlung ein. Ob die FBI-Leute bloß dämlich waren oder ob sie einen Zwischenfall provozieren wollten, kann ich nicht sagen. Sicher ist nur, daß ihr Eindringen in dieser explosiven Situation der Funke war, der das ganze Pulverfaß in die Luft jagte. Ein Feuergefecht brach aus, das mit einem toten Indianer und zwei toten Agenten endete. Es mag reiner Zufall gewesen sein, daß das gerade am neunundneunzigsten Jahrestag der Schlacht mit General Custer passierte. Unter denen, die beschuldigt wurden, auf die FBI-Leute geschossen zu haben, war Leonard Peltier, Annie Maes enger Freund. Die Zeugen gegen ihn zogen später ihre Aussagen zurück und sagten, daß sie gar nicht in seiner Nähe gewesen und nur unter Drohungen und Zwang gegen ihn ausgesagt hätten. Peltier bekam zweimal Lebenslänglich und sitzt jetzt in Gefängnissen der Weißen.

Nach diesem Zwischenfall geriet die Situation in Pine Ridge vollständig außer Kontrolle. Das ganze Reservat war in Panik. Annie Mae wagte es nicht einmal mehr, ihren Namen zu benutzen. Sie suchte bei uns Zuflucht und wohnte wieder in ihrem Tipi hinter dem Haus. Sie war bei uns, als der große Überfall geschah. Am 5. September 1975 fiel die ganze SWAT-Truppe, ungefähr hundertachtzig Agenten in kugelsicheren Westen, mit M-16-Gewehren, Springerstiefeln, Helikoptern, schweren Fahrzeugen und künstlichem Nebel über unser und Old Man Henrys Haus her und auch über Annie Maes kleines Zelt und die Hütte von Crow Dogs Schwester und Schwager, die weniger als eine Meile entfernt lag. Es war ein Angriff, wie man ihn aus Fernsehfilmen über Vietnam-Aktionen kannte. Erst sehr viel später erfuhren wir, daß das FBI vermutet hatte, Peltier würde sich bei uns verstecken – ein kompletter Unsinn.

Als die Bundespolizisten Annie Mae entdeckten, sagten sie: »Nach dir haben wir gesucht.« Sie legten ihr Handschellen an und warfen sie herum wie eine Stoffpuppe. Als man sie in den Mannschaftswagen schleifte, lächelte sie mir zu und machte mit den Fäusten, obwohl sie gefesselt war, das Zeichen der Indian Power. Wieder und wieder wurde sie verhört, obwohl sie gar nicht in der Nähe der Schießerei gewesen war. Das FBI war davon überzeugt, daß sie wisse, wo sich Peltier versteckt hielt. Man wußte ja, daß sie mit ihm befreundet war. Dann ließ man sie auf einmal aus Mangel an Beweisen frei. Sie kam mich besuchen und erzählte mir, was geschehen war. Die Agenten hatten ihr gesagt, daß sie nicht mehr lange leben würde, wenn sie ihnen nicht alles erzählte, was sie wüßte und noch ein bißchen mehr – Dinge, die sie gar nicht wissen konnte, zum Beispiel wo einige Leute untergetaucht waren. Wenn sie nicht reden und alles tun würde, was man von ihr verlange, dann würde sie nicht überleben. Das könnte man schon so einrichten – oder man würde sie fortbringen, und zwar für den Rest ihres Lebens, und das wäre schlimmer.

Sie sagte: »Man hat mir Freiheit und Geld angeboten, wenn ich die gewünschten Aussagen mache. Jetzt habe ich die Wahl. Ich wähle meine Art von Freiheit, nicht ihre – auch wenn ich dafür sterben muß. Sie haben mich gehen lassen, weil sie davon überzeugt sind, daß ich sie zu Peltier führe. Sie beobachten mich. Ich höre sie nicht, ich sehe sie nicht – aber ich weiß, daß sie irgendwo da draußen sind. Ich fühle es.«

Ich sagte ihr, daß sie, wenn sie wolle, bei uns bleiben und jederzeit zu mir ins Haus ziehen könne. Und ich empfahl ihr, auf sich aufzupassen. Aber sie meinte nur: »Es ist vielleicht das letzte Mal, daß wir miteinander reden können. Denk dran, dein Mann ist für sein Volk sehr wichtig. Liebe ihn und beschütze ihn vor allem Schlechten. Laß nicht zu, daß ihn die Kultur der Weißen zerstört. Erlaub ihm nicht zu trinken. Und laß ihn nicht mit Leuten verkehren, die ihm schaden könnten. Paß auf ihn auf. Er ist ein guter Mann. Er wird gebraucht.«

Ich sah sie noch einmal in Pierre, South Dakota, als Leonard vor Gericht stand. Sie war gekommen, um ihn zu unterstützen und mich zu trösten, uns Mut zu machen. Wir wohnten alle im Holiday Inn. Sie kam in mein Zimmer und sprach nicht viel, sondern saß nur auf dem Bett und sah mich an. Dann sagte sie: »Ich wollte dich nur noch einmal sehen. Mich wirst du nicht wiedersehen.« Wir sprachen über ein paar unwichtige Dinge, verabschiedeten uns, schüttelten uns die Hände, umarmten uns, und sie weinte und weinte. Das war das letzte Mal, daß ich sie sah. Es war, als hätte sie Hinhan gehört, die Eule, die nach ihr schrie und ihr den Tod verkündete. Sie wußte das und akzeptierte es.

In den letzten Novembertagen 1975 verschwand sie. Jeder meinte: »Annie Mae ist untergetaucht.« Zur gleichen Zeit mußte ich von meinem Mann Abschied nehmen, der wegen der Ereignisse in Wounded Knee ins Gefängnis gesteckt wurde. Leonard saß in Lewisburg, Pennsylvania, in einem Hochsicherheitsgefängnis. Ich ging mit meinem kleinen Sohn Pedro nach New York, wo ich zu weißen Freunden zog, um in seiner Nähe zu sein und ihn besuchen zu können. Dort, in New York, bekam ich Anfang März 1976 einen Anruf von einem Freund aus Rapid City, der mir mitteilte, daß Annie Mae Aquash tot aufgefunden worden war, und zwar im Schnee am Fuße eines Steilhanges in der Nähe von Wanblee im Pine-Ridge-Reservat. Das FBI wäre sofort dagewesen und ausgeschwärmt. Man hätte sie mit einem Boot zur Autopsie nach Scotts Bluff gebracht. Die Hände hätte man ihr abgetrennt und zur Identifikation nach Washington geschickt – eine sinnlose Grausamkeit, man hätte ja Fingerabdrücke nehmen können, ohne sie zu verstümmeln. Es sah so aus, als ob ihre Mörder sie auch noch vergewaltigt hatten. Sie wurde in einem Armengrab beigesetzt. Nachdem das FBI sie identifiziert hatte, gab es einen offiziellen Bericht heraus, demzufolge sie an Unterkühlung gestorben war. Man folgerte das aus der Tatsache, daß dort und zu dieser Zeit noch ein anderer Indianer betrunken draußen herumgelaufen und erfroren war. Aber bei der Autopsie waren weder Alkohol noch Drogen festgestellt worden.

Annie Maes Freunde und Verwandte gaben sich damit nicht zufrieden. Sie erwirkten einen Gerichtsbeschluß, nach dem der Leichnam exhumiert werden konnte, und ließen durch einen Pathologen ihrer Wahl eine zweite Autopsie vornehmen. Der fand auf einmal eine Einschußöffnung in ihrem Kopf und entdeckte auch die Kugel vom Kaliber 0.32. Außerdem fand er die abgetrennten Hände, die man zusammen mit dem Körper in den Sarg geworfen hatte. William Janklow, der Generalstaatsanwalt von South Dakota, hatte einmal gesagt, die einzige Art, mit abtrünnigen AIM-Indianern fertig zu werden, sei die, ihnen eine Kugel durch den Kopf zu schießen, und irgend jemand hatte diesen Hinweis aufgenommen. Gelegentlich konnte Leonard aus dem Gefängnis R-Gespräche mit mir führen. Als ich ihm erzählte, daß und wie Annie Mae gestorben war, weinte er am Telefon. Wir weinten zusammen. Er wäre so gern derjenige gewesen, der sie beisetzte, aber das ging nicht.

Annie Mae Aquash ist tot. Leonard Peltier hat zweimal »lebenslänglich« bekommen. Vielleicht erlauben ihm die Gefängniswärter, die Mokassins zu tragen, die sie ihm gemacht hat. Nogeeshik hatte einen schweren Autounfall und sitzt jetzt im Rollstuhl. Leonard und ich haben immer noch eine Menge Sachen, die Annie einmal gesammelt und uns gegeben hat. Irgendwann werde ich herausfinden, wer diese gute, freundliche, zähe und begabte Freundin, die den Tod nicht verdiente, umgebracht hat. Irgendwann werde ich ihren Töchtern erzählen, daß sie für sie gestorben ist, gestorben wie ein Krieger. Eines Tages werde ich Annie Mae wiedersehen. Ich habe das seltsame Gefühl, daß sie starb, damit ich und viele andere überleben konnten. Daß sie starb, weil sie ein geheimes Gelübde abgelegt hatte, wie ein Sonnentänzer, der sich getreu seinem Gelübde das Fleisch durchbohrt und so das Leid aller Menschen auf sich nimmt, damit diese Menschen leben.

14. Kapitel
Cante Ishta – Das Auge des Herzens

> Du mußt die Dinge mit dem Auge
> in deinem Herzen ansehen,
> nicht mit dem Auge in deinem Kopf.
>
> Lame Deer

Einige unserer Medizinmänner sagen immer, daß man die Welt eher mit dem Auge im Herzen betrachten sollte, als den Augen im Kopf zu trauen. »Sieh auf die wirkliche Realität, die hinter den Scheinrealitäten der Dinge und des Plunders liegt«, sagt Leonard stets zu mir. »Schau mit dem Auge in deinem Herzen. Das ist der Sinn der indianischen Religion.«

Das Auge meines Herzens war noch blind, als ich Leonards Frau wurde. Von den Traditionen wußte ich wenig. Ich war bei ein paar Peyote-Meetings gewesen, ohne sie wirklich verstanden zu haben. Ich hatte einen Sonnentanz gesehen und später den Geistertanz bei Wounded Knee – wie ein Zuschauer, ein berührter Zuschauer vielleicht, aber kaum anders als die weißen Freunde, die diese Tänze beobachtet hatten. Auch sie waren angerührt. Aber genauso wie ich drangen sie nicht durch die Symbolik bis zur wahren Bedeutung vor. Ich hatte noch nicht an sehr vielen alten Ritualen unseres Stammes teilgenommen – am Dampfbad, am Ringen um eine Vision, an Yuwipi, der Blutsbrüderschaft und der Bewährung der Seele. Ich wußte noch nicht einmal, daß diese Zeremonien noch immer abgehalten wurden. Und dann gab es gewisse Rituale, von deren Existenz ich gar nichts ahnte.

Ich war jetzt die Frau eines Medizinmannes, der von Kindheit an ein Suchender und ein Seher war, weil die Stammesältesten seine spirituellen Gaben bereits erkannt hatten, als er noch sehr jung, etwa acht Jahre alt war. Sie hatten gesagt: »Hütet diesen Jungen. Der ist es.« Und sie hatten ihn unterrichtet und auf sein künftiges Leben als Medizinmann vorbereitet. Weil ihn der Besuch einer weißen Schule für die Rolle, die ihm dic Ältesten zugedacht hatten, verderben würde, hatte Old Man Henry die Beamten, die den Schulschwänzer abholen wollten, mit dem Gewehr in der Hand vertrieben und gesagt: »Eher gehe ich ins Gefängnis, als daß ich diesen Jungen in eure Schule gehen lasse!« Jetzt würde Leonard mich darin unterweisen, die Frau eines Medizinmannes zu sein, und ich war begierig zu lernen.

Ich glaube, es fiel ihm nicht leicht, seine Frau zu unterrichten. Sie kennt ihn bei Tag und auch bei Nacht. Und daß sie seine Stärken kennt, hindert sie nicht daran, auch seine Schwächen zu sehen. Und er wiederum kennt ihre guten und schlechten Seiten. Die ganze Zeit standen wir unter Druck von außen, und so hatten wir unsere Höhen und Tiefen. Und bei dem Leben, das ich vorher geführt hatte, respektierte ich ihn nicht einfach nur, weil er ein Mann war, so wie das gewisse Sioux-Frauen tun. Manche dieser alten Macho-Sprichwörter – zum Beispiel »Die Frau soll nicht vor dem Mann gehen!« – hielt ich nicht für mich bestimmt. Wir liebten uns, und manchmal stritten wir uns. Wie hätte es anders sein können unter den Bedingungen, unter denen wir lebten? Immer aber, immer habe ich seine kolossale Kraft gespürt und war entzückt davon – eine ungeschliffene Kraft, eine geistige indianische Kraft, die von tief innen kam. Sie war unverbildet, weil es bei ihm – da er nie auf einer Schule gewesen war und nicht lesen und schreiben konnte – keinen weißen Intellektualismus gab. Gleichzeitig aber waren sein Denken und seine Ideen oft äußerst kompliziert – sie waren einmalig, originell und sogar erschreckend.

Zuerst war ich ziemlich unsicher, welche Rolle der Frau eines Medizinmannes zukommt, welchen Part die Frauen in der indianischen Religion spielen oder spielen dürfen. Alles, was ich noch aus meiner Kindheit wußte, war, daß sich eine Frau, die ihre Regel hat, von allen Ritualen fernhalten muß, und dieser Gedanke schüchterte mich ein. Leonard half mir, dieses Gefühl von Unsicherheit zu überwinden. Er erzählte mir von Ptesan Win, der Weißbüffelfrau, die unseren Stämmen die heilige Pfeife gebracht hat. Er erzählte mir von Medizinfrauen und davon, daß er 1964 nach Allen, South Dakota, ging, um an einer Reihe von Zeremonien teilzunehmen. Und dort traf er eine Medizinfrau. Sie sagte bei dieser Zeremonie den Leuten gute Worte. Ihr Name war Bessie Good Road. Bei ihren Ritualen benutzte sie einen Büffelschädel, und stets kam ein Büffel zu ihren Meetings. Sie hatte die Büffelkraft. Jedesmal, wenn der Büffelgeist seine Beine bewegte, schlugen seine Hufe Funken. Jedesmal, wenn der Büffel schnaubte, schossen ihm Lichtblitze aus den Nüstern, und immer, wenn er seinen Schwanz herumschlug, konnte man einen Flammenkreis sehen. »Ich habe meine Trommel genommen und für sie gesungen«, erzählte er mir. »Noch nie hatte ich vorher eine Medizinfrau erlebt, ihre innere Kraft flößte mir Ehrfurcht ein.« Sie hatte zu ihm gesagt: »Eines Tages werde ich nicht mehr da sein. Ich möchte das alles weitergeben, diese Kraft, die meinem Volk hilft durchzuhalten. Wir verlieren viele heilige Dinge, verlieren heiliges Wissen, aber an diesen Ort kommt der Büffelgeist noch immer.«

Die Medizinfrau sprach nicht viel. Sie mußte lange warten, ehe sie ihre Medizin nehmen konnte, ehe ihre Regel vorbei war. Leonard empfand es nicht als beschämend, von dieser heiligen Frau belehrt worden zu sein. Als ich das hörte, fühlte ich mich besser.

So also sprach Crow Dog mit mir. Egal, wo wir gerade waren. Ob wir im Auto fuhren, am Tisch geröstetes Brot und Hamburger aßen, im Kreise von Zuhörern um den Ofen saßen oder nachts beieinanderlagen. Er brachte mir bei zuzuhören. Der Ton ist wichtig. Unser Ton ist der Ton der Natur und der Tiere, er stammt nicht aus der Tonleiter der Weißen. Unsere Sprache kommt vom Wasser, von den Blumen, den wilden Geschöpfen, den Winden. Crow Dog glaubt, daß ein neugeborenes Kind diese universelle Sprache verstehen kann, sie später aber vergißt. Er lehrt die Harmonie zwischen Mensch und Erde, zwischen Mensch und Mensch und zwischen Mann und Frau. Er sagt immer: »Was nützt ein Sattel ohne Pferd? Bring das Pferd, eine Satteldecke und den Sattel zusammen. Das ist es, was der heilige Reifen bedeutet.«

Tunkashila, der Große Vater Geist, hat dieses Universum mit Kräften ausgestattet, Kräften, die man nutzen muß – für das Gute, nicht für das Böse. Wir brauchen nur zuzulassen, daß diese Kraft in uns eindringt, uns erfüllt – wir sollen uns nicht gegen sie wehren. Medizinmänner, sagte mir Leonard, besitzen eine Art Geheimsprache. Die Medizinmänner der Sioux, der Crows, der Blackfeet wissen schon, was sie einander sagen werden, noch bevor sie zu sprechen anfangen. Ich nehme an, das gilt auch für Medizinfrauen.

Zunächst mußte ich das Dampfbad kennenlernen, weil es vor allen heiligen Zeremonien steht und gleichzeitig durchaus eine eigene Zeremonie ist. Wahrscheinlich ist es das älteste unserer

Rituale, weil es mit den glühenden Steinen zusammenhängt, den beschwörenden Gedanken Tunkas, des Felsens, unseres ältesten Gottes. Die Badehütte unserer Familie, unser Oinikaga Tipi, steht an dem Fluß, der durch Crow Dogs Land fließt, und das ist gut so. Sauberes, fließendes Wasser spielt beim Dampfbad eine große Rolle. In der Hütte können wir immer die Stimme des Flusses hören, das Murmeln seines Wassers. An den Ufern wächst Washte Wikcemna, ein süßriechendes, aromatisches Kraut – indianisches Parfüm.

Die Hütte ist aus sechzehn Weidenruten errichtet, die fest, aber elastisch und leicht zu biegen sind. Sie sind zu einer Kuppel geformt, die an einen Bienenkorb erinnert. Badehütten sind ganz unterschiedlich groß. Sie können zwischen acht bis vierundzwanzig Leute aufnehmen. Die gebogenen Weidenruten werden mit roten Stoffstreifen zusammengebunden. Manchmal befestigt man als Opfergabe Bull-Durham-Tabak am Rahmen, der dann mit Decken oder Segeltuch bespannt wird. In den alten Tagen nahm man dafür Büffelhäute, aber an die ist heute schwer heranzukommen. Der Boden der kleinen Hütte ist mit Salbei bestreut. In der Mitte befindet sich eine runde Grube, die die erhitzten Steine aufnimmt. Beim Bau einer Hütte sollen die Leute alte Streitigkeiten vergessen und nur gute Gedanken haben.

Außerhalb der Hütte wird in einer ganz bestimmten Art und Weise Holz für das Feuer gestapelt, mit dem die Steine erhitzt werden – Peta owihankeshni – das »endlose Feuer«, das von Generation zu Generation weitergegeben wird. Wenn es eine Weile hell gebrannt hat, werden weiße Kalksteinbrocken in seine Mitte gelegt. Sie stammen aus den Hügeln. Diese Brocken zerplatzen nicht in der Hitze. Ein paar von ihnen werden spinnennetzartig mit grünem Moos bedeckt. Man glaubt, daß das eine geheime Geisterschrift darstellt.

Die aus dem Feuerloch in der Hütte ausgehobene Erde wird zu einem schmalen Weg aufgeschüttet, der vom Eingang der Hütte zu einem kleinen Wall führt. Der stellt Unci dar – die Große Mutter Erde. Während man diesen Wall aufhäuft, wird ein Gebet gesprochen. Dann wählt man einen Mann, der auf das Feuer achtgibt, die heißen Steine – oft auf einer Heugabel – zur Hütte bringt und den Türvorhang bedient.

Mancherorts schwitzen Männer und Frauen zusammen. Wir

tun das nicht, bei uns nehmen Männer und Frauen ihr Dampfbad getrennt. Wer an einem Dampfbad teilnimmt, zieht sich aus und kriecht, in sein Handtuch gewickelt, in die kleine Hütte, und zwar in Uhrzeigerrichtung. In der Dunkelheit drinnen nimmt man die Handtücher ab und hockt sich nackt hin. Es erstaunte mich zu sehen, wie viele Leute von dieser kleinen, taillenhohen, igluartigen Hütte verschluckt werden können. Dann werden die Steine einer nach dem anderen in die Hütte gebracht. Jeder Stein wird mit dem Pfeifenkopf berührt, der in der Gabel eines Hirschgeweihs in die Mittelgrube gestellt wurde. Zuerst geht der Führer hinein und setzt sich rechts neben den Eingang. Ihm gegenüber sitzt an der anderen Seite des Eingangs sein Helfer. Der Führer hat in Reichweite einen Eimer mit kaltem, sauberem Wasser und eine Schöpfkelle. Über die heißen Steine werden nun grüne Zedernzweige gestreut, die die Luft mit ihrem aromatischen Duft erfüllen. Draußen, vor dem Türvorhang, ist ein Büffelschädelaltar, an dessen Hörnern Tabakpäckchen befestigt sind. Es gibt dort auch einen Ständer für die Pfeife.

Für diese Zeremonie können zwischen zwölf und sechzig Steine verwendet werden. Je mehr Steine, um so heißer ist es. Wenn die Steine in der Hütte sind, wird der Vorhang geschlossen. Bis auf die rote Glut der Steine in der Grube ist es dunkel. Und nun beginnt die Reinigung. Da Zedernzweige und Salbei auf die Steine gestreut wurden, fangen die teilnehmenden Männer und Frauen den heiligen Rauch mit den Händen auf, atmen ihn ein und reiben sich damit Gesicht und Körper ein. Dann wird kaltes Wasser auf die Steine gegossen, und die aufsteigende weiße Dampfwolke, der »Atem des Großen Vaters«, füllt die ganze Hütte. Zu einem Dampfbad gehören vier »Türen«, das heißt, daß der Vorhang während der Reinigung viermal geöffnet wird, damit von draußen etwas kalte Luft hereinkommt und den Teilnehmern Erleichterung verschafft.

Jedermann hat das Recht, während der Zeremonie zu beten oder über heilige Dinge zu sprechen. Wichtig ist, daß alle mit Herz, Seele und Gedanken an dem Ritual teilnehmen. Sind Frauen im Dampfbad, so betreut auch sie ein Medizinmann – das ist schon ganz in Ordnung, denn drinnen ist es so dunkel, daß er einen nicht sehen kann.

Als ich das erste Mal im Oinikaga Tipi, in der Badehütte, war und Wasser über die Steine gegossen wurde, dachte ich, als mich der heiße Dampf erreichte, ich würde es nicht überstehen. Die Hitze war größer, als ich mir vorgestellt hatte. Ich glaubte, nicht mehr atmen zu können, denn mir war, als würde ich flüssiges Feuer inhalieren. Mit gewölbten Händen schuf ich mir einen Raum über Augen und Mund, der um eine Winzigkeit kühler war. Nach einer Weile aber merkte ich, daß die Hitze, die mich zuerst verletzt hatte, anfing, mich zu beruhigen, daß sie ins Zentrum meines Körpers vordrang, mir in die Knochen fuhr und mir ein wunderbares Gefühl gab. Ist die Hitze größer, als es jemand vertragen kann, dann darf er oder sie rufen: »Mitakuye oyasin!« – Alle meine Verwandten! –, und der Vorhang wird geöffnet, damit das Innere etwas abkühlen kann. Ich war stolz, nicht aufgeschrien zu haben. Nach dem Dampfbad fühlte ich mich wirklich wie neugeboren. Meine Poren waren geöffnet und auch mein Verstand. Mein Körper prickelte. Mir war, als hätte ich nie Schmerz empfunden. Ich war herrlich wirr im Kopf, übermütig, wie betrunken. Bald fing ich an, das nächste wunderbare Dampfbad herbeizusehnen.

Einmal waren wir in Kalifornien, wo wir bei einem Prozeß in Los Angeles als Zeugen für einen indianischen Bruder auftraten. Ein paar ortsansässige Indianer luden uns zu einem Dampfbad ein, irgendwo in der Wüste, achtzig Meilen von Los Angeles entfernt. Als ich mich in der Hütte hingehockt hatte, begannen sie, die Steine hereinzubringen. Ungefähr zwanzig lagen in der Grube – die übliche Anzahl für ein Frauendampfbad, und ich erwartete, daß man nun den Vorhang schließen und mit der Zeremonie anfangen würde. Statt dessen kamen mehr und mehr Steine, es wurde ein großer Haufen. Ich starrte auf diesen riesigen Haufen glühender, zischender Felsbrocken, der höher und höher wurde. Ich versuchte, von den Steinen abzurücken, aber da war kein Platz mehr. Meine Knie fingen an, Blasen zu bekommen. Die Hitze war schon schrecklich, und sie hatten noch nicht einmal einen Aufguß gemacht. Mich drückte der Gedanke daran nieder, was kaltes Wasser auf diesem großen Wall aus glühenden Steinen anrichten würde. Dann kam es, das Wasser. Ich glaubte, ich müßte sterben. Nie, niemals mehr würde ich nach diesem Erlebnis Hummer essen, weil ich nun wußte, was diese armen Kreaturen durchmachen müssen. Ich spürte, daß ich nicht hinausrufen könnte, man möchte den Vorhang öffnen, denn schließlich vertrat ich hier die Sioux-Frauen. Als uns der zischende Dampf umhüllte, erhob sich ein Chor von Schreien: »Oh, oh, oh, Großer Geist, wir danken dir dafür, daß du uns so leiden läßt. Wir leiden für unseren armen Bruder im Gefängnis. Laß uns noch mehr leiden!«

»Herrgott, noch mal«, dachte ich, »diese Leute nehmen kein Dampfbad, um sich zu reinigen. Sie wollen leiden.« Dann waren da plötzlich einige Schmerzensschreie: »Alle meine Verwandten!« Der Vorhang wurde geöffnet, aber in der Wüste war es so heiß, daß dies keine Erleichterung brachte. Nun wurde der Vorhang wieder geschlossen, und es gab einen zweiten Wasserguß. Die Gebete begannen. Auch ich betete leise: »Bitte, laß die Gebete kurz sein!« Aber sie waren lang. Als alles vorüber war, konnten wir nicht schnell genug nach draußen kommen. Ein paar Frauen hatten es so eilig, daß sie nicht einmal ihre Handtücher umwickelten und fast nackt herauskamen. Die Erleichterung, aus der Hütte wieder ins Freie zu gelangen, war unbeschreiblich. Leonard erzählte mir, daß man in der Männerhütte noch mehr Steine als bei uns genommen hatte. Ich begreife nicht, wie so etwas möglich war.

Leonard leitete einmal in New Jersey ein Dampfbad für Indianer aus New York – ein gutes, normal heißes Sioux-Bad. Als er den Aufguß machte, fingen diese New Yorker Indianer an zu kreischen. Sie rissen die Rückseite der Hütte auf, bahnten sich wie mit Krallen ihren Weg ins Freie und liefen in alle Himmelsrichtungen auseinander. Wäre das im Land der Sioux passiert, dann hätte es als schwere Entweihung einer religiösen Zeremonie gegolten. Leonard brach nur in jenes Lachen aus, das er sich für tragikomische Situationen reserviert hatte. »Ich verzeihe diesen Leuten«, sagte er, »sie verstehen bloß die indianische Art nicht. Man muß sie ihnen beibringen.«

Ich muß ja zugeben, daß Leonards Bäder sehr heiß sind. Er war so oft darin, daß er die sengende Hitze nicht mehr zu spüren scheint. Bei einer Peyote-Zeremonie habe ich ihn mit bloßen Fingern glühende Asche aufheben und zurücklegen sehen. Und weil ihm große Hitze nichts ausmacht, denkt er, daß es jedem so geht. Ständig schauen Leute zu uns herein, die einen Medizinmann besuchen möchten, etwas von ihm lernen wollen oder einfach bloß neugierig sind. Einer dieser Besucher war ein junger Schwarzer namens Jamesie. Er machte sich zum Sklaven für mich, sammelte Holz, holte Wasser und half in der Küche. Das war ja ganz nett. Aber dann wollte er an einem Dampfbad teilnehmen. Zu seinem Pech war es eines von denen, bei denen die Männer für einen Bruder im Gefängnis leiden wollen. Das bedeutete nicht nur, daß es qualvoll heiß sein würde, sondern auch, daß es während der Zeremonie den Ruf »Alle meine Verwandten!« nicht geben würde und auch kein Öffnen des Vorhangs. Als die Hitze den armen Jamesie traf, fing er an zu schreien: »Ich sterbe, ich sterbe!« Crow Dog sagte ihm, daß es die wunderbarste Sache der Welt wäre, bei dieser Zeremonie zu sterben, das allerschönste Ende, das sich ein Mann nur wünschen kann. Für Jamesie war das aber nur ein schwacher Trost.

Ich sage oft zu Leonard: »Reinige sie, aber koch sie nicht!« Und Leonard antwortete stets mit einem Unschuldsblick: »Aber es war überhaupt nicht heiß. Ich verstehe diese Leute nicht, irgendwas muß mit ihnen nicht in Ordnung sein.«

Leonard ist auch Yuwipi-Mann. Yuwipi ist eine unserer ältesten und auch seltsamsten Zeremonien. Bis ich Leonard traf, war ich noch nie bei einem Yuwipi gewesen. Es ist eine kaum zu erklärende Erfahrung. Wie will man das Übernatürliche erklären, das rational nicht zu erfassen ist? Als die erste Yuwipi-Zeremonie, an der ich teilnahm, vorbereitet wurde, war ich beunruhigt, und als sie dann abgehalten wurde, bekam ich sogar Angst. Ich reagierte immer noch wie eine Weiße.

Ein Yuwipi wird dadurch ausgelöst, daß ein Mann oder eine Frau einem Medizinmann eine heilige Pfeife und Tabak schickt. Das ist der rechte Weg, um eine Zeremonie zu bitten. Jemand möchte irgend etwas finden – etwas, das man anfassen kann, oder etwas, das nur in der Vorstellung existiert. Vielleicht ein vermißtes Kind oder den Grund für eine Krankheit. Der Yuwipi-Mann ist ein Suchender. Er ist der Bote, die Brücke zwischen den Menschen und den Geistern. Durch ihn stellen die Menschen Fragen an die Übernatürlichen, und durch ihn antworten die Geister. Derjenige, der die Pfeife geschickt hat, ist der Auftraggeber. Yuwipi-Männer werden für ihre Dienste nicht bezahlt, aber der Auftraggeber muß alle, die kommen und teilnehmen und aus dem Ritual einen Nutzen ziehen wollen, beköstigen.

Teil des Yuwipi-Rituals ist ein Hundefestmahl, und Hundefleisch ist das heilige Essen, das am Ende der Zeremonie serviert wird. Mich störte das nicht. Als Kind hatte ich oft Hundefleisch gegessen – nicht bei Zeremonien, sondern deshalb, weil wir so arm waren, daß wir jedes Fleisch aßen, das wir bekamen – Hund, Erdhörnchen, Präriehund, Hase –, eben alles, was auf vier Beinen lief. Das Hundemahl ist ein fast menschliches Opfer. In den alten Tagen gingen die jungen Männer der Kriegerbünde durch das Lager und wählten die Hunde für das Hundemahl aus. Manchmal fiel ihre Wahl auf den Hund eines großen Häuptlings oder eines berühmten Jägers. Der Besitzer hätte schlechte Manieren offenbart, wenn er dagegen Einspruch erhoben oder wenn sein Gesicht Empfindungen verraten hätte. Es war eine Ehre, die auf den Besitzer ebenso wie auf den Hund zurückfiel. Ob sie die Ehre immer zu schätzen wußten, ist eine andere Frage. Weil wir so viel von unseren Hunden halten, bekommt das Fest den Charakter eines Opfers. Man reibt den Hund mit etwas Wohlriechendem ein, malt ihm einen roten Streifen auf den Rücken und erwürgt ihn so, daß ihm der Hals gebrochen wird und er sofort tot ist.

Ich erinnere mich an eine komische Begebenheit. Wir alle waren bei einem weißen Freund in New York. Jemand hatte einen merkwürdigen Traum, und das schrie nach einer Yuwipi-Zeremonie. Wir hatten alles dafür Notwendige, außer dem Hund. Henry stand am Fenster und sah auf den Broadway hinunter. Er zeigte unserem Gastgeber einen Mann, der mit einem jungen, plumpen Hund spazierenging. »Der ist gerade richtig«, sagte Henry. »Geh und hol ihn!« – »Auf keinen Fall«, sagte unser Freund. »Geh und sag dem Mann«, drängte Henry, »was für eine große Ehre das ist. Sag auch dem Hund, daß es eine sehr große Ehre ist und daß er nichts spüren wird.« – »Die New Yorker Hunde haben keinen Sinn für Ehre«, erwiderte unser Freund, und wir mußten alle lachen. Wir nahmen dann Rindfleisch.

Soweit ich mich an mein erstes Yuwipi erinnere, begann es damit, daß junge Mädchen Tabakpäckchen anfertigten, winzige Vierecke aus farbigem Stoff, deren jedes eine Prise Bull Durham-Tabak enthielt und die zu einer Kette von mehr als dreißig Fuß Länge zusammengebunden wurden. Sie machten von diesen kleinen Tabakbündelchen vierhundertundfünf Stück, eines für jede Pflanze in unserer Sioux-Welt, für »unsere grünen Brüder«.

Während die Mädchen mit diesen Tabakpäckchen beschäftigt waren, bereiteten andere den größten Raum des Hauses für die Zeremonie vor. Alle Möbel wurden herausgeräumt, die Fußböden gekehrt und mit Salbei bestreut. Von den Wänden wurden alle Bilder abgehängt. Spiegel wurden herumgedreht, weil bei der Zeremonie nichts da sein darf, was Licht reflektiert. Deshalb auch müssen die Teilnehmer Schmuck, Armbanduhren, ja sogar Brillen ablegen, bevor sie hereinkommen. Alle Fenster waren mit Decken verhängt, weil das Ritual in völliger Dunkelheit stattfindet. Decken und Schlafrollen wurden an allen Wänden entlang auf den Boden gelegt, damit man sich darauf setzen konnte.

Nun wurde die Schnur mit den Tabakpäckchen in Form eines Vierecks im Raum ausgelegt. Niemand außer dem Yuwipi-Mann durfte dieses heilige Viereck betreten, alle anderen mußten außerhalb bleiben. An die Kopfseite des Vierecks, wo der Auftraggeber und der Sänger mit seiner Trommel Platz genommen hatten, stellte man eine große Büchse mit Erde und daneben zwei kleinere. In die große Büchse war der heilige Stab eingepflanzt. Er war zur Hälfte rot und zur anderen Hälfte schwarz, und die beiden Farben wurden durch einen schmalen gelben Streifen voneinander getrennt. An der oberen Hälfte des Stabes war eine Adlerfeder befestigt und an der unteren der Schwanz eines schwarzschwänzigen Hirsches. Die rote Hälfte steht für den Tag, die schwarze für die Nacht. Die Adlerfeder soll die Weisheit symbolisieren, weil der Adler der weiseste aller Vögel ist. Eine große Adlerfeder sorgt dafür, daß die Geister auch erscheinen.

Der Hirsch ist heilig. Jeden Morgen, noch vor jeder anderen Kreatur, kommt er zum Bach, um zu trinken und das Wasser zu segnen. Der Hirsch ist Medizin. Er ist ein Heiler. Er kann in der Dunkelheit sehen. Wenn irgendeine Heilung vorzunehmen ist, dann kommt der Geist des Hirsches. Leonard verwendet eine bestimmte Medizin, die er hinter den Ohren des Tieres findet, um bestimmte Krankheiten zu heilen. Sie ist sehr kräftig. Das alles symbolisiert der Schwanz des Hirsches.

In die kleineren mit Erde gefüllten Büchsen hatte man Stöcke gesteckt, an denen farbige Stoffstreifen wie Fahnen befestigt waren. Sie stellen die vier heiligen Himmelsrichtungen dar – Rot für den Westen, Weiß für den Norden, Gelb für den Osten und Schwarz für den Süden. Vor dem Stab lag der Büffelschädel, der als Altar diente. Es gab außerdem einen kleinen Erdaltar, der die Große Mutter Erde darstellte. Darauf lag ein Ring aus Tabakpäckchen. In diesen Ring hatte Leonard mit dem Finger das Zeichen des Blitzes hineingemalt, weil er diesmal auch die Blitzmedizin anwenden wollte. Kommt ein Geist herein und weicht dann vor einem Menschen zurück, glaubt man, daß dieser Mensch nicht mehr zu heilen ist.

Gegen die Hörner des Büffelschädels war die heilige Pfeife gelehnt. Es wurden zwei ganz besondere, runde Findlingssteine benutzt und drei Kürbisrasseln. Aus den kleinen Steinen in den Rasseln sprechen die Stimmen der Geister. Diese Steinchen, nicht größer als Sandkörner, stammen aus Ameisenhaufen. Es sind Kristalle, Achate und kleine Fossilien – sie funkeln im Sonnenlicht. Von den Ameisen glaubt man, daß sie Power haben, weil sie in Völkern zusammenarbeiten und keine Herzen besitzen, sondern durch das Universum leben.

Jeder bekam nun einen Stengel Salbei, den er hinters Ohr oder ins Haar steckte. Man tut das, damit einem die Geister erscheinen und man ihre Stimmen hören kann. Dann wurde der Yuwipi-Mann in die Mitte des Vierecks geleitet. Zuerst legten ihm die Helfer die Arme auf den Rücken und banden ihm alle Finger zusammen. Danach wickelten sie ihn in eine Sternendecke, die ihn vollständig verhüllte. Nun wurde ein ungegerbter Riemen von der Art, aus der man früher Bogensehnen machte, fest um die Decke gewunden und verknotet. Dann wurde der Yuwipi-Mann mit dem Gesicht nach unten auf den mit Salbei bedeckten Boden gelegt. Diesmal war es Leonard, der zusammengebunden worden war. Ich konnte mir nicht vorstellen, wie er überhaupt noch Luft bekam. Er lag da wie eine Mumie. Jetzt wurden die Kerosinlampen mit den großen Reflektoren gelöscht, so daß wir in totaler Finsternis dasaßen. Eine kurze Zeit lang herrschte absolute Stille. Und dann fing mit einem furchtbaren Dröhnen die Trommel zu schlagen an, ihr Widerhall füllte den Raum, als die Sänger ihre Yuwipi-Lieder anstimmten. Schauer jagten mir über den Rücken.

Fast im gleichen Augenblick traten die Geister ein. Zuerst hörte ich kleine Stimmchen flüstern, die flink in einer Geistersprache miteinander redeten. Dann fingen die Rasseln an, durch die Luft zu fliegen – sie rasselten, stießen gegen die Wände, berührten unsere Körper. Kleine Lichtfunken tanzten durch den Raum, wanderten über die Decke, umkreisten meinen Kopf. Ich spürte den Flügelschlag eines großen Vogels, der hierhin und dorthin durch die Dunkelheit huschte, und seine Federn streiften ganz leicht mein Gesicht. Einmal schwankte das ganze Haus, als ob es von einem Erdbeben erschüttert würde. Später erzählte mir eine Frau, daß sie gesehen hätte, wie in einem der Lichtblitze die heilige Pfeife getanzt hätte. Ich war verstört, erinnerte mich aber schließlich daran, daß die Geister ja Freunde sind. Das Meeting dauerte fast bis zum Morgen. Schließlich sang man ein Abschiedslied für die Geister, die dahin zurückgingen, woher sie gekommen waren.

Nun wurde die Lampe angezündet, und in ihrem Schein saß Leonard in der Mitte des heiligen Vierecks – ohne Decke und Fesseln. Er weinte vor Erregung und Erschöpfung. Dann erzählte er uns, was ihm die Geister gesagt hatten. Danach aßen wir den Hund und dann Wojapi – das ist ein Beerenpudding –, tranken Pfefferminztee und Kaffee und rauchten natürlich die Pfeife, die in Uhrzeigerrichtung von einem zum anderen ging.

Die weißen Missionare haben immer wieder versucht, diese Zeremonie zu unterdrücken. Sie sagten, das wäre indianischer Hokuspokus und die Yuwipi-Männer wären bloß Scharlatane, so wie die Zirkuszauberer. Sie versuchten, unsere Medizinmänner zu entlarven, aber das ging daneben. In den vierziger Jahren ließ der Superintendent von Pine Ridge unseren bedeutendsten Yuwipi-Mann, Horn Chips, die Zeremonie bei hellem Tageslicht und in Gegenwart einer ganzen Reihe von skeptischen weißen Beobachtern abhalten. Er ließ Horn Chips von seiner eigenen BIA-Polizei fesseln und verhüllen. Zur Enttäuschung der zuschauenden Missionare tauchten die geheimnisvollen Funken wie aus dem Nichts auf, und die Rasseln flogen dem Superintendenten um den Kopf. Das Ergebnis war, daß viele christliche Indianer wieder zur alten Lakota-Religion zurückkehrten.

Eine der merkwürdigsten Yuwipi-Zeremonien fand in New

York statt, als Leonard dort zu Besuch war. Irgendwie hatte Dick Cavett davon Wind bekommen, daß ein Yuwipi-Mann in der Stadt war, und hatte um eine Zeremonie streng nach Ritual nachgesucht. Cavett war in Nebraska geboren und ganz in der Nähe des Pine-Ridge-Reservats aufgewachsen, und er glaubte an die Kraft des Yuwipi. Wie üblich hatte Leonard alle seine heiligen Gegenstände bei sich, aber er hatte keinen Trommler oder Sänger und natürlich kein Hundefleisch. Auf den Hund konnte man verzichten, aber weder einen Trommler noch einen Sänger zu haben, das war ein Problem. Leonard löste es dadurch, daß er sich ein Tonbandgerät besorgte und vor der Zeremonie Trommeln und Gesang selbst aufnahm. Er trug einem der New Yorker Indianer auf, den Rekorder in dem Augenblick anzustellen, wenn das Licht ausging. Die ganze Zeremonie war zeitlich genau abgestimmt. Ein paar Mohawks hatte er gezeigt, wie sie ihn fesseln mußten. Zu Cavett und den Indianern, die außerdem teilnehmen wollten, sagte er, daß er sehr daran zweifle, ob unter diesen ungewöhnlichen Umständen die Geister erscheinen würden, aber sie kamen tatsächlich, und es wurde ein sehr gutes Meeting. Leonard sagte ja immer: »Ich bin nur eine Gitarre, die Geister sind die Saiten, die die Musik hervorbringen.«

Im Mai 1974 veranstalteten Old Henry und Leonard einen Geistertanz. Nach dem von Wounded Knee war das erst das zweite Mal in diesem Jahrhundert, daß der Tanz stattfinden sollte. Wir hielten ihn auf einem einsamen Plateau ab, das den Crow Dogs seit Generationen als heiliger Ort und Visionshügel gedient hatte. Eigentlich war das Ritual nur für Sioux bestimmt, aber irgendwie – wohl durch den »Mokassin-Telegrafen«, der immer wieder auf geheimnisvolle Weise alle Neuigkeiten unter den Indianern verbreitet – schien jedermann darüber Bescheid zu wissen, und so kamen sogar aus Alaska, Kanada, Mexiko und Arizona viele Ureinwohner, um daran teilzunehmen. Es passierten merkwürdige Dinge. So überflogen Beobachterflugzeuge den heiligen Tanzplatz. Einer unserer jungen Sicherheitsleute legte sein Gewehr auf sie an, um sie zu vertreiben. Schließlich verstanden die Piloten den Wink. Zwei FBI-Agenten, die sich hinter nahestehenden Bäumen verborgen hatten, wurden entdeckt. Sie waren sehr modisch gekleidet und erzählten uns, sie wären Versicherungsvertreter. Obwohl wir über diese Entweihung unserer Zeremonie sehr erbost waren, mußten wir lachen, so albern war das. Meilenweit gibt es dort oben kein Haus und keine Straße. Die einzigen Lebewesen, denen man auf diesem fichtenbewachsenen Hügel Lebensversicherungspolicen verkaufen kann, sind Kojoten und Stachelschweine. Wir nahmen sie fest und brachten die beiden Schnüffler vor das Stammesgericht, das wegen unerlaubten Hausierens auf Indianerland eine Kaution festsetzte. Sie hinterlegten Hundert-Dollar-Noten, die sie von einer dicken Rolle grüner Scheine abpflückten, die sie in der Tasche hatten. Es war sonderbar, aber die Anwesenheit der Flugzeuge und Agenten ließ mich Schlimmes vorausahnen.

Das Wetter war durchweg schön, die ganze Zeit über schien die Sonne. Wir hatten sehr viele Tänzer da, unter ihnen auch ein sechzehnjähriges weißes Mädchen, die Tochter von Freunden aus New York. Auch zwei mexikanische Indianer nahmen teil, der eine ein Nahua aus Oaxaca, der andere ein Huichol aus Chihuahua. Sie waren in ihren weißen Campesino-Anzügen gekommen. Der Huichol-Bruder erzählte, daß sein indianischer Name eigentlich »Warmer Südwind« laute. Natürlich benannten wir ihn um in »Sanftes Lüftchen«. Etwa ein Dutzend der Tänzer bekam die Power und hatte Visionen. Ein junger Navajo, der sich in eine rote Decke gewickelt hatte, fing plötzlich an, mit vogelartigen Bewegungen zu tanzen. Es schien fast, als hätte ein Adler von seinem Körper Besitz ergriffen. Das Beste aber, was passierte, war das Auftauchen eines ganzen Adlerschwarms gegen Ende des Tanzes. Keiner hatte je so viele von diesen heiligen Vögeln auf einmal gesehen. Mit ausgebreiteten Schwingen kreisten sie über dem Tanzplatz und flogen dann in einer wellenartigen Linie davon, wie eine gefiederte Schlange, die durch die Wolken gleitet. Wir waren glücklich.

Die Crow Dogs glaubten immer, sie stünden unter einer Art Fluch, weil der erste Crow Dog vor über hundert Jahren Spotted Tail getötet hatte. In ihren Trinkschalen sehen sie das Gesicht des toten Häuptlings. Leonard sagt immer, daß Spotted Tails Blut noch auf ihn heruntertropft und ihn bedrückt. Er meint, die Schuld laste vier Generationen lang auf ihnen, und erst seine Söhne werden frei davon sein. Bedenkt man all die schlimmen Dinge, die in den Monaten nach dem Geistertanz geschahen, dann könnte man fast glauben, daß Spotted Tails Zorn immer noch nicht besänftigt ist. (Bei einem Schenkungsfest im Jahr 1989 setzte Crow Dog dem gegenwärtigen Häuptling Spotted Tail einen Kriegskopfschmuck auf, und die beiden Familien beschlossen, von diesem Tag an für immer Freunde zu sein.)

15. Kapitel
Der Adler im Käfig

Großer Vater, ich flehe dich an.
Großer Vater, laß es nicht zu,
daß man mich wegbringt.
Meine Leute brauchen mich,
so wie ich sie brauche.
Großer Vater, ich bitte dich,
laß es nicht zu,
daß sie mich ins Zuchthaus bringen.

Crow Dog

Nach dem Geistertanz von 1974 war Leonard für eine Weile heiter und gelöst. Er beobachtete die heiligen Wasservögel, die über das Crow-Dog-Land flogen, und war glücklich, wenn er Adler am Himmel kreisen sah. Gern machte er auch Ausritte auf Big Red, seinem Lieblingspferd, und jagte in rasendem Galopp dahin, weil ihn der Wind im Gesicht erfreute und auch das Gefühl von Freiheit, das man empfindet, wenn man auf einem Pferderücken über die Prärie fliegt. Allmählich aber spürte er, daß sich die Gefängnismauern um ihn zu schließen begannen. Nach Wounded Knee hatte man ihm seine Freiheit ja nur gestundet. Er konnte nicht begreifen, warum die Regierung hinter ihm her war. Er betrachtete sich nicht als radikal. An Politik war er nicht interessiert. Nie trug er eine Waffe. Er sah sich ausschließlich als religiösen Führer, als Medizinmann. Aber genau das war es, was ihn gefährlich machte. Von den jungen Stadt-Indianern, die über eine Revolution schwafeln und mit Waffen herumfuchteln, halten die Vollblutindianer auf dem Lande sowieso nichts. Aber auf einen Medizinmann hören sie, der ihnen in ihrer Sprache sagt: »Verkauft euer Land nicht, verkauft die Große Mutter Erde nicht an die Bergbau- und Urangesellschaften. Verkauft euer Wasser nicht.« Ein solcher Rat ist eine Bedrohung für das System und kann Zuchthaus bedeuten.

Der Hauptanklagepunkt gegen Leonard ergab sich aus der Besetzung von Wounded Knee. Als angebliche Postinspektoren hatten vier Regierungsagenten während eines Waffenstillstands versucht, sich einzuschleichen. Sie wurden von ein paar jungen Wachposten angehalten. Aus Angst, entlarvt und hart angefaßt zu werden, hatten sie sich sofort als Agenten mit Hundemarken, Pistolen und Handschellen ausgewiesen. Unsere jungen Leute entwaffneten sie und brachten sie zu Leonard, der sich im Museum aufhielt. Sie fragten ihn: »Was sollen wir mit denen machen?«

Leonard sagte: »Es ist Zeit fürs Frühstück. Laßt ihnen Kaffee und etwas zu essen geben.« Dann hielt er ihnen einen halbstündigen Vortrag über die Ursachen, die zu Wounded Knee führten, und über indianische Bürgerrechte im allgemeinen. Anschließend ließ er sie höflich durch den Verteidigungsring geleiten.

Dafür wurde er nun angeklagt wegen »Behinderung von Bundesbeamten in Ausübung dienstlicher Obliegenheiten« (Ausschnüffeln) und wegen »bewaffneten Raubüberfalls« (Wegnahme von Waffen und Handschellen der Agenten). Der Staatsanwalt führte aus, daß die Besetzung von Wounded Knee ungesetzlich gewesen sei, eine kriminelle Verschwörung. Und daß Crow Dog ein Anführer war und deshalb für alles verantwortlich, was während der Besetzung passiert sei, auch wenn er es selbst nicht getan habe oder nicht einmal zugegen gewesen sei. Auf dieser Grundlage wurde Leonard zu dreizehn Jahren verurteilt.

Die Regierung war gar nicht glücklich darüber, denn Leonard hatte eine bedingte Strafe bekommen, die zur Bewährung ausgesetzt worden war. Er war immer noch frei. Also mußte sie etwas dagegen unternehmen. Im März 1975 kamen Leonard und ich einmal spät nach Hause und fanden einen ganzen Haufen fremde Weiße bei uns. Einer, der Pfersick hieß, sagte, sie wären den indianischen Guru besuchen gekommen. Er war high von Drogen, die er vor unseren Augen nahm. Leonard sagte ihm, daß in Crow Dogs Haus Drogen nicht erlaubt wären. Da meinte Pfersick: »Wer bist du Ficker denn, daß du mir sagen willst, was ich nehmen darf oder nicht?« Etwas später machte er mir mit widerwärtigen Worten sehr abgeschmackte sexuelle Angebote und betatschte dabei meine Brust. Leonard trat zwischen uns und stieß ihn weg. Da drehte er durch und attackierte Leonard mit einer Kettensäge, die er von der Wand genommen hatte. Leonard wich aus und landete selbst ein paar gute Treffer. Ein paar Indianer kamen zu Hilfe, sie überwältigten den Wahnsinnigen. Pfersick und seinen Leuten wurde befohlen, sich nie wieder hier blicken zu lassen, dann wurden sie von unserem Land getrieben. Sie zeigten Leonard wegen tätlichen Angriffs an. Nach einer Verhandlung von nur ein paar Stunden vor einem weißen Gericht in South Dakota wurde Leonard schuldig gesprochen und bekam weitere fünf Jahre. Wir sagten damals immer, daß selbst Jesus Christus in South Dakota für jedes erdenkliche Verbrechen verurteilt würde, wenn er AIM-Indianer wäre.

Am 2. September 1975 geschah ein weiterer Zwischenfall. Zwei Männer, die Beck und McClosky hießen, durchbrachen mit ihrem Auto eine Holzschranke und fuhren direkt auf unseren Hof. Es war halb zwei in der Nacht, und beide waren betrunken, Beck mehr als der andere. Er war ein gewalttätiger Halb- oder Viertelblutindianer, der auch vor einem Mord nicht zurückschreckte. Sein Strafregister war lang. Viel später, als es für unser Leben keine Bedeutung mehr hatte, ermordete Beck vor Zeugen einen friedfertigen Mann in mittleren Jahren namens No Moccasin und wurde dafür ins Gefängnis geschickt. Der andere Mann, McClosky, war vergleichsweise harmlos, er war einfach nur Becks Saufkumpan. Sie kamen also auf Crow Dogs Grundstück, veranstalteten ein Riesenspektakel und gaben damit an, soeben einen sechzehnjährigen Neffen von Leonard fürchterlich zusammengeschlagen zu haben. Leonard schlief fest, und es dauerte eine Weile, ihn wachzubekommen. Als er schließlich seine Hose angezogen hatte und auf den Hof kam, waren schon ein paar von den Verwandten, die immer bei uns wohnen, dabei, sich mit den Eindringlingen zu schlagen. McClosky wurde dabei der Unterkiefer gebrochen. Und wieder gab es jemanden, und man darf raten, wen, der Beck und McClosky dazu brachte, Crow Dog und seine Verwandten wegen tätlichen Angriffs anzuzeigen. Wir wußten nichts davon.

Heute ist es eine traurige Tatsache, daß an jedem Wochenende im ganzen Reservat zahllose Schlägereien zwischen Betrunkenen stattfinden. Männer, die vom Alkohol betäubt sind, verstümmeln sich sinnlos gegenseitig. Arme werden gebrochen, Augen ausgeschlagen – aber diese Dinge werden niemals untersucht. Im benachbarten Pine-Ridge-Reservat herrschten Zustände wie in einem Bürgerkrieg. Mehr als einhundert Leute waren ermordet worden, und nicht ein Zehntel dieser Fälle wurde überprüft, und das auch nur dann, wenn die Polizei eine Chance witterte, den Totschlag einem AIM-Mitglied anhängen zu können. Daß diese endlose Gewalt von der Regierung völlig ignoriert wurde, macht das, was dann geschah, absurd und unerklärlich – wenigstens zu diesem Zeitpunkt. Im Morgengrauen des 5. September 1975, vier Tage nachdem Beck und McClosky die Schlägerei in unserem Hof provoziert hatten, wurde ich dadurch wach, daß jemand unsere Tür eintrat und schrie: »Hier ist der Marshal der Vereinigten Staaten, hier ist das FBI! Rauskommen oder wir schießen!«

Als nächstes spürte ich die Mündung eines M-16-Gewehrs, die mir an den Kopf gedrückt wurde. Sie kamen mit einhundertundfünfundachtzig Mann – Marshals, Agenten und SWAT-Teams – und entwickelten einen kriegsmäßigen Angriff auf das Haus eines einzelnen Medizinmannes. Es war wie eine Wochenschau aus Vietnam, als ob man im Traum einen schlechten Film sähe. Durch die eingetretene Tür konnte ich ein Beobachterflugzeug erkennen, das über uns kreiste. Im Hof landeten Hubschrauber. Über den Little White River setzten Schlauchboote mit Polizisten in Tarnanzügen. Ein paar Männer mit kugelsicheren Westen richteten ihre Maschinenpistolen auf uns. Wir kamen uns vor wie in einem Vietcong-Dorf, das von einhundertfünfundachtzig Rambos überrollt wird. Hätte es nicht unser Leben zerstört, wäre es komisch gewesen. Durch das Fenster konnte ich sehen, wie das SWAT-Team in weit auseinandergezogener Schützenlinie den Hügel herunterkam. Sie legten tatsächlich eine künstliche Nebelwand. Ich hörte sie singen: »Wir sind hier, um euch zu holen.«

Zwei Rambo-Typen zerschlugen das Fenster und kletterten herein. Sie zeigten auf den kleinen Pedro, der noch halb schlief, und fragten: »Ist das das Kind, das in Wounded Knee geboren wurde?« Dann warfen sie ihn quer durch das Zimmer, so daß er mit dem Kopf an die Wand schlug. Er weinte. Ich wollte zu ihm laufen, aber einer der Bundespolizisten sagte: »Noch einen Schritt und ich blase dich weg, direkt in die Ewigen Jagdgründe!« Und auch er drückte mir sein Gewehr an die Schläfe. Jetzt hatte ich also zwei Gewehre an meinem Kopf. Hätten die beiden abgedrückt, dann hätten sie nicht bloß mich, sondern auch sich selbst gegenseitig umgebracht. Ein dritter FBI-Mann warf mir ein Gewehr vor die Füße und sagte: »Los, heb's auf! Ich habe gehört, ihr seid so große Krieger. Na, los doch, mach schon! Gönn uns 'ne hübsche kleine Schießerei!«

Einer ihrer Führer war hereingekommen, und ich sagte: »Tja,

Sie passen besser auf Ihre Jungs auf, ehe sie jemanden umbringen.« Er bekam ein rotes Gesicht und ging hinaus. In der Tür drehte er sich noch einmal um und sagte: »Ich bin aus Minneapolis!«, als ob das die ganze Wahnsinnsszene erklären würde. Er nickte seinen Männern zu, und die nahmen ihre Gewehre herunter. Aber sie durchwühlten die ganze Wohnung, zerbrachen unsere heiligen Gegenstände und trampelten darauf herum und holten Männer, Frauen und Kinder halbnackt aus dem Bett. Sie zwangen sie, sich draußen auf die Erde zu setzen – es war kalt an jenem Morgen, und sie hatten kaum etwas auf dem Leib. Aus purer Gemeinheit erschossen sie Big Red, Leonards Lieblingspferd, und knallten dann auch noch ein kleines schwarzes Hengstfohlen ab. Ich forderte sie auf, mir ihren Durchsuchungsbefehl zu zeigen. Sie hatten keinen, sondern nur ein paar Blanko-Haftbefehle gegen »John Doe« und »Jane Doe«.

In Handschellen schleifte man Leonard zusammen mit ein paar Freunden und Verwandten, unter ihnen meine Freundin Annie Mae Aquash, fort. Auf der neunzig Meilen langen Fahrt nach Pierre, der Hauptstadt des Bundesstaates, trieben die Agenten mit Leonard ihre Späßchen. Als er wegen eines natürlichen Bedürfnisses einmal den Wagen verlassen mußte, legten sie auch ihm ein Gewehr vor die Füße und sagten: »Du wirst den Rest deines Lebens im Gefängnis vergammeln. Wir machen dir ein sportliches Angebot. Deine Chancen stehen fünfzig-fünfzig. Nimm das Gewehr und lauf!«

Leonard ignorierte sie. Die Handschellen, die man ihm angelegt hatte, waren so konstruiert, daß sie sich bei der leisesten Bewegung immer mehr zusammenzogen. Sie unterbanden die Zirkulation in seinen Armen und rieben die Handgelenke blutig. In Pierre fesselte man ihn an einen Stuhl und hackte vierundzwanzig Stunden lang auf ihm herum, ließ ihn nicht schlafen und fragte wieder und wieder: »Wo ist Peltier? Wo ist Peltier?« Diese Frage ergab für Leonard absolut keinen Sinn. Das ganze gespenstische Geschehen ergab keinen Sinn. Warum die Hunderte von Agenten? Die Hubschrauber? Die Schlauchboote? Die einzige Anschuldigung gegen Leonard war der gebrochene Kiefer von McClosky, und den hatte nicht Leonard, sondern einer seiner Neffen zerschlagen. Alles, was es gebraucht hätte, wäre ein einzelner Stammespolizist gewesen, der zu Leonard gesagt hätte:

»Cousin, da gibt es eine Beschwerde wegen einer Schlägerei. Warum kommst du nicht mal zum Stammesrat und klärst die Sache?« Das wäre der übliche Weg gewesen, der überhaupt niemanden aufgeregt hätte. Warum also dieser kriegsmäßige Angriff? Die Frage beschäftigte uns jahrelang. Es war etwa 1979, als wir den Grund für diesen Wahnsinn herausbekamen. Leonard ging für über ein Jahr ins Gefängnis, bloß weil das FBI geschlampt hatte und nun seine Aktion irgendwie rechtfertigen mußte.

Am 23. Juni 1975 hatte es in der winzigen Oglala-Siedlung im Pine-Ridge-Reservat, mehr als hundert Meilen von uns entfernt, eine Schießerei gegeben. Das FBI war in den Ort eingedrungen, weil erzählt wurde, daß er eine AIM-Hochburg sei. Ein Feuergefecht brach aus. Ein Indianer und zwei FBI-Agenten wurden getötet. Hunderte von Leuten waren in diesen unruhigen Tagen im Reservat umgebracht worden, und niemand hatte sich auch nur im geringsten darum gekümmert, aber zwei tote FBI-Agenten waren etwas anderes. Für deren Tod mußte jemand angeklagt und verurteilt werden – irgendein x-beliebiger. Das FBI durchkämmte Pine Ridge nach geeigneten Verdächtigen, fand aber keine. Man bestach sogar sogenannte Zeugen, bedrohte sie und schüchterte sie ein. Einer leicht schwachsinnigen Frau, Myrtle Poor Bear, zeigte man das Foto eines verstümmelten Körpers und sagte ihr: »So wird es dir auch ergehen, wenn du nicht bezeugst, was wir dir sagen.« Die Regierung hat später eingeräumt, daß die Zeugen nicht »glaubwürdig« waren und daß die Agenten einen ungesetzlichen Druck auf sie ausgeübt hatten. Schließlich ergriff man Leonard Peltier, einen Indianer aus Fort Totten, als mutmaßlichen Täter – nicht, weil es Beweise gegen ihn gab, sondern weil er ein radikaler AIM-Führer war und damit ein Stachel im Fleisch der Regierung.

Crow Dog und seine Leute hatten damit nichts zu tun. Wir wußten nicht einmal etwas von den Ereignissen in Oglala. Als das geschah, war Crow Dog zu Hause und hielt seine Zeremonien ab. Und das FBI wußte das sehr gut. Aber irgend jemand hatte dem FBI einen Tip gegeben, daß sich Peltier bei Crow Dog verberge, und sie hatten das geglaubt – was nicht sehr für ihre Intelligenz spricht, da sich Peltier in Wirklichkeit in Oregon, einen halben Kontinent weit entfernt, aufhielt. Das FBI hatte den ganzen Beck-McClosky-Zwischenfall von Anfang bis Ende inszeniert und Beck möglicherweise mit einer langen Gefängnisstrafe für seine verschiedenen Verbrechen gedroht, falls er sich nicht kooperationsbereit zeige. Später versuchte man, den Angriff auf Crow Dogs Wohnung damit zu rechtfertigen, daß man falsche Anschuldigungen gegen ihn vorbrachte. All das haben wir aber erst viel später herausgefunden, als wir einige der Gerichtsakten des Falles Peltier zu lesen bekamen.

Als die letzten Agenten mit ihren Schlauchbooten und Hubschraubern verschwunden waren, blieben wir wie betäubt zurück. Leonards Eltern, ich, die Kinder – wir alle hatten einen Schock. Noch ein Jahr danach rannten die Kinder weg, um sich zu verstecken, wenn ein Auto eine Fehlzündung hatte oder ein Flugzeug über uns hinwegflog, und dabei schrien sie: »Die FBIs kommen!«

Weil er sein Haus und seine Familie gegen ein paar betrunkene Punks verteidigt hatte, machte die Regierung aus Leonard einen Kriminellen. Für sie war mein Mann gefährlicher als Peltier, weil für einen Unterdrücker moralische Kraft immer gefährlicher ist als politische Macht. Ich fühlte mich unbeschreiblich einsam. Wie konnte ich ohne ihn weiterleben? Wie sollte ich die Verantwortung tragen, die jetzt auf meinen Schultern lag? Ich war doch so unerfahren und jung, erst Anfang zwanzig. Im Grass Mountain District hatte sich Leonard um alles und für alle gekümmert, nicht nur um Heilbehandlungen und Zeremonien, sondern auch um die kleinen Alltagsprobleme, die so wichtig sind. Wie hätte ich die Lücke ausfüllen können? Leonards Eltern waren alt und krank, und jetzt, da sie ihren einzigen Sohn brauchten, damit er sich um das Haus kümmerte und ihnen half, wurde er weggebracht.

Meine tägliche Hausarbeit erledigte ich wie unter Betäubung. Jeden Augenblick wartete ich darauf, daß Leonard in die Tür trat. Manchmal war mir so, als hörte ich seine Stimme, die nach mir rief, und dann fiel mir ein, wo er war. Die Kinder fragten: »Wo ist Daddy? Warum ist er im Gefängnis?« Und ich wußte keine Antwort.

Die Verhandlung war eine Farce. Bis zu diesem Zeitpunkt hatte die Regierung mit ihren Verfahren gegen Indianer in Wounded Knee-Fällen nicht viel Glück gehabt. Wann immer es außerhalb von South Dakota, am zuständigen Gerichtsort, ein anständiges Verfahren gegeben hatte, wann immer wir die Voir dire hatten – das ist das Recht, die vorgesehenen Geschworenen zu befragen, um herauszufinden, ob sie gegen Indianer Vorurteile hegen –, wann immer wir genügend Zeit bekamen, unseren Fall vor einem unbeeinflußten Gericht darzustellen, endeten die Verfahren mit Freispruch. Die Regierung hatte durchaus ihre Lehren gezogen. Sie setzte durch, daß Leonards Verhandlung in South Dakota stattfand, dem Staat, in dem – wie Annie Mae immer sagte – man selbst Jesus Christus der Homosexualität oder der Belästigung von Kindern für schuldig befunden hätte, wäre er ein AIM-Indianer gewesen.

Leonards Verhandlung wurde an einem Tag durchgepeitscht – ohne Voir dire und ohne der Verteidigung eine Chance zu geben. Leonard machte sich keine Illusionen. Während der Verhandlung flüsterte er mir zu: »Um zwei Uhr werden sie mich schuldig sprechen.« Ich fragte zurück: »Warum gerade um zwei?«

Traurig und wissend lächelte er mich an. »Sie wollen ihren Lunch, mit Steak und Bier auf Gerichtskosten. Rechne mal nach. Um zwölf gehen sie zum Lunch. Hin und zurück brauchen sie eine halbe Stunde. Eine Stunde werden sie sich Zeit lassen, um ihre Steaks zu essen. Wenn sie wieder da sind, werden sie eine halbe Stunde herumsitzen, damit es einen guten Eindruck macht, so als würden sie beraten. Dann werden sie mit ihrem Schuldspruch hereinkommen.« Und genauso geschah es – pünktlich um zwei Uhr.

Bevor wir das Gerichtsgebäude betreten konnten, um bei der Urteilsverkündung bei Leonard zu sein, wurden wir sorgfältig elektronisch durchsucht. Mit einem Pieper fuhren sie Ina zwischen die Beine. Sie war damals acht Jahre alt. Man hatte Angst vor uns. Sogar in Pedros Windeln suchte man nach einer Pistole. Alles, was sie davon hatten, war ein Pieper voll Babykacke.

In den drei Verfahren wurde Leonard zu einer Gesamtstrafe von dreiundzwanzig Jahren verurteilt. Ich beobachtete, wie er, an Händen und Füßen gefesselt, von den Marshals hinausgezerrt wurde. Wir sahen uns an, bis die Eisengitter hinter ihm zuschnappten und er verschwand. Leonards alte Mutter, Mary Gertrude, weinte: »Ich werde mit der Pfeife für ihn beten. Ich bin Indianerin. Ich werde mit der Pfeife beten und Tabakpäckchen machen. Und ich werde dem Geist sagen: Ich will meinen Sohn wieder haben, hier, wo er hingehört und wo er aufgewachsen ist. Ich will ihn wieder in seinem Haus haben, in unserem alten Haus, wo er geboren wurde. Ich bin alt, aber ich werde nicht eher sterben, ehe er nicht wieder hierher zurückgekommen ist.«

Ein Marshal meinte: »Nun hört euch diese verrückte alte Squaw an. Lady, ich sage dir, du wirst schon lange tot sein, wenn dein Sohn wiederkommt.«

Für einen Außenstehenden ist schwer nachzuvollziehen, was es für Leonard, einen traditionellen Sioux-Medizinmann, bedeutete, im Gefängnis zu sitzen. Leonard ist ein Teil der Natur, er ist ein Mann, der Pferde reitet, der die Hügel und Täler nach Heilkräutern absucht, der Vieh hütet, Vögel beobachtet und mit Wolken und Winden spricht. Ich dachte bei mir: »Wie soll er das aushalten, in eine kleine Zelle eingesperrt zu sein, wie ein gefangener Adler im Zoo, dessen Flügel beschnitten worden sind?« Aber es war ja noch viel schlimmer, als ich es mir selbst in meinen Alpträumen vorstellen konnte. Ich wußte einfach zu wenig darüber, was in Amerikas Hochsicherheitsgefängnissen vorgeht. Das wurde mir bald klar.

Nachdem Leonard abgeführt worden war, wurde er in rascher Folge und in einem absolut sinnlosen Hin und Her von einem Gefängnis ins andere verlegt. Ich versuchte, ihm überallhin zu folgen und in Kontakt mit ihm zu bleiben, aber häufig hatten weder ich noch seine Anwälte auch nur die leiseste Ahnung, wo er festgehalten wurde. Die Regierung schien mit uns Versteck zu spielen: Pennington County Jail in Rapid City, Pierre in South Dakota, das legendäre Deadwood in den Black Hills, Minnehaha County Jail in Sioux Falls, Oxford und Cedar Rapids in Iowa, Terre Haute in Indiana, Leavenworth in Kansas, Chicago, Sioux City in Iowa, Lewisburg in Pennsylvania, Richmond in Virginia und kurzzeitig ein Haftgefängnis in New York. Man schleppte Leonard durch das ganze Land, und ich blieb ihm auf der Spur.

Vom ersten Tag an, den Leonard im Gefängnis verbrachte, versuchten seine Freunde gemeinsam, ihn freizubekommen. Vor allem wandten wir uns an seine weißen Freunde. Sie gaben sich alle Mühe, opferten ihre Pachtgelder und Ersparnisse, mit denen sie ihre Kinder aufs College hatten schicken wollen, um Rechtsanwälte zu engagieren und mit ihnen zu den verschiedenen Verhandlungen und Gefängnissen zu fliegen, aber sie wußten über die Mühlen der amerikanischen Justiz für Indianer ebensowenig Bescheid wie wir indianischen Hinterwäldler. Wir lernten alle schnell. Es brauchte nicht viel Zeit, um herauszufinden, daß Geld das allerwichtigste war. Kann man für die Verteidigung zweihunderttausend Dollar ausgeben, dann gewinnt man seinen Prozeß; hat man kein Geld, dann verliert man. Das sogenannte Gegenspieler-System ist einfach eine Lotterie. Hatte man Geld und Beziehungen, um einen brillanten Anwalt zu engagieren, und stand einem mittelmäßigen Ankläger gegenüber, dann gewann man. Hatte man kein Geld und mußte sich auf einen Pflichtverteidiger verlassen, verlor man. Konnte man durchsetzen, daß das Verfahren in eine andere Stadt im Osten verwiesen wurde, erreichte man im allgemeinen einen Freispruch. Wurde in South oder North Dakota verhandelt, dann ging man ins Gefängnis. Schuld oder Unschuld hatten damit nichts zu tun.

Wir bekamen niemals eine Geschworenenjury aus Leuten unseresgleichen. In allen Verfahren, in denen ich als Zeugin auftrat, gab es keinen indianischen Geschworenen. Man sagt, das Recht werde aufgeklärter und liberaler und farbenblind. Das ist Blödsinn. Im Jahre 1884 gewann der erste Crow Dog seinen Prozeß vor dem Obersten Gericht, das mit Bezug auf den Vertrag von 1868 entschied, daß die Regierung innerhalb der Indianerreservate keine Rechtshoheit besitze. In der gleichen Frage entschieden die Gerichte fast einhundert Jahre später gegen uns. Man muß eben wissen, daß die Gesetze von denen erlassen werden, die gerade an der Macht sind, und daß dies zu dem Zweck geschieht, sie an der Macht zu halten. Das gilt für die USA ebenso wie für Rußland oder irgendein anderes Land auf der Erde.

Als alle Beteiligten pleite waren, lernten wir, wie man Geld auftreibt. Am Ende hatten wir die Unterstützung des Nationalrats der Kirchen, des Weltrates der Kirchen, der Quäker, von Amnesty International, des Zentrums für Verfassungsrechte und der Gesellschaft für Versöhnung. Natürlich war es unser Glück, daß Indianer damals gerade »in« waren. Ein paar Jahre später hätten sich die Medien und das Geld auf Umweltprobleme, Frauenemanzipation, auf die Lesbenbewegung, auf Makrobiotik oder Kristallheilung konzentriert. Organisationen, die Minderheiten unterstützen, neigen dazu, ihre Anstrengungen vor allem darauf zu richten, die Namen einzelner Führer bekanntzumachen. So konzentrierte sich die Hauptunterstützung auf die Fälle Russel Means und Dennis Banks. Leonard mußte warten, bis sich die Hilfe auch auf die Führer der zweiten Reihe erstreckte. Er war zu insgesamt dreiundzwanzig Jahren verurteilt worden. Es kostete etwa zweihunderttausend Dollar und knapp zwei Jahre, ihn aus dem Gefängnis zu holen. Und so glücklich ich war, ihn in Freiheit zu sehen, so ein schlechtes Gewissen hatte ich bei dem Gedanken an die vielen namenlosen jungen Burschen, die bei all den AIM-Kämpfen ihre Köpfe weit aus dem Fenster gelehnt hatten und nun im Kittchen saßen und nicht in der Lage waren, Geld für die Kaution oder die Verteidigung aufzutreiben.

Zu den Anwälten, die ich am meisten schätzte, gehörten Ken Tilsen aus Minneapolis, Dan Taylor aus Louisville, Bill Kunstler aus New York und Sandy Rosen aus San Francisco, der später den Kent-State-Prozeß gewann. Richard Erdoes und seine Frau Jean wurden unsere Koordinatoren für die Verteidigung, die uns ein Kommunikationszentrum und einen Platz zum Essen und Schlafen zur Verfügung stellten. Allein die Telefonrechnungen beliefen sich auf fast zweitausend Dollar im Monat. Unter unseren Anwälten war Bill Kunstler der berühmteste, während Sandy Rosen ein »Anwaltsanwalt« war, der beste in seinem Fach. Bill war gut darin, Schaden zu verhüten – einfach dadurch, daß er den Fall im ersten Verfahren gewann. Im Gerichtssaal war er brillant und unwiderstehlich. Ich habe ihn immer mehr für einen erstklassigen Filmschauspieler als für einen Anwalt gehalten. Sandy war der große Ausbesserer, wenn das erste Verfahren etwa mit einem Schuldspruch geendet hatte. Er war ein Meister, wenn es darum ging, Anträge einzubringen, einschlägige Paragraphen aufzuspüren, der winzigsten Spur zu folgen – alles höchst wichtige Dinge für die Vorbereitung auf eine Verhandlung. Und ich wurde im Laufe der Zeit trotz meiner angeborenen Schüchternheit eine gute Rednerin, die in Auditorien, Kirchen und Parks auf Massenversammlungen sprach.

Aber all das verhalf Leonard nicht zu einer besseren Behandlung im Gefängnis. Zeitweise war er völlig von der Außenwelt isoliert, konnte sich mit niemandem verständigen und wußte nicht, was für ihn unternommen wurde. Als ihm sein erstes Telefonat aus dem Gefängnis erlaubt worden war, fragte er: »Was hat man mit mir vor? Will man mich umbringen wie Crazy Horse?«

Und ich fragte zurück: »Wie wirst du behandelt?« Er sagte: »Man hat mir Handschellen angelegt, die Fingerabdrücke genommen und mich durch Leibesvisitationen gedemütigt. Sie sagen mir nicht, wohin sie mich als nächstes bringen werden. Man hat mir alles abgenommen. Man hat Crow Dogs Land genommen. Man hat mir die Elemente meiner Existenz genommen, man hat meinem Volk meinen Körper weggenommen. Aber meinen Geist haben sie nicht, mein Geist ist noch frei.« Ich gab mir Mühe, daß er mein Weinen nicht hörte.

Das erste, was man mit einem Mann wie Crow Dog im Gefängnis tut, ist, seinen Willen zu brechen, ihn aus einem Menschen zu einer Nummer zu machen. Eine Möglichkeit dazu ist die Aufschiebetaktik. Leonard ignorierte alle Provokationen. Er war ein Mustergefangener, der keine Veranlassung gab, ihn zu bestrafen. Aber jedesmal, wenn er in einem neuen Gefängnis ankam, wurde er sofort in eine Einzelzelle gesteckt. In Lewisburg kam er in eine so winzige Zelle, daß er sich weder ganz ausstrekken noch aufrecht stehen konnte. Er fragte: »Wofür bestrafen Sie mich? Warum stecken Sie mich ins Loch?«

Und man antwortete ihm: »Wir bestrafen dich nicht, wir müssen dich nur ein paar Wochen lang vorbereiten, ehe wir dich zum gewöhnlichen Gefängnisvolk lassen.«

Das gleiche geschah in Leavenworth, das Leonard den »großen bösen Urahnen aller Zuchthäuser« nennt. Zuerst führte man ihn durch ein Labyrinth von Korridoren und Kellergängen in einen Raum, der einem Würfel aus grau-grünem Beton glich. Leonard hatte keine Ahnung, in welchem Teil des Gefängnisses er sich befand. Der Raum hatte keine Fenster, sondern lediglich künstliches Neonlicht, das die ganzen zwei Wochen hindurch, die er dort verbrachte, brannte. Er wußte bald nicht mehr, ob es Tag oder Nacht war, Montag oder Freitag oder ob er gerade sein Frühstück oder sein Abendbrot zu sich nahm. Eine Uhr hatte er nicht, und so verlor er jegliche Zeitvorstellung. Er sah nur die Wärter, die ihm das Essen brachten. Um gegen die Desorientierung anzukämpfen, sang er die alten heiligen Lakota- und Peyotelieder. Später erzählte er, daß er sich in diesem absoluten Vakuum eine völlig neue Art zu singen erarbeitet hatte. Das stimmt. Seit er aus dem Gefängnis gekommen ist, singt er die Peyotelieder wie kein anderer – es klingt, als ob zwei oder drei Männer gleichzeitig singen. In einigen dieser Lieder hört man auch die Stimmen verschiedener Vögel, den Ruf des Erdkuckucks und den des Wasservogels.

Man muß schon zu einem besonderen Menschenschlag gehören, um Gefängniswärter zu werden. Die Hälfte des Tages sind sie selbst Gefangene, Insassen aus eigenem freien Willen. Ungebildet und unterbezahlt, sind diese Leute nur darauf aus, den hilflosen Gefangenen gegenüber ihre Überlegenheit auszuspielen. Es sind ja schließlich Menschen, auf die sie herabsehen können, weil sie sie in ihrer Gewalt haben. Treffen sie aber auf einen Gefangenen, der sie ihre Unterlegenheit und Unfähigkeit spüren läßt, dann geraten sie in Wut, weil er eine Bedrohung ist für das bißchen Selbstachtung, das ihnen geblieben ist. Und sie versuchen, diesen Mann durch Demütigungen auf ihr eigenes Niveau herunterzuziehen. Leonard nannte das Seelenfolter. Jeden Tag hieß es: »Spreiz die Backen, Häuptling, mal sehen, was du dir ins Arschloch gesteckt hast.«

Fast vom ersten Tag an bekam er gehässige anonyme Briefe; in vielen stand, daß ich – während er im Gefängnis sitze – mit jedem Tom, Dick oder Harry herumhuren würde. In einem Brief hieß es: »Crow Dog, du dämlicher Indianer, deine Frau läßt sich von deinem besten Freund ficken. Wir haben Kameras, die auch bei Dunkelheit aufnehmen. Wir haben sie fotografiert, als sie es getrieben haben. Im Motelzimmer haben wir Wanzen versteckt, und jetzt haben wir ihr Stöhnen und Grunzen auf Band. Wenn es dir im Kittchen zu langweilig wird, können wir dir die Fotos und Bänder schicken.« Die Wachen, die ihm diese Briefe brachten, sagten zu ihm: »Du weißt, die Post wird zensiert. Wir haben die Briefe also gelesen. Du hast vielleicht ’ne Frau. Kann sein, daß wir die irgendwann mal besuchen.« Leonard lachte ihnen bloß ins Gesicht. Und während er diese Briefe prompt erhielt, wurden ihm einige meiner Briefe nie ausgehändigt.

Die ganze Zeit hindurch belästigten die Wärter Leonard und sagten: »Wenn du wirklich so ein großer Medizinmann bist, warum verwandelst du dich nicht in einen Vogel und fliegst davon?« Oder sie sagten: »Begreifst du nicht, daß du uns ausgeliefert bist und daß wir mit dir machen können, was wir wollen? Wir können dich ins Loch stecken, wenn uns danach ist, wir haben absolute Macht über dich.«

Leonard antwortete ihnen immer: »Ihr habt überhaupt keine Macht. Ich bin es, der die Macht hat. Ich habe eine Geschichte. Was für eine Geschichte habt ihr? Was könnt ihr euren Kindern erzählen, wenn ihr nach Hause kommt? Was könnt ihr an sie weitergeben?«

Aber sie ließen ihn nicht in Frieden. Leonard trug sein Haar nach traditioneller Art in zwei langen Zöpfen. Immer wieder versuchten sie, ihm die Haare zu schneiden. Unsere Anwälte führten einen ständigen Krieg mit verschiedenen Direktoren und bewiesen, daß es ungesetzlich sei, ihm die Haare zu schneiden. Schließlich setzte im Mai 1976 der Direktor in Lewisburg Tag und Stunde fest, zu der Leonard die Haare geschnitten werden sollten, aber genau einen Tag vor diesem Termin wurde seine Entlassung angeordnet.

Christliche Gefangene haben das Recht auf ihre Priester und Bibeln, Juden auf ihre Rabbis und den Talmud. Leonard sagte dem Direktor, daß seine Bibel die Pfeife sei und daß er ein Recht auf sie habe. Es kostete Monate, bis wir schließlich durch die Bittschriften unserer Anwälte und der Indian Rights Association eine Regelung erreichten, die die Religion der amerikanischen Ureinwohner anerkannte und den indianischen Gefangenen das Recht einräumte, ihre heiligen Gegenstände bei sich zu haben und mit ihnen zu beten. Der Direktor in Terre Haute rief Leonard in sein Büro: »Crow Dog, ich habe die Order, dir deine Pfeife zu übergeben. Hier ist sie.« Leonard fragte: »Wo sind der Pfeifenbeutel und der Tabak?« Der Direktor erklärte ihm, daß der Tabak »verdächtig« sei. »Er riecht wie irgendeine Hippie-Droge. Tut mir leid, Häuptling, da kann man nichts machen.«

Leonard versuchte darzulegen, daß das natürlich eine andere Art Tabak sei, Chan-cha-sha, heiliger Rotweidenrindentabak. Der Direktor aber beharrte darauf, daß es eine illegale Droge wäre. Leonard meinte, daß ihm die Pfeife ohne Tabak nichts nütze, und gab sie dem Direktor zurück, damit er sie bis zu seiner Entlassung aufbewahre.

Die Wärter schikanierten Crow Dog auch deswegen, weil er am Telefon mit seinen Verwandten Lakota sprach. Sie brüllten ihn an: »Sprich englisch, daß wir dich verstehen. Das hier ist das Land des weißen Mannes. Wahrscheinlich erzählst du am Telefon Lügen über uns.«

»Ihr habt bloß ein schlechtes Gewissen«, antwortete ihnen Leonard. Sie rächten sich auf andere Weise. Einer der Priester war schwul und versuchte ständig, Leonard zu betatschen. Der entgegnete dem Priester: »Vater, vielleicht ist es nach Ihrer Religion in Ordnung, so etwas zu tun, aber nach unserer machen Medizinmänner bei solchen Sachen nicht mit.« In Leavenworth standen fast jeden Tag die Punks und Tunten, die die Gänge fegten, vor Leonards Zelle und höhnten: »Los, Häuptling, steck den Schwanz durchs Gitter, wir lutschen ihn aus. Das Beste, was du kriegen kannst. In den nächsten zehn Jahren wirst du vielleicht keine Frau mehr haben.«

Wenn Leonard sie einfach nicht beachtete, warfen sie ihm Abfälle in die Zelle. Er hat mir erzählt, daß ihm diese Dinge überhaupt nichts ausgemacht hätten, aber Spuren hatten sie wohl doch hinterlassen. Und dann gab es die Psychiater. Einer dieser Seelenklempner fragte Crow Dog, ob er irgendwelche körperlichen Beschwerden hätte. Crow Dog sagte, er verspüre eine gewisse Gereiztheit. Was für eine Gereiztheit das sei, wollte der Seelenpfuscher wissen. Crow Dog antwortete, daß ihn die amerikanische Regierung reize. »Kennen Sie ein Heilmittel gegen gebrochene Versprechungen? Kennen Sie ein Mittel gegen Lügen?« Der Seelenklempner meinte, daß Leonard ihn mißverstanden habe, ob er körperliche Beschwerden habe? Crow Dog tat so, als ob der Psychiater Behandlung nötig hätte. Er bot ihm an, ihn mit Zedernrauch zu befächeln und ihm etwas Peyote-Tee zu verabreichen. Der Mann murmelte etwas und gab auf. In Lewisburg bestand ein anderer Psychiater darauf, daß Leonard Valium und Thorazin einnehme, »um während der Haftzeit entspannt und fröhlich zu sein«. Leonard sagte ihm, daß sie verlieren würden, wenn sie diese Art der psychologischen Kriegsführung anfingen, und daß er mit Hilfe des Großen Vaters Peyote ein besserer Psychiater als sie alle sei. »Bringen Sie mir nicht den Kopf durcheinander«, sagte er dem Valium-Mann, »oder ich tue es mit Ihrem auch.« – »Ihr Indianer seid alle gleich«, war die Antwort, »hoffnungslos!«

Einen Tag nach der Zweihundert-Jahr-Feier, am 5. Juli 1976,

versuchten es die Psychiater in Terre Haute erneut. Einer von ihnen rief Leonard in sein Sprechzimmer. Wie mir Leonard später erzählte, begrüßte ihn der Mann mit einem breiten Lächeln und fragte: »Crow Dog, was empfinden Sie bei der Zweihundert-Jahr-Feier?« Crow Dog erklärte ihm, daß eine Feier dieses Tages für einen Indianer dasselbe sei, als wenn ein Jude Hitler feiere oder ein Japaner Hiroshima.

»Sehr interessant«, sagte der Psychiater. »Ich bin selbst Jude. Und was ist mit den großen Männern, die Amerika feiert?«

»Nun«, sagte Leonard, »Washington war ein Bursche mit einer kurzen Seidenhose, einer Perücke und Holzzähnen, der sich Sklaven hielt. Nun zu Kolumbus. Der dachte, er wäre in Indien gelandet – bloß zehntausend Meilen vom Kurs abgekommen. Dann Custer – ohne uns. Sie hätten ihn vielleicht als Präsident haben wollen. Sie sollten dankbar sein. Ihr habt einen Nixon, einen Agnew gewählt. Ich bin bescheiden. Ich bin mit Sitting Bull und Crazy Horse zufrieden.«

»Tja, und was halten Sie von mir?« – »Ich glaube, Sie benutzen mich als Meerschweinchen.«

»Ja, und Sie sind ein tolles Meerschweinchen, Crow Dog, das kann ich Ihnen versichern. Ich gebe auf. Sie brauchen mich nicht.«

Nach dem Gespräch war dieser Psychiater immer sehr nett zu Leonard, schrieb günstige Berichte über ihn und half uns, wo er konnte.

Nur zweimal brach Leonard in den anderthalb Jahren, die er im Gefängnis war, zusammen. Das erste Mal passierte es in Lewisburg. Er stand auf dem Hof in der Nähe einer Häftlingsgruppe, als diese plötzlich auseinanderstob und den Blick auf einen Gefangenen freigab, dem mit einem Messer der Hals vom einen bis zum anderen Ohr aufgeschlitzt worden war und der, fast enthauptet, tot auf der Erde lag. Während es Leonard noch schüttelte, kam ein Mann im weißen Kittel, den er für einen Arzt hielt, auf ihn zu und sagte: »Crow Dog, Ihre Untersuchung hat einen Hirnschaden ergeben. Wir müssen Sie leukotomieren. Das ist das, was man mit dem Burschen im Film ›Einer flog über das Kuckucksnest‹ gemacht hat. Der war wie Sie. Wollte nicht kooperieren. Häuptling, deine Schwierigkeiten sind dann vorbei. Du wirst ein glücklicher, angepaßter Trottel sein. Noch diese

Woche wird man dich nach New York bringen, um die Operation vorzunehmen.« Der Mann hatte erfahren, daß Crow Dog auf seinem Weg in ein anderes Gefängnis nach New York gebracht werden sollte. Und das war seine Art, mit Leonard Scherze zu treiben. Als Leonard tatsächlich ein paar Tage später nach New York gebracht wurde, glaubte er, daß jener ihm die Wahrheit gesagt hatte. Ich war damals in New York, um so nahe wie möglich an Lewisburg zu sein. Ich hätte eine Taxe nehmen und in fünfzehn Minuten bei ihm sein können, aber man erlaubte mir nicht, ihn zu besuchen. Ihn aber ließ man telefonieren. Er weinte. »Sie wollen mich leukotomieren«, sagte er. »Sie wollen mir mein Gedächtnis nehmen, mein medizinisches Wissen, wollen mich zu einem Nichts machen.« Dann brach er zusammen.

Die ganze Nacht hindurch habe ich mit ihm geredet und versucht, ihn aufzumuntern. Richard und Jean Erdoes sagten ihm am Telefon: »Das können sie nicht machen, sie brauchen dazu eine besondere Erlaubnis, auch von dir.« Leonard wiederholte immer wieder: »Ihr wißt nicht, wie es im Zuchthaus ist. Sie können alles tun, was sie wollen. Diese Macht haben sie. Ihr wißt es bloß nicht.« Wir telefonierten von acht Uhr abends bis um sechs Uhr am nächsten Morgen. Wir waren völlig erschöpft, körperlich und geistig. Mitten in der Nacht hatten wir einen Anwalt aus dem Bett geholt, der irgendwann am anderen Tag herausbekam, daß die ganze Leukotomie-Drohung ein Schwindel war. Der grausame Scherz ging nach hinten los. Als wir die Geschichte publik machten, gab es einen allgemeinen Aufschrei. Nun kam die Unterstützung für Leonard wirklich ins Rollen, da sich der Nationalrat der Kirchen seines Falles annahm und ihn einen »verfolgten und zu Unrecht inhaftierten religiösen Führer« nannte.

Der zweitschlimmste Tag für Leonard war der 19. November 1976, als das alte Crow Dog-Haus unter mysteriösen oder doch eher höchst verdächtigen Umständen bis auf den Erdboden herunterbrannte. In den siebziger Jahren brannten die Häuser aller indianischen Bürgerrechtsführer ab oder wurden durch Sprengstoffanschläge vernichtet. Von dem wundervollen, alten, malerischen Crow Dog-Haus blieb nichts übrig – außer schwarzer Asche, die den Boden bedeckte. All die unschätzbaren Reliquien, heiligen Gegenstände, die alten Verträge und Wildlederkostüme fielen den Flammen zum Opfer. Leonards Eltern kamen mit dem nackten Leben davon. Viele Zeremonien, Peyote-Meetings, Yuwipi-Rituale und Schenkungsfeste hatten in diesem alten Haus stattgefunden. Jetzt war es weg – ein Stück indianischer Geschichte und Hinterlassenschaft war nicht mehr.

Leonard trug schwer daran. Er diktierte einen Brief an uns: »Ist es recht, mich von meinen Leuten, von meiner Erde fernzuhalten? Das Haus meiner Mutter und meines Vaters ist niedergebrannt worden. Sieben Generationen Crow Dogs haben dort gelebt. Ich bin im Zuchthaus und konnte meiner Familie nicht helfen, das Haus zu retten. Ich kann nur die Eisengitter anstarren. Aber sogar hier kann ich heute den Herzschlag meines Großen Vaters spüren und das Echo der Trommel hören.«

Man machte ihm das Leben auf vielerlei Art zur Hölle. Dinge, die dem gewöhnlichen Sträfling das Leben erleichtern – Fernsehen, Lesen, Kartenspielen –, bedeuteten ihm nichts. Er war vollkommen auf seine inneren Fähigkeiten angewiesen. Dazu kamen die Riesenentfernungen, die man zwischen ihn und seine Familie und Freunde legte. Zuerst brachte man ihn nach Lewisburg, Pennsylvania, einen halben Kontinent von seinem Zuhause in Dakota entfernt. Also zog ich mit dem kleinen Pedro zu Freunden nach New York. Wenn ich an Besuchstagen ganz früh am Morgen mit dem Auto losfuhr, konnte ich Leonard sehen und noch vor Einbruch der Nacht wieder in New York zurück sein. Aber das Gefängnissystem beschloß, es mir immer schwerer zu machen, wenn ich meinen Mann besuchen wollte, und verlegte Leonard nach Terre Haute, Indiana, genau auf halbem Weg zwischen New York und Rosebud. Jetzt spielte es keine Rolle mehr, wo ich mich aufhielt, ich mußte neunhundert Meilen weit fahren, um ihn zu sehen. Das kostete jedesmal mehrere hundert Dollar.

Obwohl ich mich ohne Leonard einsam und verloren fühlte, erdrückt von einer Verantwortung, für die ich mir zu schwach und unerfahren vorkam, hatte ich eine verhältnismäßig leichte Zeit. Die Nächte waren schlimm, aber am Tag war ich für wenigstens achtzehn Stunden viel zu beschäftigt, um zu grübeln. Ich reiste herum, war an Orten, die ich nie zuvor gesehen hatte, entwarf Flugblätter, sprach mit Anwälten, Zeitungsleuten, Organisationschefs, machte Bandaufnahmen, hielt Reden und kümmerte mich um mein Baby. Jetzt traf ich auf Weiße, die auf unserer Seite standen, und ich lernte, gern mit ihnen zusammen zu sein. Ich gewann viele Freunde – außer der Familie Erdoes, die Belafontes, den Schauspieler Rip Torn und seine Frau Geraldine Page, Dick Gregory, Brando, Ossie Davis und Ruby Dee, die Musiker David Amram und Charlie Morrow, den Autor und Verleger Ed Sammis, den puertorikanischen Schriftsteller Piri Thomas, Botschafter Andy Young, Bischof Lou Walker, Ping und Carol Ferry, die immer indianische politische Gefangene unterstützt hatten, den Sioux-Künstler Jeffe Kimball, die Anwälte Bill Kunstler und Sandy Rosen, die Filmemacher Mike Cuesta und David Baxter, die über Leonards Haftzeit einen Dokumentarfilm drehten. Von diesen neuen Freunden lernte ich eine Menge und wurde mit neuen Ideen und Lebensweisen konfrontiert. Ich bereicherte meinen Wortschatz, da sich mein Horizont erweiterte. Ich wurde mit gutem Essen, mit merkwürdigem und köstlichem, vollgestopft, bekam neue Kleider und wurde zu Shows und Partys mitgenommen. Es schien eine Verschwörung zu geben, so daß mir kaum Zeit blieb, mir selbst leid zu tun. Das wichtigste aber war, daß es so viele Schultern gab, an denen ich mich ausweinen konnte. Und stets wurde ich, wo ich auch war, von Indianern der verschiedensten Stämme besucht, die an den unwahrscheinlichsten Orten auftauchten.

Leonard überlebte dank seiner geistigen Kraft. Selbst in seiner Betonzelle mit Stahlgittern, mit Kübel und nackter Glühbirne, die die ganze Zeit brannte, ging er auf die Suche nach einer Vision. Als er nach Terre Haute kam, hörte er, als der Bus vor dem Gefängnis anhielt, eine Adlerknochenpfeife und eine Stimme sagen: »Du hörst mich, du spürst mich, du siehst mich, du kennst mich. Halte an der hergebrachten Art fest und lerne, das Unerträgliche zu ertragen.« Leonard erzählte mir, daß er sich mit den Vögeln vor seinem Fenster oder im Hof verständigt hatte. Sie wären ihm wie Botschafter des Geistes erschienen und hätten ihn aufgeheitert. Einmal saß eine Krähe auf seinem Fensterbrett, und das vermittelte ihm ein gutes Gefühl. Er glaubte, ein Crow Dog-Geist wäre gekommen, um ihn zu besuchen. Ein anderes Mal war es eine Goldammer, die für ihn die Peyote-Kirche darstellte. Bei einem Verhör sah er durch das Fenster zwei Adler in den Wolken kreisen und nahm das als gutes Omen. Er hätte stets die Anwesenheit der Geister gespürt, sogar wenn er im Loch gesessen habe. »Tunkashila wacht über mich«, sagte er mir einmal. »Ich habe einen heißen Draht zum Großen Geist, einen eingebauten Sender und kann mit Tunkashila reden.«

Er erfreute sich des Respekts und der Zuneigung seiner Mitgefangenen. Als er nach Leavenworth kam, liefen alle Gefangenen auf seinem Gang an die Zellengitter, schlugen dagegen und riefen im Takt: »Crow Dog, Crow Dog, Crow Dog!« Der ganze Gang war eine Wand von ausgestreckten Händen, die ihn willkommen hießen. In Terre Haute machte ein schwarzer Mitgefangener ein Lied über Leonard. Er sang es mir am Telefon vor und begleitete sich selbst auf der Gitarre. Es war ein typischer schwarzer Blues – wunderschön. Leonard bekam viele Briefe, und Indianer schickten ihm oft Gedichte.

Er freundete sich mit Schwarzen, Weißen und Chicanos an. Besonders eng fühlte er sich den Lebenslänglichen verbunden. Er konnte einfach nicht begreifen, wie man einen Menschen auf Lebenszeit in einen Käfig stecken kann. Bei einem meiner Besuche sagte er zu mir: »Ich weiß, was diese Lebenslänglichen empfinden, die niemanden haben, der sie unterstützt. Ein paar haben seit Jahren keinen Besuch gehabt. Sie sind schon seit zehn, fünfzehn Jahren hier. Sie haben keinerlei Vorstellung davon, was draußen geschieht. Durch ihre Fenster können einige die Wachtürme mit den Scharfschützen sehen und vielleicht Autos, die auf dem Highway vorbeifahren, oder ein Flugzeug hoch am Himmel. Und das sind die Grenzen ihrer Welt. Sie wissen nicht einmal, ob sich ihre Verwandten noch an sie erinnern oder ob sie überhaupt noch am Leben sind. Lebenslängliche sind lebendige Tote.«

Im Frühjahr 1976 bekam Leonard Haftaufschub: Er wurde für drei Monate freigelassen – bis zum Entscheid über seine Berufungsklage. Rip Torn und Richard Erdoes fuhren uns nach Lewisburg, um ihn zu holen. Er sollte am Morgen freikommen, aber die Wärter machten ihre üblichen Späßchen und ließen sich mit ihren Korinthenkackereien den ganzen Tag Zeit, seine Freilassung zu verzögern. Es war, als ob sie es nicht ertragen könnten, ihn gehen zu lassen. Auch mit uns, den Besuchern, trieben sie ihre miesen kleinen Spielchen und brüllten über Lautsprecher von ihrem Wachturm herunter: »Stellen Sie Ihr Auto da drüben ab. Nein, zehn Yards mehr nach rechts. Nein, stellen Sie es dort links hinüber. Nein, vierzig Fuß zurück. Nein, ein Stück vor. Wenden Sie jetzt den Wagen...« Und so ging es eine ganze Stunde lang. Rip Torn ist sehr hitzig, und ich bekam Angst, daß er explodieren würde, aber er schaffte es, sich zu beherrschen, obwohl er vor Wut zitterte. Als Leonard schließlich am späten Nachmittag freigelassen wurde, erlaubte man ihm nicht, zu Fuß das Gebäude zu verlassen. Er mußte vom Eigentümer des Wagens gefahren werden, und kein anderer durfte im Auto sein. Jeder, mit Ausnahme von Leonard und dem Fahrer, mußte eine Meile weit laufen und außerhalb des Gefängnisses warten.

Also warteten wir und ließen uns durch diese Kleinlichkeiten nicht ärgern. Außerhalb des Gefängnisbereichs war die Macht der Wärter zu Ende. Wir fanden eine hübsche Stelle neben der Straße. Es gab da einen Bach, Gras, Blumen und Bäume. Ich breitete Leonards heilige Gegenstände aus – den Tabakbeutel mit indianischem Tabak, den Büffelschädel und den Adlerflügel. Wir hatten einen guten jungen Lakota-Sänger, Steve Emery, dabei, und als der Wagen endlich ankam und Leonard ausstieg, schlug Steve die Trommel und sang ein Ehrenlied. Danach stimmte er das AIM-Lied an, während ich meinem Mann den rot-blauen Gebetsschal um die Schultern legte und ihm das rote Barett mit der Adlerfeder auf den Kopf setzte. Wir ließen uns im Kreis nieder und rauchten die Pfeife. Als wir fahren wollten, fragte Erdoes: »Crow Dog, was möchtest du zum Dinner essen?«

Leonard überraschte uns alle, als er sagte: »Seit Monaten habe ich von gutem chinesischem Essen geträumt.«

Erdoes fand eine Telefonzelle und rief seine Frau Jean an. Als wir nach New York kamen, erwartete uns ein Festmahl – ein Tisch, vollbeladen mit zweimal gebackenem Schweinefleisch, Szechuaner Rindgeschnetzeltem, Garnelen in Hummersoße, Rindercurry, chinesischen Klößen, Schweinebraten mit Schnee-Erbsen, Eier-Foo-Yong und Hähnchen à la Hunan. Auf dem Weg nach New York hatten wir einen Fasan angefahren. Rip hatte ihn aufgehoben und gesagt: »Das ist gutes Fleisch.« Und so bereitete er zu all diesen fernöstlichen Köstlichkeiten noch ein Feinschmecker-Fasanengericht zu. Es war phantastisch. Aber nach dem Dinner konnte sich Leonard nicht entspannen. Er blieb nächtelang ohne Schlaf und lief durch die Straßen. Als wir uns liebten, hatte er das Gefühl, die Wärter würden uns beobachten. Und als er endlich schlafen konnte, hatte er Alpträume. Er sagte: »Im Geist bin ich noch immer im Gefängnis.«

Unser Freund, der Maler und Schriftsteller Ed Sammis, besitzt in Westport, Connecticut, ein kleines Haus an einem Mühlteich, ein paar hundert Fuß von Long Island Sound entfernt. Er sagte: »Leonard, wir brauchen Informationen von dir. Du solltest zu uns aufs Land hinausfahren, ein bißchen Seeluft schnuppern.« Also fuhren wir alle zu Eds Haus. Auf der einen Seite seines Kamins stand eine ausgestopfte Krähe und auf der anderen Seite ein ausgestopfter Zwerghund. Dazwischen war ein handgeschriebenes Schild angebracht: Willkommen, Crow Dog! Es muß ihn viel Mühe gekostet haben, die ausgestopfte Krähe aufzutreiben. Ed macht die besten Bloody Marys der Welt und ist ein guter Koch. Er kocht Steaks, Bohnen und Hähnchen »zügellos«, was bedeutet, daß er alles mit Unmengen Brandy begießt. Er hatte ein großes Dinner vorbereitet, aber Leonard wurde nach ein paar Bissen schläfrig, taumelte zu einer Couch hinüber und fiel mit dem Gesicht nach unten darauf. Er schlief sechsunddreißig Stunden lang. Dann fuhren wir nach Hause nach Rosebud. Es war eine bittere Heimkehr. Das alte Crow Dog-Haus war fort, nur das kleine rote wacklige »Armenhaus« war noch da, schrecklich heruntergewirtschaftet. Leonard versuchte, sein früheres Leben als Medizinmann wieder aufzunehmen, aber nach drei Monaten bekamen wir die Mitteilung, daß seine Berufung abgewiesen worden sei und er wieder ins Gefängnis müsse. Mit seinem ausgeprägten Sinn für Geschichte stellte sich Leonard beim Gericht von Deadwood, South Dakota, weil es das gleiche war, bei dem sich 1884 sein Großvater ergeben hatte.

Wieder wurde mein Mann in Handschellen abgeführt, für ein weiteres Jahr. Wir reichten bei Richter Robert Merhige ein Gesuch ein, in dem wir gemäß Paragraph 35 eine Herabsetzung der Strafe auf die bereits verbüßte Zeit beantragten. Merhige war der Richter, der Leonard in dem Verfahren wegen der angeblichen tätlichen Angriffe verurteilt hatte. Er sah aus wie eine winzige, armselige, grauhaarige Eule mit scharfem Schnabel. Im Gerichtssaal war er ein richtiger Tyrann gewesen, und wir hatten ihn gehaßt. Bei seinem eigenen Gericht in Richmond, Virginia, war er als fairer und liberaler Richter bekannt. Die Regierung hatte ihn aufs Geratewohl herausgesucht und nach South Dakota geschickt, um dort in Rekordzeit alle indianischen Fälle zu erledigen. Vielleicht hatte man ihn deshalb ausgewählt, weil Merhige absolut nichts über die Verhältnisse in den Reservaten wußte. Wahrscheinlich war er nie zuvor einem Indianer begegnet. Beim Prozeß hatte es die Anklage unmöglich gemacht, die Hintergründe des Falles darzulegen.

Jetzt aber bekam Merhige ganze Stapel von Briefen und Bittschriften, in denen man sich für Leonard einsetzte. Einige der Briefe waren von Kirchenmännern, von indianischen Stammesvorstehern, von Anthropologen, Ärzten und Lehrern, die Leonard kannten und mit den Verhältnissen in Rosebud und Pine Ridge vertraut waren. Richard Erdoes ging sogar zu Merhiges Bischof, erklärte Leonards Fall und bat darum, sich in einem Brief für ihn zu verwenden. Er traf den Bischof, einen freundlichen Iren, in Unterhemd und Unterhose bei einem Fußbad an. Jedesmal, wenn das Wasser im Zuber ausgekühlt war, brachte eine ältliche Haushälterin einen Teekessel mit heißem Wasser. Der gute Bischof hörte zu und rief dann aus: »Heiliger Moses, was tut man diesem armen Mann an!« Und sofort feuerte er dem Richter einen Brief hin. Richard, der Maler ist, hatte Merhige einen illustrierten Brief geschickt, in dem er ihm die Hintergründe der Geschichte schilderte, die die Staatsanwaltschaft dem Gericht vorenthalten hatte. Die Illustrationen stellten all die irrsinnigen Dinge dar, die Richard als gesetzlich nicht autorisiertem Chef des Verteidigungskomitees passiert waren – nackte Groupies, die in sein Motelbett kriechen, Burschen, die aus dem Hinterhalt auf ihn schießen. »Sehr geehrter Richter«, schrieb er, »wenn Sie schon kein Mitleid mit Crow Dog haben, dann haben Sie es wenigstens mit mir.« Die Illustrationen hatte er so gut, wie es ihm möglich war, gemacht, als wäre es ein Auftrag von ›Life‹ oder der ›Saturday Evening Post‹. Als er den Anwälten davon erzählte, waren sie entsetzt. Sie sagten Richard, daß er den Fall kaputtmache, daß er es gewagt habe, einen vorsitzenden Richter zu beeinflussen, daß er wegen Mißachtung des Gerichts ins Gefängnis kommen könne. Aber es passierte nichts.

Bei all den Informationen, mit denen Merhige überschüttet wurde, fing der Richter an, Gewissensbisse zu bekommen. Er rief uns vor seine Kammer in Richmond. Vor seinem Richterstuhl war ein langer Tisch, auf dem die Petitionen für Crow Dog zwei Fuß hoch aufgestapelt waren. Der Richter zeigte auf diese Masse Papier und sagte grinsend: »Das ist nur die Spitze des Eisbergs. In diesem Gerichtssaal ist nicht genügend Platz, um alles hierherzulegen. Wir haben Briefe aus Nigeria, Java, Griechenland, Japan, Schweden, Peru und Österreich. Ich frage mich nur, wie Leute, die so weit weg sind, mehr über diesen Fall wissen können als wir.« Und dann sagte er leise und sachlich: »Ich setze Crow Dogs Strafe auf die bereits verbüßte Zeit herab. Ich ordne seine unverzügliche Freilassung an.«

Einer unserer Anwälte, der noch immer unter dem Eindruck seiner schlimmen Erfahrungen in South Dakota stand und davon überzeugt war, daß Crow Dog niemals Gerechtigkeit widerfahren würde, protestierte laut: »Euer Ehren, es ist der Gipfel der Grausamkeit, diesen unschuldigen Mann im Gefängnis festzuhalten!« Und während wir verzweifelt an seiner Jacke zupften, machte er in dieser Art weiter. Der Richter wiederholte grinsend: »Haben Sie mich nicht gehört? Ich habe Crow Dogs Freilassung angeordnet.« Schließlich erfaßte er die gute Nachricht. Für uns alle war es ein großer Augenblick. Der Richter lud uns in seine Wohnung ein und meinte: »Herrschaften, das schreit nach einem kleinen Umtrunk.« Er hatte sich in eine sehr nette, lächelnde kleine Eule verwandelt. Als wir seine Wohnung betraten, sahen wir, daß er ein paar von Richards Illustrationen gerahmt hatte. Er sagte zu ihm: »Sie sind sehr loyal, aber versuchen Sie nie, Rechtsanwalt zu werden.« Reihum gab er uns die Hand und lobte unsere Ausdauer Und dann sagte er: »Aber jetzt tun Sie etwas für mich. Halten Sie mir meinen Bischof vom Leibe.«

Wir riefen Leonard im Gefängnis an und teilten ihm die gute Nachricht mit. »In ein paar Tagen kommst du frei«, sagten wir ihm. Aber dann war es doch nicht ganz so. Von den bürokratischen Formalitäten wurden die hin- und herfahrenden Anwälte noch zwei Wochen lang in Anspruch genommen. Wenn das Gefängnissystem erst einmal jemanden in seiner Gewalt hat, dann hält es an ihm fest wie ein Geizkragen an seinem Geld. In Wirklichkeit dauerte es fast drei Monate, bis Leonard als freier Mann herauskam – nun ja, ganz frei war er nicht, er war auf Bewährung entlassen worden.

Der ganze Stamm kam, um Leonard daheim zu begrüßen. Alle

Medizinmänner, der Stammesvorsteher und die Ratsmitglieder, sogar ein paar Missionare waren zu Ehren Leonards erschienen. Was das Herz aber am meisten erwärmte, waren die vielen armen Vollblutindianer. Langsam und feierlich führte Leonard den Kreis der Tänzer an, während die Trommeln dröhnten und die Sänger das Lied zu Ehren des Häuptlings sangen. Als Leonard bei den Frauen vorbeikam, stießen alle den markerschütternden, vibrierenden Tapferkeitsschrei aus. Selbst Leonards alte Mutter fiel mit ein, und ihr Schrei war wie der einer jungen Frau. Bei diesem Fest ehrte man auch mich. Zwei Medizinmänner, Wallace Black Elk und Bill Eagle Feathers, führten mich in die Mitte des Kreises, steckten mir eine Adlerfeder ins Haar und gaben mir einen neuen Namen: Ohitika Win, »Tapfere Frau«. Ich war stolz und glücklich.

In dem Film, der über Crow Dogs Haftzeit gedreht wurde, faßte Bill Kunstler Leonards Fall in einer kurzen Rede zusammen:

»Alle Indianerverfolgung geht von denen aus, die dieses Land regieren, und gründet darauf, was sie den Ureinwohnern angetan haben oder noch antun. Aus Habgier vertreibt man sie von ihrem Land und bekämpft dann – zwar aussichtslos – jeden ihrer Versuche, wieder zu sich zu finden und auf irgendeine Art zurückzukehren. Wie Crazy Horse und Sitting Bull ist Crow Dog zu einem Symbol geworden.

Ich denke, man haßt vor allem die Leute, deren Forderungen am meisten gerechtfertigt sind. Weil sie einen im Innersten treffen. Man weiß, sie sind im Recht, und deswegen muß man sie vernichten, wenn man kann. Ich glaube, eine Menge Leute haben tatsächlich Angst vor den rechtmäßigen indianischen Ansprüchen auf Land und Bodenschätze. Und am meisten Angst haben sie vor der Tatsache, daß die Ansprüche moralisch gerechtfertigt sind, denn wenn man einem moralischen Imperativ gegenübersteht und selbst nur einen unmoralischen vertritt, dann muß man die Leute hassen, die diesen moralischen Imperativ geltend machen. Und ich glaube, es gibt jetzt einen irrationalen, durch Schuld verursachten Haß, den ich nicht zu analysieren vermag. Man haßt sie, weil ihre Ansprüche vollkommen berechtigt sind – und man weiß das.«

Es war eine sehr gute Rede, aber ich war all der Reden so überdrüssig, auch der guten. Alles, was ich wollte, war: wieder in Rosebud in unserer kleinen Hütte sein, ein wenig Privatleben haben, für Leonard Kaffee kochen, die Kinder streicheln und sie zudecken. Ins Bett gehen, das Licht ausmachen, lieben und schlafen, schlafen, schlafen.

16. Kapitel
Ho Uway Tinkte – Du sollst meine Stimme hören

Es war Ptesan-win,
die Weißbüffel-Frau,
die den Menschen die Pfeife brachte
und sie lehrte,
wie man leben soll.

Lame Deer

Der überwältigende Empfang, den der Stamm Leonard nach seiner Entlassung aus dem Gefängnis bereitet hatte, war für uns eine moralische Ermutigung. Aber ein paar Tage später, als wir versuchten, die Bruchstücke unseres früheren Lebens zusammenzulesen, kam der Rückschlag. Das Viereck aus schwarzer, verkohlter Erde und Asche an der Stelle, wo einst das alte Haus gestanden hatte, strömte noch immer einen beißenden Brandgeruch aus. Leonards Eltern und die Kinder drängten sich in der kleinen OEO-Hütte zusammen, in der ich damals meinen Haushalt eingerichtet hatte, als ich mit Leonard hergezogen war. Sie war viel zu klein, um uns alle aufnehmen zu können. Man hatte sie verwüstet, und nun war sie reichlich baufällig. Früher hatte es in ihr ein Bad und ein WC gegeben und auch einen Küchenausguß mit Wasserleitung, aber nichts funktionierte mehr. Sie sah aus, als wäre ein Tornado hindurchgefegt. Also baute Leonard die alte Kochhütte in ein winziges Häuschen für seine Eltern um. Zusammengebastelt aus allem, was zur Hand war, wurde es nicht so sehr ein Haus, als vielmehr ein ebenso armseliges Hüttchen wie viele andere im Reservat. In den anderthalb Jahren unserer Abwesenheit waren die Kinder groß geworden, emporgeschossen wie Pilze. Ina und Bernadette sahen nun wie junge Frauen aus und nicht mehr wie die kleinen Mädchen, die ich von früher her in Erinnerung hatte. Sie waren gesund und wild. Die alten Leute waren in die Jahre gekommen und zu schwach geworden, um die Kinder so zu behandeln, wie es Leonard und ich getan hätten. Wir alle waren uns fast fremd geworden und mußten wieder miteinander bekannt werden – von Erwachsenem zu Erwachsenem.

Leonards Söhne, Richard und Quanah, betrachteten ihren Vater mit großen Augen. Wer war dieser Fremde mit den eingefallenen Wangen? Das sollte ihr Daddy sein? Seine Leiden hatten Leonard ein vergeistigtes Aussehen verliehen. Er machte einen richtig guten Eindruck. Fast bedauerte ich, daß er wegen seiner Begeisterung für Pfannkuchen mit Zuckerglasur die fünfzig Pfund wieder zulegte, die er im Gefängnis abgenommen hatte. Auch wir mußten wieder miteinander vertraut werden. Wir gingen schüchtern und unbeholfen miteinander um. Als er im Zuchthaus war, hatten wir uns nur etwa ein dutzendmal gesehen, manchmal durch ein Drahtnetz hindurch mit einem Wachposten daneben, häufiger aber in einer Art Telefonzelle sitzend, wobei wir uns durch grünliche Glas- oder Kunststoffscheiben hindurch nur verschwommen wahrnahmen und die Telefone unsere Stimmen entstellten.

Die langen Monate von Leonards Haft hatten uns beide verändert. In der Hauptsache zum Guten, aber wir mußten uns auch an die Tatsache gewöhnen, daß wir andere Menschen geworden waren. Manchmal schien mir, als hätte ich Grass Mountain nie verlassen, dann aber wieder hatte ich das Gefühl, ich wäre eine Ewigkeit fort gewesen. Fast ein ganzes Jahr hatte ich mit dem kleinen Pedro in New York verbracht, hatte dort mein eigenes Zimmer mit Bad und all den anderen Annehmlichkeiten einer modernen Großstadt genossen. Die Leute machten einen Riesenwirbel um mich und behandelten mich wie eine Berühmtheit. Und jetzt war ich eben wieder zurückgekehrt zum Außenklo, zum Wasserholen am Fluß und zum Wäschewaschen im Zuber mit einem altmodischen Waschbrett.

Die meisten Frauen, die uns geholfen hatten, waren Feministinnen gewesen. In einigen Punkten stimmte ich mit ihnen nicht überein. Für mich war Frauenemanzipation in der Hauptsache eine Angelegenheit der weißen gehobenen Mittelklasse und hatte für eine Indianerfrau im Reservat nur geringe Bedeutung. Bei allen guten Absichten hatten mich einige sehr gönnerhaft behandelt und mich bei ihren ungewöhnlichen Partys sogar zum Gegenstand ihrer Unterhaltung gemacht. Auch mit ihren Vorstellungen über Abtreibung und Verhütung stimmte ich nicht überein. Wie viele Ur-Amerikanerinnen, vor allem in der AIM, hatte ich den inneren Drang, Leben zu gebären, so als hätte ich das Gefühl, daß ich persönlich den Völkermord ausgleichen müßte, den die Indianer in der Vergangenheit erlitten hatten. Meine weißen

Freundinnen hatten mir aber auch eine Menge beigebracht, was mich in vielerlei Hinsicht beeinflußte. Ich war nicht mehr das scheue Sioux-Mädchen, das mit niedergeschlagenen Augen den Schritten irgendeines Mannes folgte. Ich bewunderte nicht mehr unkritisch unsere Krieger, die in Wounded Knee im Angesicht des Todes Helden waren, sich zu Hause aber oft wie kleine Kinder benahmen. Wenn Tod oder Gefängnis sie erwarteten, waren sie »Supermen«, aber im Alltag waren sie oft schwach. Viele von ihnen handelten verantwortungslos. Viele Frauen wurden geschlagen und sitzengelassen, so daß sie die Kinder ohne Vater großziehen mußten. Früher war es die traditionelle Aufgabe des indianischen Mannes, für seine Familie ebenso wie für alte Witwen und kleine Waisen zu sorgen und sie zu schützen. Heute sagen sie zu unseren Frauen: »Laß uns beide einen kleinen Krieger machen.« Und dann verschwinden sie und machen woanders kleine Krieger. Das ist der Grund, weshalb Crow Dog ständig damit beschäftigt war, für so manchen Außenseiter, ob jung oder alt, zu sorgen.

Vor meiner Zeit in New York hatte ich gewisse Dinge für selbstverständlich erachtet, fast als normalen Teil des täglichen Lebens. Aber nachdem ich fast ein Jahr fort war, schien es mir nicht mehr ganz so normal zu sein, daß es vielen Sioux-Männern zur Gewohnheit geworden ist, ihre Frauen zu schlagen. Da kam etwa meine Schwester Barb, um sich bei mir auszuweinen. Sie lebte mit einem jungen Mann in Porcupine zusammen. »Wenn dieser Junge nüchtern ist«, sagte sie, »dann ist er gut, ein ordentlicher Bursche, aber wenn er betrunken ist, wird er zum Ungeheuer. Er schlägt mich zusammen. Letztes Wochenende war er saufen. Als er nach Hause kam, mußte er sich übergeben, und ich habe alles abbekommen. Ich sagte, ich würde mir ein paar saubere Sachen holen. Da meinte er: ›Nein, du wirst nirgendwo hingehen!‹ Ich erwiderte, daß ich so nicht bleiben könne, mit dem ganzen Zeug überall auf meinen Sachen, und wollte gehen. Da riß er eine Latte aus dem Zaun und kam auf mich zu. Er fing an, mich mit diesem Holztrumm zu schlagen, und hat mir ein paar Rippen geprellt. Jetzt habe ich ihn für immer verlassen.«

Ich mußte grinsen und sagte zu Barb: »Für so eine Kleinigkeit würden die meisten Sioux-Frauen ihre Männer nicht verlassen.«

Meine Schwester meinte nur: »Indianerfrauen sind stärker als die Männer, weil sie mit all diesem Mist fertig werden müssen, aber ich hatte einfach genug.«

Ich antwortete ihr: »Barb, wir sind zu lange weg gewesen, wir sehen die Dinge nicht mehr so wie früher.«

Leonard machte eine ähnliche Phase des Wiedereinlebens durch. Er empfand sehr viel Bitterkeit darüber, was ihm das Gefängnis angetan hatte, und mußte das alles erst verarbeiten. Seine Prozesse hatten ihn bei vielen Indianern und auch Weißen berühmt gemacht. Wir beide mußten uns mit einer Unzahl von Briefen beschäftigen, mit Bitten um Geld, Hilfe, geistigen Trost und um alle möglichen Zeremonien. Indianische Gefangene wünschten, daß er sie mit seiner Pfeife besuche und Badehütten in den Gefängnishöfen errichte. Selbst weiße und schwarze Häftlinge baten um seinen Beistand. Und er konnte so sehr mit jedem von ihnen mitfühlen, daß er sie nur selten abwies. Wo immer Indianer mit dem Gesetz in Konflikt gerieten, dort fuhr Leonard hin, um zu helfen, und ich fuhr mit ihm. Bei all dem aber hatte er noch immer fünf Jahre Bewährung. Er sagte stets: »Man kann mich schon wieder ins Gefängnis stecken, wenn ich nur auf den Bürgersteig spucke.« Es war für uns beide eine große Belastung.

Sehr bald bemerkte ich, daß Leonard Frauen gegenüber toleranter wurde. Er kehrte seltener seine alten Sioux-Macho-Manieren heraus und zeigte sehr viel Verständnis für meine Anstrengungen, mich wieder in das Leben im Reservat hineinzufinden, vor allem in *sein* Leben. Ich wußte, daß es Zeit brauchen würde, bis er seine Gefängnisprobleme abgeschüttelt hatte. Man kann einem Menschen, der viele Jahre derart behandelt wurde, nicht sagen, er solle das mit einem Lächeln abtun. Wir stritten uns weniger als früher. Leonard kann sehr selbstgerecht sein und mir den heiligen Mann vorspielen. Deshalb habe ich ihm zu Beginn unseres neuen Lebens gesagt: »Hör mal, sobald du deine Rechthaberei ablegst, werde ich auch meine ablegen. Wenn du wütend auf mich bist, beruhige dich, und ich werde mich auch beruhigen. Ich werde meinen Ärger nicht an dir auslassen und du deinen nicht an mir.« Er lachte und sagte, das wäre in Ordnung.

Ich fragte ihn: »Was erwartest du von mir?« Und er antwortete: »Du bist die Frau eines Medizinmannes. Du bist das Wasser, du bist das Korn. Du bist die kommende Generation, die du in deinem Leib trägst. Ich habe eine Aufgabe, und du hast eine. Beim nächsten Sonnentanz wirst du dort mit der Pfeife in der Hand stehen und Ptesan-win, die Weißbüffel-Frau, vertreten.«

Leonard versuchte, mir Mut zu machen, indem er mir erzählte, welche Rolle Frauen in Legenden und Religion der Lakota spielen. Anders als in der christlichen Bibel, nach der Eva aus einer Rippe Adams erschaffen wurde, kam nach unseren alten Legenden zuerst die Frau. Dieser Ersten Frau, erzählte Leonard, hatte der Große Geist Macht verliehen. Sie schwebte in einem Beutel zur Erde und war, wie es Leonard nannte, vierdimensional – die ganze Schöpfung in einem menschlichen Wesen vereint. Sie kam auf die Welt mit Wissen und mit einer Rückentrage, in der sie alle heilenden Kräuter, die unser Volk kennt, mitbrachte.

Die Erste Frau hatte einen Traum, in dem der Großc Vater zu ihr sprach: »Links von dir, da, wo deine Hand ist, liegt ein Stein.« Und als sie aufwachte, fand sie einen bearbeiteten Feuerstein in ihrer Hand, das allererste Werkzeug. Und dann hatte sie noch eine Vision, in der ihr eine Stimme sagte: »Dort rechts sind ein paar Büsche. Geh hin! Du sollst das Menschengeschlecht aufziehen!« Sie wußte nicht, was dies bedeuten sollte, tat aber, was ihr aufgetragen worden war. Die Erste Frau bekam ihre Regel, und beim Gehen fiel ein Tröpfchen Monatsblut auf die Erde. Das Kaninchen sah das. Es fing an, mit dem winzigen Blutklümpchen zu spielen und es mit der Pfote herumzurollen, und durch die Kraft Tkuskanskans, des beseelenden und bewegenden Geistes, wurde das Klümpchen fest und verwandelte sich in We-Ota-Wichasha – den Blutklümpchenjungen –, den Ersten Mann.

Der Ersten Frau war es gegeben, die lebensnotwendigen Dinge selbst herzustellen, sie hatte das Wissen, wie man Korn anbaut, mit einem Feuerstein Feuer schlägt und es mit Hilfe von sieben heiligen Stöcken unterhält. Sie hatte sieben Steine bekommen, um sie im Feuer bis zum Glühen zu erhitzen. Sie hatte einen Büffelpansen, den sie als ersten Suppenkessel benutzte, indem sie ihn mit Wasser füllte und die glühenden Steine zusammen mit Fleisch und ein paar Kräutern hineingab.

Die Erste Frau war der Mittelpunkt der Erde, und ihr Symbol war der Morgenstern. »Vielleicht ist sie von einem Stern gekommen« schloß Leonard seine Erzählung.

Viele Male erzählte er uns auch die Geschichte von der Weißbüffel-Frau, die unseren Leuten das Allerheiligste gebracht hatte, die Ptehincala-huhu-chanunpa, die heilige Pfeife, die im Mittelpunkt unseres Glaubens steht. Diese Frau lehrte unsere Leute, wie man die Pfeife gebraucht und wie man auf fromme Art leben soll. Nachdem sie ihren Auftrag erfüllt hatte, sagte sie dem Stamm Lebewohl, und als sie fortging, sahen die Leute, wie sie sich in ein weißes Büffelkalb verwandelte. Da wußten sie, daß uns diese Frau von unseren Verwandten, dem Büffelvolk, geschickt worden war. Die Büffelkalbpfeife gibt es noch immer. Sie war viele Generationen lang bei der Elk-Head-Familie, die sie an die Looking Horses weitergab, von denen sie noch heute aufbewahrt wird. Sie leben in Eagle Butte, im Sioux-Reservat am Cheyenne River. Der Pfeifenstiel ist aus dem Beinknochen eines Büffels hergestellt. Zum Rauchen kann man sie nicht mehr benutzen, so alt ist sie. Man bewahrt sie zusammen mit einer anderen alten Pfeife, deren Kopf aus rotem Pfeifenstein gemacht ist, in einem Medizinpäckchen auf. Das Päckchen wird nur sehr selten und nur bei sehr feierlichen Anlässen geöffnet. Leonard durfte verschiedene Male mit ihr beten.

Wie er mir erzählte, verspürte er eine seltsame Furcht, als sie ausgewickelt wurde. Während der ganzen Zeremonie zogen am Himmel dunkle Wolken mit Blitz und Donner dahin. Leonard sah nach oben und sagte: »Großer Vater, wir hören dich!« Und alle Anwesenden brachten der Pfeife Tabak- und Stoffopfer dar. Old Henry Crow Dog entzündete ein Feuer und verbrannte Süßgras und Zedernholz, um das Päckchen mit den Wohlgerüchen zu befächeln. Leonard errichtete einen Altar. Er sagte, daß er dabei gezittert habe. Dann wickelten sie das Päckchen langsam auf, Lage um Lage, bis sie die heilige Pfeife erblickten. Als Leonard sie berührte, verspürte er einen Strom von Kraft in seinen Armen und Adern, der sein ganzes Sein ausfüllte. Er weinte. Bei dieser besonderen Enthüllung waren zwölf Männer anwesend, und alle machten die gleiche Erfahrung.

Leonard hat mir auch erzählt, daß es bei den Peyote-Leuten vieler Stämme die Sage gibt, daß das heilige Kraut von einer alten

Frau und ihrer Enkelin gefunden worden sei. Es ist jetzt Hunderte von Jahren her, daß sie sich beim Sammeln von Beeren und Nüssen verirrten und den Weg zu ihrem Dorf nicht wiederfinden konnten. Da hörten sie eine Stimme sagen: »Kommt hierher!« Und als sie ihr folgten, stießen sie auf eine grüne runde Pflanze mit einem Stern darauf. Das war der Große Vater Peyote. Er sagte zu ihnen: »Eßt mich!« Und als sie etwas von dieser heiligen Speise zu sich genommen hatten, schärfte sich ihr Verstand, und sie fanden den Weg nach Hause. Das Wissen darum, wie man Peyote gebraucht, brachten sie ihrem Stamm und allen anderen Ureinwohnern dieses Kontinents mit.

So wie Leonard die Bedeutung der Frauen in der indianischen Religion betonte, achtete er doch darauf, nie die Rollen von Männern und Frauen im traditionellen indianischen Leben zu verwischen. Als eine Reihe von AIM-Frauen eine Organisation gründete, die sich Frauen aller Roten Nationen nannte, die allererste uramerikanische Feministinnenbewegung, da begrüßte er das. Aber als diese Frauen ihren eigenen Sonnentanz ausrichteten und die Männer von der Teilnahme ausschlossen, war er ärgerlich. Er meinte, unsere Religion würde alle einschließen. Weder Männer noch Frauen dürften davon abgehalten werden, teilzunehmen oder von selbst wegzubleiben. Die einzige Ausnahme sei, daß Frauen während ihrer Periode nicht an Zeremonien teilnehmen sollten, weil die Regel einer Frau für so mächtig gehalten werde, daß sie alle anderen Kräfte auslöscht und die Rituale unwirksam macht. Als kürzlich eine kleine Gruppe Frauen einen Sonnentanz für Lesben abhalten wollte, rastete Leonard geradezu aus. Das war zuviel für ihn. Leonard hat die Rolle der Frauen in unseren Ritualen stets geachtet, aber er war auch immer dagegen, daß Frauen Dinge taten, die herkömmlicherweise nur von einem Mann getan werden können. Während seiner Abwesenheit hatte sich im Denken der Menschen viel verändert, und damit mußte er fertig werden.

Wie immer, wenn ihm ein neuer Lebensabschnitt bevorstand, ging er eine Vision erbitten – in Lakota heißt das »nach einem Traum verlangen«. Die Visionsgrube der Crow Dogs liegt auf einem hohen Berg, von dem man viele Meilen weit in alle Richtungen schauen kann. Von Fichten und Büschen umgeben, ist es ein einsamer, aber wunderschöner Ort, wo Adler nisten und Kojoten den Mond anheulen. Schon seit vielen Generationen ist die Visionsgrube dort oben. Sie ist ein L-förmiges Loch, das in völlige Dunkelheit hineinführt. Irgendwie erinnert es mich immer an ein Grab. Und in gewisser Weise ist der Visionssuchende ja auch tot, während er um einen Traum bittet, vor allem auch deshalb, weil die Crow Dogs, wenn jemand in der Grube betet, das Loch mit einem mit Salbei bestreuten Tuch abdecken und so den Suchenden anscheinend lebendig begraben.

Die Suche nach einer Vision dauert vier Tage und Nächte. Innerhalb der Grube verliert man jegliches Gefühl für seinen Körper. Wenn man in den Schoß der Erde hineingeht, ist man von dem Dampfbad, mit dem alles anfängt, ganz wirr im Kopf. Man spürt nichts als die feuchte Erde auf dem Rücken und das Salbeibett unter seinen Schenkeln, und nach ein oder zwei Tagen spürt man nicht einmal mehr das. Man fühlt nichts, sieht nichts, hört nichts, schmeckt nichts, weil man während einer Hanbleceya nichts ißt und trinkt. Es ist schaurig, um einen Traum zu bitten, vollkommen auf sich selbst angewiesen zu sein und nicht zu wissen, ob man wacht oder schläft oder ob man überhaupt noch lebt. Ich als Frau gehe nur einen Tag und eine Nacht, höchstens zwei Tage, auf Visionssuche. Ich weiß nicht, ob ich das länger durchhalten könnte, denn ich bilde mir ein, daß mich die Erdwälle immer enger umschließen.

Leonard hat mir von seiner ersten Visionssuche erzählt. Damals war er noch ein Junge, so um die dreizehn Jahre alt. Ein Geist hatte ihn zu einer Hanbleceya aufgefordert. Old Man Henry und ein Onkel halfen ihm. Sie richteten eine Badehütte für ihn her und reinigten ihn. Seine älteste Schwester hatte ein Fleischopfer gebracht. Sie hatte sich kleine Hautstückchen von ihren Armen geschnitten und sie in eine Kürbisrassel getan, die er mit in die Grube nahm. Es tröstete ihn, daß sie dieses Opfer gebracht hatte. Zwei Tage und Nächte ließ man ihn in der Grube, für ein Kind keine leichte Sache. Aber er empfing eine große Vision. Er erzählte mir, daß er irgend jemanden über sich habe herumgehen hören und daß eine Stimme zu ihm gesagt habe: »Wir bringen dich an einen Ort, wo du unterwiesen wirst.«

Und auf einmal sei er nicht mehr in der Grube gewesen, er habe vor einer Badehütte gestanden und überall um ihn her seien Tipis und Pferde gewesen, wie in alten Zeiten. Blumen hätte er gesehen, Wild und Büffelherden. Er war in eine wunderbare Geisterwelt versetzt worden. Ein Mann in Wildlederkleidung hätte ihn angesprochen und Leonard gesagt, daß ihm die Ältesten alles deuten würden, was er erleben werde. Er solle dieser Vision nichts hinzufügen, aber auch nichts auslassen. Und dann hätte der fremde Mann Leonard ein kleines Medizinpäckchen gegeben. Als Leonard schließlich aus seiner Vision erwachte, entdeckte er in seiner zusammengeballten Faust einen sonderbar geformten Kieselstein. Er trägt ihn noch heute in seinem Medizinbeutel. Auch bei der ersten Hanbleceya nach seiner Freilassung empfing er eine Vision, aber eine kleinere.

Manche Leute, die vier Tage und Nächte um eine Vision bitten, haben keine. Sie kommt oder kommt nicht. Auch benutzen nicht alle Visionssuchenden eine Grube. Onkel Bill Eagle Feathers hockte sich einfach auf der Spitze eines Berges hin, wenn er um eine Vision betete. Die Stelle, die er sich ausgesucht hatte, mußte schon lange zu diesem Zweck benutzt worden sein, denn die ganze Bergspitze war mit alten heiligen Gegenständen bedeckt – mit Tierschädeln, Rasseln, Medizinbeuteln, sich auflösenden Tabakpäckchen und Stoffopfern. Es war ein geheimnisvoller Ort, und jedesmal, wenn ich dort oben war, empfand ich die Gegenwart von etwas Unsichtbarem. Immer wehte ein kräftiger Wind, und ich habe mich gefragt, wie Onkel Bill es fertiggebracht hat, an diesem kahlen, sturmumtobten Fleck zu fasten und zu beten.

Was mich, die ich in Grass Mountain lebe, beeindruckte, war, daß für die Menschen, mit denen ich lebte, alles im täglichen Leben einen religiösen Sinn hat. Essen, Trinken, der Anblick oder der Schrei eines Tieres, das Wetter, ein Perlenmuster, die Entdeckung bestimmter Pflanzen oder Steine – alles ist in geistiger Hinsicht bedeutsam. Ich beobachtete, lauschte und lernte. Es war ein sonderbarer Vorgang. Einerseits war ich noch das gleiche haltlose Halbblutmädchen, das früher in den Großstädten Ladendiebstähle begangen hatte, und andererseits wurde ich allmählich eine traditionelle Sioux-Frau, die sich in den überkommenen Glauben ihres Volkes vertieft. Meine Persönlichkeit spaltete sich. Aber so erging es wohl allen modernen Sioux um mich, nehme ich an.

Es berührte mich tief zu sehen, wie Medizinmänner und Älteste sogar die kleinen Kinder in ihre Zeremonien mit einschlossen, zu beobachten, mit welcher Liebe und Geduld man ihnen beibrachte, wie sie daran teilnehmen sollten. Ich erinnere mich noch, wie der kleine Pedro seiner ersten Yuwipi-Zeremonie beiwohnte. Er war noch so klein, und die Geister wirbelten um ihn herum, und er rief mir aus der Finsternis zu, daß sie ihm einen glühenden, bunten Vogel gezeigt hätten.

Ich erinnere mich auch an eines der ersten Peyote-Meetings, das Leonard für mich abhielt. Wir waren nur fünf, und ich verstand noch nicht ganz, wie man mit Peyote umgeht. Ich aß es einfach wie Bonbons. Ungefähr fünfzehn Löffel voll habe ich eingenommen, und nach ein paar Stunden wurde ich sehr albern, fing an zu kichern und konnte nicht mehr aufhören. Ich war wirklich high vom Peyote. Dann vergaß ich alles um mich. Ich schloß die Augen und fand mich in einem tropischen Land mit phantastischen, wundervollen Tieren wieder. Irgend etwas geschah mit meinem Verstand. Von einem goldenen Baum pflückte ich eine unbekannte schimmernde Frucht und wußte, daß das die verbotene Frucht der Erkenntnis war. Aber dies war ein indianischer Garten Eden. Da gab es keine Schlange und keinen zornigen Engel, der mich mit einem Schwert davonjagte. Und im Licht der Erkenntnis begriff ich Peyote zum ersten Mal. Neben mir saß eine schwangere Frau. Sie sagte mir, daß die heilige Medizin auch auf das Baby in ihrem Leib gewirkt habe und es im Rhythmus der Wassertrommel habe tanzen lassen. Ich wollte das nicht glauben. Später aber, als ich wieder schwanger war, spürte ich mein eigenes Baby zum Trommelschlag tanzen. Leonard gestattete, daß kleine Kinder zu diesen Meetings kamen. Er ließ sie auf seinem Schoß sitzen und den Liedern lauschen. Schon mit vier Jahren konnte der kleine Pedro viele Lieder der Kirche der amerikanischen Ureinwohner singen und die Kürbisrassel gebrauchen.

Endlich kam für mich die Zeit, den Sonnentanz zu tanzen. Am Schluß eines Sonnentanzes gelobt man, am nächsten teilzunehmen. Direkt neben dem heiligen Baum stehend, schwor ich: »Im nächsten Sommer werde ich den Sonnentanz tanzen. Ich will, daß indianische Gefangene, die mir lieb sind, freikommen.« Das Jahr war vorüber, und ich mußte mein Versprechen einlösen.

Onkel Bill Eagle Feathers, der vor einigen Jahren gestorben

ist, war der Vermittler, die lebendige Brücke zwischen den Leuten und dem Geist. Der Sonnentanz, so sagte er immer, sei der Großvater aller indianischen Zeremonien. Und er hatte recht. Wi-Wanyang-Wacipi, der Sonnentanz, ist dasjenige unserer Rituale, das am meisten Ehrfurcht einflößt. Er findet jedes Jahr zum Höhepunkt des Sommers statt. Im Jahr 1883 hatten die Regierung und die Missionare den Tanz geächtet, weil er »barbarisch ist und abergläubisch und die Indianer davon abhält, zivilisiert zu werden«. Die Feindseligkeit der christlichen Kirchen dem Sonnentanz gegenüber war nicht sehr logisch. Schließlich verehren sie Christus, weil er für die Menschen gelitten hat, und eine ähnliche religiöse Auffassung liegt auch dem Sonnentanz zugrunde, bei dem sich die Teilnehmer mit Spießen das Fleisch durchbohren, um jemandem zu helfen, der ihnen nahesteht. Der Hauptunterschied liegt darin, wie es Lame Deer immer ausdrückte, daß die Christen damit zufrieden sind, wenn Jesus an ihrer Stelle alles Leid auf sich nimmt, während die Indianer Jahr für Jahr von ihrem eigenen Fleisch opfern, um anderen zu helfen. Diese Seite der Medaille haben die Missionare nie gesehen oder haben sie vielleicht nur zu gut gesehen und den Sonnentanz deshalb bekämpft, weil er ihrem eigenen Sonnentanzpfahl, dem Kreuz, Konkurrenz machte. Wie auch immer, ein halbes Jahrhundert lang konnten Indianer ins Gefängnis gesperrt werden, wenn sie am Sonnentanz oder irgendeiner anderen Stammeszeremonie teilnahmen.

Ans diesem Grunde glauben weiße Historiker, daß es zwischen 1883 und den dreißiger Jahren unseres Jahrhunderts bei den Sioux keinen Sonnentanz gegeben hat, aber sie irren. Der Tanz fand einfach heimlich statt. Diese ganze Zeit über vollzogen jedes Jahr ein paar Sioux irgendwo diese Zeremonie. Henry und andere alte Männer tragen auf ihrer Brust noch immer die tiefen Narben von Sonnentänzen, die in den zwanziger Jahren illegal und an abgelegenen Orten abgehalten wurden. Überall in unserem Tal entlang des Little White River kann man die Spuren alter, wohlverborgener Tanzplätze finden. Ein halbes Jahrhundert lang erhielten eine Handvoll Medizinmänner und Stammesältester den Tanz am Leben und gaben die dazugehörigen Lieder und das Wissen über diese Zeremonie bis ins kleinste Detail weiter. Nichts ging verloren.

Leonards Brust ist übersät mit den Narben von mehr als einem Dutzend Durchbohrungen. Seit 1971 hat er das Ritual jeden Sommer auf unserem eigenen Land abgehalten. Und das kam so: Viele traditionsgebundene Menschen waren angewidert von der Kommerzialisierung des Sonnentanzes in Pine Ridge, wo man Eintritt bezahlen mußte und sich für Geld fotografieren lassen konnte, wo es Würstchenbuden und Kettenkarussells gab, die diese geheiligte Zeremonie zu einer Touristenattraktion machten. Deshalb beschlossen 1971 einige Medizinmänner, unter ihnen auch Leonard und Onkel Bill, Wallace Black Elk und John Lame Deer, den Sonnentanz auf die althergebrachte Art statt in einer Zirkusatmosphäre zu begehen. Als Platz dafür wählten sie Wounded Knee, wo so viele unserer Vorfahren 1890 von der Armee massakriert worden waren. Sie stellten den Baum auf und eine Badehütte, und dann begannen sie zu tanzen. Von da an ging alles schief. Ein Auto mit Stammespolizisten fuhr vor, und deren Chef teilte Onkel Bill und Leonard mit, daß es verboten sei, bei Wounded Knee zu tanzen, weil es aufrührerisch sei und die Leute vom kommerziellen Sonnentanz in Pine Ridge weglocken könne.

Leonard sagte dem Polizeichef: »Wissen Sie nichts von Religionsfreiheit? Sie sind ein Indianer. Wie können Sie sich in eine laufende heilige Zeremonie einmischen?« Inzwischen tanzten die Tänzer, die die Polizei ignorierten, weiter und fuhren fort, auf ihren Pfeifen aus Adlerknochen zu blasen. Dem Polizeichef gefiel sein Auftrag ganz und gar nicht. Er wurde verlegen und fuhr davon.

Am zweiten Tag brachten die Tänzer gerade Fleischopfer dar, als ihre Lieder wiederum vom Klang der Polizeisirenen übertönt wurden. Diesmal kam die Stammespolizei mit drei Streifenwagen. Der Chef sagte: »Ich verabscheue das, aber ich habe den Befehl, Sie zu verhaften.« Bill Eagle Feathers weinte. »Ich bin der Unglücksrabe. Großer Geist, was habe ich falsch gemacht?«

Leonard hatte es schwer, die Tänzer im Zaum zu halten, es war eine fast mörderische Situation. Unter den Tänzern gab es eine Gruppe junger Leute, die sich selbst »Indianer aller Stämme« nannten. Sie kamen aus San Francisco, wo sie an der Besetzung der Insel Alcatraz teilgenommen hatten. Sie wollten gegen die Polizei kämpfen. Leonard und Onkel Bill kostete es viel Mühe, ein Blutvergießen zu verhindern. Man brachte alle vor Gericht und verurteilte sie zu einer Geldstrafe. Nach ein paar Stunden ließ man die Tänzer wieder frei, aber die Polizei hatte inzwischen den Tanzplatz besetzt, um abzusichern, daß die Zeremonie nicht weitergeführt werden konnte.

Die Tänzer fragten Leonard: »Was sollen wir jetzt machen?« Man konnte einen Sonnentanz nicht einfach abbrechen. Es war unvorstellbar, ihn nicht bis zur Durchbohrung weiterzutanzen. Leonard antwortete: »Wir haben dem Großen Geist etwas geschworen, das müssen wir halten.« Da schlug jemand vor, den Tanz in Rosebud, auf Crow Dogs Land, fortzusetzen, wo ihn niemand stören konnte, und alle fanden die Idee gut. Es gab aber das Problem mit dem Baum. Der heilige Sonnentanzpfahl, der im Mittelpunkt des Sonnentanzkreises steht, ist immer eine zweigabelige Pappel. Man schickt deshalb Männer aus, die den besten Baum aufspüren sollen, den sie nur finden können. Sie fallen über ihn her wie bei einer Schlacht. Ein junges Mädchen, das noch nie mit einem Mann zusammen war, führt mit der Axt den ersten symbolischen Schlag. Wenn er fällt, darf der Baum nicht den Boden berühren, sondern muß von den Männern aufgefangen werden, die ihn dann zum Tanzplatz tragen.

Leonard war beunruhigt. Das Land der Crow Dogs war über achtzig Meilen weit entfernt. Wie sollten die Männer den schweren Baum so weit tragen? Der Baum ist heilig. Am Höhepunkt des Tanzes liegen Kranke neben ihm, um geheilt zu werden. Es hatte schon Tänzer gegeben, die bei seinem Anblick Visionen bekamen. Wie also sollte er transportiert werden?

In diesem Augenblick erschien ein großer Lkw mit langhaarigen jungen Weißen. Sie waren den ganzen Weg von der Ostküste hierhergefahren, um indianische Sitten kennenzulernen. Einer von ihnen sagte zu Leonard: »Wir haben gehört, was Sie sagten. Wir werden Ihren Baum auf unseren Wagen nehmen und ihn den ganzen Weg zu Ihnen hinfahren.«

Aber Leonard lehnte ab. Der Baum mußte getragen werden, zu Fuß und auf geheiligte Art. Es wäre schlimm, ihn auf einen Lkw zu legen. Aber dann griff Bill Eagle Feathers ein, der doppelt so alt wie Leonard war und seit langem Sonnentänzer. Er dankte allen Anwesenden, Indianern und Weißen. Dann deutete er auf die jungen langhaarigen Leute: »Großer Geist, sieh sie an.

Sie sind arm wie wir. Sieh ihre Kleider. Sieh ihre Schuhe. Mich nennt man einen lausigen Indianer, sie nennt man lausige Hippies. Wir haben denselben Weg. Großer Vater, Tunkhashila wird es verstehen. Der heilige Baum wird es verstehen. Was wir tun, ist gut.«

Er befächelte die jungen Leute mit Zedern- und Süßgrasrauch. Und dann wurde der Sonnentanzpfahl auf den Lkw geladen, die Opfergaben hingen noch an ihm, und die vier Fahnen der Himmelsrichtungen flatterten im Wind. Dem Lkw folgte eine Karawane von Indianerautos. Ein paar Meilen weit wurde sie von einem Polizeiauto eskortiert, in dem der unglückliche Polizeichef stand und mit seiner Pfeife den heiligen Baum anbetete.

Als sie bei Crow Dog angekommen waren, pflanzten die Tänzer den Baum in ein Loch, das mit Büffelfett gefüllt war. Henry fertigte zwei Figuren aus Büffelhaut an, einen Mann und einen Büffelbullen. Sie standen für die Erneuerung allen Lebens, des menschlichen wie des tierischen, weil auch das zum Sonnentanz gehört. In alten Zeiten hatten diese Figuren immer riesige Zeugungsorgane, die symbolisierten, worum es im Tanz ging – um mehr Menschen und um mehr Büffel, von denen sich die Menschen ernährten.

Alle waren eifrig dabei, den Tanzkreis zu glätten, den schattenspendenden Schirm aus Fichtenzweigen zu errichten und alles zu weihen. Es kostete sie den ganzen Tag, alles für die Fortsetzung des Tanzes vorzubereiten. Am nächsten Morgen bei Sonnenaufgang hob Bill Eagle Feathers seine Tabakpfeife, blies auf der Adlerknochenflöte und betete darum, daß ein Adler erscheinen möge zum Zeichen dafür, daß der Tanz gesegnet sei. Innerhalb von Minuten flog von Osten her ein Adler ganz niedrig über die Hügel, kreiste langsam über dem Tanzplatz und verschwand dann nach Westen. Und nun brachten sie den Tanz zwischen Gras und Fichten zu Ende, ohne Lautsprecher und elektrische Scheinwerfer, auf die alte traditionelle Weise. Bei diesem Tanz ließ Leonard zum ersten Mal wieder den alten Brauch aufleben, Büffelschädel im Fleisch des Rückens zu befestigen und mitzuschleifen. Er erzählte mir: »Ich machte fünf Schritte mit diesen Schädeln und hatte das Gefühl, daß mir das Herz durch den Rücken hindurch herausgezerrt wird.« Von diesem Tag an hat es jeden Sommer bei Crow Dog einen Sonnentanz gegeben, und immer betet der Vermittler darum, daß ein Adler auftaucht und die Tänzer segnet, und immer erscheint der Adler. Ich war noch Teenager, als das geschah.

Ich habe auch selbst getanzt. Durchbohrt habe ich mich erst im zweiten Jahr meines Zusammenseins mit Leonard. Zuerst verstand ich das ganze Ritual nicht, hatte aber ein tiefes Empfinden dafür. Mit dem Herzen habe ich es begriffen, nicht mit dem Verstand. Ich habe den Baum gesehen, die Leute, die unter dem Schirm saßen, die Tänzer mit ihren Salbeibüscheln, ihren roten Lendenschurzen und den Medizinpäckchen, die auf der Brust baumelten. Ich habe gehört, wie die vielen Adlerknochenflöten den Ton von tausend Vögeln erzeugten. Und ich fühlte mich wohl, weil ich die starke Zuneigung spürte, die die verschiedenen Menschen und Stämme untereinander verband. Ich schaute auf die Männer mit ihrem langen, wallenden schwarzen Haar, auf die Frauen in den weißen, perlenbestickten Wildlederkleidern. Es war so schön, daß es mir die Tränen in die Augen trieb. Ich wollte ein Teil davon sein, wollte es fühlen, geistig und körperlich. Im Vergleich zu allem, was ich bisher kannte, war das echt, war kein vorgetäuschtes, sondern ein ganz persönliches Wiedererwachen, das tief in mir eine Erinnerung aufrührte. Also gelobte ich, vier Jahre lang den Sonnentanz zu tanzen, und beim ersten Mal fiel es mir schwer, meine Verpflichtung zu erfüllen.

Ich begann meinen Tanz mit einem Fleischopfer. Leonard sagte zu mir: »Ich werde dir Haut von deinem Arm schneiden. Das ist ein Opfer. Deine Gebete sind für die bestimmt, die im Gefängnis leiden, für Freunde, die krank sind. Ich werde die Hautstücke von deinem Arm in ein Viereck von rotem Tuch legen, ein kleines Bündel daraus machen und es an die heilige Pfeife binden. So wirst du dich immer daran erinnern.« Ich brachte mein Fleischopfer und dachte dabei an all die Brüder und Schwestern, die gestorben waren, die – wie ich es empfand – irgendwie für mich gestorben waren.

Als der Sonnentanz in den dreißiger und vierziger Jahren wieder aus dem Verborgenen heraustrat und auch noch, als Leonard anfing, ihn auf unserem Land zu veranstalten, war das Durchbohren relativ harmlos. Es wurde nur ein kleines Stück Fleisch auf der Brust, über dem Herzen, mit einem kurzen Span oder einer Adlerkralle durchbohrt. Daran wurde ein ungegerbter Lederriemen befestigt, der von der Spitze des heiligen Pfahles herunterhing, und der Tänzer riß sich dann mit verhältnismäßig wenig Mühe davon los. Aber unter dem Einfluß Leonards und der Medizinmänner Pete Catches, Fools Crow und Eagle Feathers wurde das selbstauferlegte Leiden immer größer, bis es jetzt schließlich wie auf den alten Gemälden von Catlin und Bodmer zugeht, die das Ritual vor einhundertfünfzig Jahren darstellten.

Bei einem kürzlich abgehaltenen Sonnentanz unterzog sich ein Freund von uns, Jerry Roy, ein Ojibway-Indianer, an jedem der vier Tage des Rituals einer besonderen Art von Selbstfolter. Am ersten Tag durchbohrte er zwei Stellen auf seiner Brust und riß sich los. Am zweiten brachte er Fleischopfer von beiden Armen dar. Am dritten Tag zog er zwölf Büffelschädel hinter sich her. Und am letzten Tag durchbohrte er wieder zwei Stellen auf der Brust und ließ sich zur Spitze des Baumes hinaufziehen. Dort hing er lange nur an seinen Brustmuskeln, bis ihn endlich ein paar Männer bei den Fußknöcheln packten und losrissen.

Bei dem gleichen Tanz »tanzte« Leonard mit dem Baum. Statt sich selbst loszureißen, zog er nur so weit zurück, daß sich das Fleisch auf seiner Brust um etwa sechs Inches dehnte, und dann brachte er durch Körperbewegungen die schwere Pappel zum Schwanken. Es muß sehr weh getan haben. Später hat er mir erzählt: »Ich habe mit dem Baum getanzt. Er hat zu mir gesprochen. An dem Riemen entlang habe ich den Großen Geist angerufen. Mein Körper wollte es nicht glauben, mein Verstand wollte es nicht glauben, aber ich habe daran geglaubt.« Bei einem anderen Sonnentanz hatte sich Leonard an vier Stellen durchbohrt, zwei vorn und zwei hinten. Daran wurden die Riemen befestigt und an vier Pferde gebunden, die dann in alle vier Himmelsrichtungen getrieben wurden.

Ich habe einen jungen Mann beim Tanz beobachtet. Er war ein Winkte, ein Schwuler. Er war so anmutig wie ein junges Mädchen und stand zwischen vier aufrechten Pfählen. Ungegerbte Riemen waren vorn und hinten in seinem Fleisch befestigt und an die Pfähle gebunden. Der junge Mann hatte wenig Platz, sich zu bewegen. Diese Art der Durchbohrung wurde immer als die schmerzhafteste betrachtet, weil man sich nicht durch einen plötzlichen Ruck oder Sprung nach hinten losreißen konnte, sondern sich qualvoll langsam freiarbeiten mußte, Stück für

Stück. Langsam wiegte er sich vor und zurück, fast wie ein Ballett-Tänzer, die Augen geschlossen, das Gesicht ausdruckslos bis auf die Spur eines Lächelns – vor und zurück, vor und zurück, und aus seinen Wunden strömte das Blut.

Ich habe sogar Jungen gesehen, zehn und elf Jahre alt, die sich selbst durchbohrt hatten und nach dem Tanz stolz ihre Wunden zeigten. Ein paar Anthropologen behaupten, daß der Tanz die Macho-Seite der Sioux-Kultur offenbare, und ich denke, daß einige junge Männer unbewußt miteinander wetteifern, um zu beweisen, daß sie mehr als andere aushalten können. Aber man muß ihnen ins Gesicht schauen, in die Augen, um zu erkennen, daß sie in Trance tanzen, daß sie nichts wahrnehmen außer der Sonne und dem Klang der Adlerknochenflöten, daß jeder in seine eigene Vision versunken ist, daß sie wahrhaftig »außerhalb dieser Welt« sind.

Ich habe den sechzehnjährigen Bobby Leader Charge gesehen. Er tanzte nicht, um später damit prahlen zu können. Er tanzte für die Entlassung seines Bruders aus dem Gefängnis. Sechs schwere Büffelschädel hat er gezogen. Er lief und lief im Kreis herum, aber die Schädel kamen nicht frei. Am Ende war er so erschöpft, daß er nicht mehr laufen konnte. Seine älteren Brüder und Cousins griffen ihm unter die Arme und schleppten ihn weiter, so schnell sie konnten. Aber er kam noch immer nicht frei. Schließlich setzten sich Kinder auf drei der Schädel wie auf Schlitten, und ihr Gewicht riß die Riemen aus Bobbys Rücken. Das war 1977. An diesem Tag gab es achtzig Tänzer. Heute haben wir immer fast zweihundert.

Auch ich habe mich durchbohrt, zusammen mit vielen anderen Frauen. Eine von Leonards Schwestern hat von zwei Stellen aus ihr Schlüsselbein durchbohrt. Leonard und Rod Skenandore bohrten mir zwei Nadeln durch die Arme. Ich spürte keinen Schmerz, denn ich war in der Power. Ich sah in die Wolken hinauf, in die Sonne. Blendende Helligkeit füllte meinen Geist aus. Die Sonne schien zu sagen: »Ich bin das Auge des Lebens. Ich bin die Seele des Auges. Ich bin der Lebensspender!« In der fast unerträglichen Helligkeit, in den Wolken, erkannte ich Leute. Ich konnte die sehen, die gestorben waren. Ich sah Pedro Bissonette beim Baum stehen, und über mir war das Gesicht von Buddy Lamont, gefallen bei Wounded Knee, das mich mit Geisteraugen ansah. Ich sah das Gesicht meiner Freundin Annie Mae Aquash, das mich anlächelte. Ich konnte hören, wie die Geister durch die Adlerknochenflöten zu mir sprachen. Bis auf den schrillen Schrei der Adlerknochen hörte ich keinen Laut. Ich fühlte nichts und doch gleichzeitig alles. In diesem Augenblick wurde ich, ein von Weißen erzogenes Halbblut, ganz und gar Indianerin. Ich spürte, daß mich ein großes Glück durchströmte. Und ich hörte einen Schrei von meinen Lippen kommen:

Ho Uway Tinkte.
Ich werde eine Stimme aussenden
durch das Universum.
Maka Sitomniye,
Du sollst meine Stimme hören:
Ich werde leben!

Epilog

Der Rest der Geschichte ist rasch erzählt. Ich bin jetzt siebenunddreißig, Leonard ist fünfzig. Ich bin nicht mehr ganz so dünn, und er ist schwerer geworden. Früher einmal war er ein meisterlicher Reifentänzer und sprang durch sieben sich schnell drehende Reifen. Das kann er nun nicht mehr. Drei Kinder habe ich Leonard geboren: zwei Jungen, Anwah und June Bug (Leonard junior), und ein Mädchen, Jennifer. Leonards Töchter Ina und Bernadette haben selbst Kinder bekommen und Leonard zum Großvater gemacht.

Old Henry ist vor sechs Jahren, hoch in den Achtzigern, gestorben. Er und seine Frau haben ihre letzten Jahre in einem ordentlichen, vom Stamm gebauten Haus verlebt – mit fließendem Wasser, Bad und WC. So hat er, reichlich verspätet, den Sprung aus dem neunzehnten ins zwanzigste Jahrhundert gemacht. Bis ganz zum Schluß konnte Henry noch immer ein Meeting der Kirche der amerikanischen Ureinwohner leiten, auf einem Pferd reiten und Holz hacken. Er pflegte immer zu sagen: »Ich bin der letzte echte Ureinwohner, der übriggeblieben ist.« Nun ist er gegangen. Man fand ihn vor seiner Haustür, und es sah aus, als ob er nur eingeschlafen wäre, aber es war der Schlaf, aus dem man nicht wieder erwacht. Ein Jahr später folgte ihm Großmutter Mary Gertrude in eine andere Welt.

Meine Mutter hat die Krankenpflege aufgegeben, hat wieder die Schule besucht, einen Abschluß erworben und unterrichtet jetzt in Rosebud. Heute, wo ich selbst Mutter bin, verstehe ich besser, was sie durchgemacht hat, als sie mich ungestümes Kind großzog. Nun endlich sind wir Freunde. Barb hat Jim geheiratet, einen guten Mann, einen Sonnentänzer. Er ist Zimmermann und richtet gerade das Haus meiner Mutter wieder her.

Pedro hatte eben seinen neunzehnten Geburtstag. Er ist Yuwipi-Mann geworden. Er hält Meetings ab und baut Badehütten. Auch ein guter Sänger ist er. Als Sonnentänzer hat er sich viele Male durchbohrt. Der jüngste Sohn unseres guten Freundes Jerry Roy wurde von einem Mitglied einer Motorradbande erstochen. Das arme Kind war noch so jung, wirklich lieb und freundlich. Jedermann nannte ihn Teddy Bear. Pedro hat geschworen, beim nächsten Sonnentanz für Teddy Bears Geist am Baum zu hängen.

Nun zu denen, die mit uns in Wounded Knee waren, die AIM-Führer und die damals noch jungen Burschen. Sie sind beträchtlich ruhiger geworden. Dennis Banks war eine Reihe von Jahren Universitätsprofessor in Davis, Kalifornien. Zur Zeit unterhält er einen Auto-Service in Rapid City, South Dakota. Seinen Sinn für Humor hat er nicht verloren. Russel Means ist im Augenblick mit einer Navajo-Lady verheiratet und lebt in Chinle, Arizona. Er ist Mitbegründer einer neuen, gemischtrassigen Partei. Vor einiger Zeit bewarb er sich um das Amt des Präsidenten oder des Vizepräsidenten, aber Ronald Reagan war eine zu große Konkurrenz. Es geht auch das Gerücht um, daß er eine rein indianische Bank gründen möchte. John Trudell, dessen Familie bei einem mysteriösen Brand ums Leben kam, ist jetzt Musiker und Liedautor. Wie ich höre, ist er sehr gut. Das sind die Überlebenden. Aber viele von unseren früheren Brüdern und Schwestern sind tot. Einige wurden umgebracht, viele aber starben einen natürlichen Tod. Ich denke, der Kräfteverschleiß des langen Kampfes hat sie ausgebrannt, ihre Gesundheit ruiniert und sie Jahre ihres Lebens gekostet. Die Besten sterben immer jung.

Übrigens, Kräfteverschleiß: Vier Kinder zu bekommen, die Frau eines Medizinmannes zu sein, für zahllose Gäste, meist ungeladene, zu kochen und sauberzumachen, sich unzählige Probleme und Wehwehchen anzuhören – das wurde zu viel für mich. Ich drohte unterzugehen. Vor einigen Jahren ergriff mich Panik, ich nahm die Kinder und lief einfach davon. Meine Flucht endete in Phoenix, Arizona. Natürlich fand mich Leonard, und wir versöhnten uns wieder.

Jetzt sind wir wieder in Rosebud, wo wir noch immer am alten Platz der Crow Dogs den jährlichen Sonnentanz abhalten. Archie Lame Deer hat den Platz von Onkel Bill Eagle Feathers als Vermittler eingenommen. Zusammen mit Leonard richtet er den Tanz aus, sorgt für die Bäder und nimmt meist die Durchbohrungen vor.

Noch immer kommt jeder mit seinen Problemen zu Leonard. Jahrelang waren wir sehr damit beschäftigt, die traditionellen Navajos und Hopis bei ihrem langen Kampf von Big Mountain zu unterstützen. Während der großen Dürre von 1988 baten weiße Farmer aus Ohio Crow Dog, eine Regenzeremonie für sie abzuhalten. Er tat es, und der Regen kam. Er veranstaltete auch Dampfbäder und Pfeifenzeremonien für indianische Gefangene in Amerikas Zuchthäusern. Wo immer amerikanische Ureinwohner um ihre Rechte kämpfen, Leonard ist dabei. Das Leben geht weiter.

Gesellschaft Politik Wirtschaft

Jewgenia Albaz:
Das Geheimimperium KGB
Totengräber der Sowjetunion
dtv 30326

Timothy Garton Ash:
Ein Jahrhundert wird abgewählt
Aus den Zentren Mitteleuropas 1980-1990
dtv 30328

Fritjof Capra:
Wendezeit
Bausteine für ein neues Weltbild
dtv 30029

Das neue Denken
Ein ganzheitliches Weltbild im Spannungsfeld zwischen Naturwissenschaft und Mystik
Begegnungen und Reflexionen
dtv 30301

Alfred Grosser:
Verbrechen und Erinnerung
Der Genozid im Gedächtnis der Völker
dtv 30366

Graf Christian von Krockow:
Politik und menschliche Natur
Dämme gegen die Selbstzerstörung
dtv 30321

Heimat
Erfahrungen mit einem deutschen Thema
Aktualisierte Ausgabe
dtv 30321

Dagobert Lindlau:
Der Mob
Recherchen zum organisierten Verbrechen
dtv 30070

John R. MacArthur:
Die Schlacht der Lügen
Wie die USA den Golfkrieg verkauften
dtv 30352

Gérard Mermet:
Die Europäer
Länder, Leute, Leidenschaften
Mit zahlr. Tabellen, Karten u. Abbildungen
dtv 30340

Hans Jürgen Schultz:
Trennung
Eine Grunderfahrung des menschlichen Lebens
dtv 30001

Dorothee Sölle:
Gott im Müll
Eine andere Entdeckung Lateinamerikas
dtv 30040

Zeitbombe Mensch
Überbevölkerung und Lebenschance
Hrsg. v. Reymer Klüver
dtv 30375

Alfred Grosser
im dtv

Foto: Isolde Ohlbaum

Geschichte Deutschlands
seit 1945

»Nach wie vor der einzige, bemerkenswerte und im Rahmen der Möglichkeiten gelungene Versuch, die deutsche Nachkriegsgeschichte im Zusammenhang, und zwar für die beiden Nachbarvölker Deutschland und Frankreich zugleich, darzustellen.«
(Frankfurter Allgemeine Zeitung)
dtv 1007

Mit Deutschen streiten
Aufforderungen zur Wachsamkeit

Alfred Grosser erweist sich in diesen Reden und Aufsätzen aus den Jahren 1946 bis 1987 erneut als der kritische Beobachter, dessen Unbestechlichkeit und ermunternde Anteilnahme am Schicksal der deutschen Demokratie seinen öffentlichen Einfluß begründet haben.
dtv 11525

Verbrechen und Erinnerung
der Genozid
im Gedächtnis der Völker

Alfred Grossers leidenschaftliches Plädoyer für das beständige Erinnern an die Ermordung ganzer Völker oder Menschengruppen, für ein Gedächtnis in Verantwortlichkeit und bewußter Haftung, das nicht nur ethische Pflicht ist, sondern zu einer kreativen Kraft werden könnte, damit sich Klage und Trauer in politisches Handeln und Engagement verwandeln.
dtv 30366

Carl Friedrich von Weizsäcker im dtv

Foto: Isolde Ohlbaum

Wege in der Gefahr
Eine Studie über Wirtschaft, Gesellschaft und Kriegsverhütung

Dieses Buch »ist geeignet, den Blick für die politischen Realitäten im Atomzeitalter zu schärfen, die sonst gelegentlich an Konturen verlieren... Für Weizsäcker, wie für viele Kulturkritiker der Gegenwart, ist das bloße wissenschaftliche Denken ohnmächtig. Das Ziel eines Bewußtseinswandels ist eine ›von Liebe ermöglichte Vernunft‹.«
(Wehrwissenschaftliche Rundschau)
dtv 1452

Deutlichkeit
Beiträge zu politischen und religiösen Gegenwartsfragen

Was heißt Verteidigung der Freiheit gegen Terrorismus und Repression? Hat das parlamentarische System eine Zukunft? Welche Chancen und Risiken birgt die friedliche Nutzung der Kernenergie? Gehen wir einer asketischen Weltkultur entgegen? Wie läßt sich die Frage nach Gott mit dem naturwissenschaftlichen Denken vereinen? – Vielfältige Fragen, die Weizsäcker klar zu beantworten versucht.
dtv 1687

Wahrnehmung der Neuzeit

Die Wahrnehmung der Neuzeit und ihrer Krise ist Weizsäckers Hauptanliegen in diesem Band mit Aufsätzen und Vorträgen von 1945 bis heute: »Das Ziel ist, die Neuzeit sehen zu lernen, um womöglich besser in ihr handeln zu können.«
dtv 10498

Bewußtseinswandel

Carl Friedrich von Weizsäcker beschäftigt sich in diesen tief durchdachten Aufsätzen mit der zentralen Krise der Menschheit. »Von Weizsäcker tritt auf als ein Prediger, ein Warner vor dem Untergang der Menschheit, einer, der den Quellen der Weisheit ganz nahe sitzt.«
(Kurt Kister in der Süddeutschen Zeitung) dtv 11388

Das Carl Friedrich von Weizsäcker Lesebuch

Ein Querschnitt aus dem Gesamtwerk Carl Friedrich von Weizsäckers, einer der herausragendsten Persönlichkeiten der geistigen Kultur Deutschlands.
dtv 30305